A Guide to HR Management
for Startups

スタートアップのための

人事制度の作り方

金田宏之
Kaneda
Hiroyuki

キャリア開発を促し、
自社のバリューを浸透させる

SHOEISHA

本書内容に関するお問い合わせについて

このたびは翔泳社の書籍をお買い上げいただき、誠にありがとうございます。弊社では、読者の皆様からのお問い合わせに適切に対応させていただくため、以下のガイドラインへのご協力をお願い致しております。下記項目をお読みいただき、手順に従ってお問い合わせください。

●ご質問される前に

弊社Webサイトの「正誤表」をご参照ください。これまでに判明した正誤や追加情報を掲載しています。

正誤表　https://www.shoeisha.co.jp/book/errata

●ご質問方法

弊社Webサイトの「刊行物Q&A」をご利用ください。

刊行物Q&A　https://www.shoeisha.co.jp/book/qa

インターネットをご利用でない場合は、FAXまたは郵便にて、下記"翔泳社 愛読者サービスセンター"までお問い合わせください。
電話でのご質問は、お受けしておりません。

●回答について

回答は、ご質問いただいた手段によってご返事申し上げます。ご質問の内容によっては、回答に数日ないしはそれ以上の期間を要する場合があります。

●ご質問に際してのご注意

本書の対象を超えるもの、記述箇所を特定されないもの、また読者固有の環境に起因するご質問等にはお答えできませんので、予めご了承ください。

●郵便物送付先およびFAX番号

送付先住所　〒160-0006　東京都新宿区舟町5
FAX番号　03-5362-3818
宛先　　　（株）翔泳社 愛読者サービスセンター

ダウンロード特典について

　本書の読者特典として、「人事制度設計書」などを提供します。下記の方法で入手し、スタートアップにおける人事制度の仕組みづくりにお役立てください。

会員特典の入手方法

① 以下のWebサイトにアクセスしてください。

　【URL】https://www.shoeisha.co.jp/book/present/9784798180014

② 画面に従って必要事項を入力してください（無料の会員登録が必要です）。

③ 表示されるリンクをクリックし、ダウンロードしてください。

※会員特典データのダウンロードには、SHOEISHA iD（翔泳社が運営する無料の会員制度）への会員登録が必要です。詳しくはWebサイトをご覧ください。

※会員特典データに関する権利は著者および株式会社翔泳社が所有しています。許可なく配布したり、Webサイトに転載したりすることはできません。

※会員特典データの提供は予告なく終了することがあります。予めご了承ください。

はじめに

　本書は、スタートアップに特化した人事制度の設計・運用に関する書籍です。ここでいう「スタートアップ」とは、これまでの社会的な常識や慣習をより良い方向へ導くこと、または社会に対して新たな常識をもたらすこと、この2つを理念（ビジョン・ミッション）とする急成長企業のことを指しています。

　そして、**スタートアップで働くメンバーが、ビジョン・ミッションを実現するために自らの仕事に集中して取り組めるよう定められたルール**が人事制度です。

　本書では、スタートアップの企業規模として約1,000名までに耐えられる人事制度を想定して解説を進めていきます。もちろん、100名や300名、500名のタイミングで人事制度が適宜アップデートされることを前提としていますが、ベースとなる人事制度の骨格は1,000名規模の組織になっても耐えられると考えています。

　自己紹介が遅れました。私は組織・人事の領域からアプローチする経営コンサルタントです。前職のクレイア・コンサルティングに新卒で入社し、7年3カ月の間コンサルティング現場で鍛錬を積み重ねてきました。

　主に大企業の人事制度改定や人材育成の仕組みづくり、組織サーベイの企画・実施といった一般的な人事マネジメント領域に関するコンサルティングから、企業合併に伴う人事制度の統合やイノベーション促進、ブランドの進化・発展を目的とした組織改革コンサルティング、大学法人や監査法人など専門職組織に対する人事制度改革など、複雑性の高いコンサルティングまで幅広い経験を積んできたことが特徴です。

　その後、独立してから現在までの8年6カ月にわたって、スタートアップに特化した組織・人事領域のコンサルティングを行っています。メインは人事制度をゼロから設計する上流工程ですが、スタートアップにおけるリソース不足をカバーするために自ら運用現場に入り込み、そこで得た経験を基に人事制度と運用の改善を繰り返してきました。

　前職で大企業に対して複雑性の高いコンサルティングをいろいろ悩みながら実行してきた経験と、ゼロイチフェーズのスタートアップで純粋に企業成長を目指し、実際に成長と組織拡張を目のあたりにしながらコンサルティングを実践してきた経験、この両極の経験に裏付けられたノウハウが本書における提供価値です。

　大企業における人事制度の目的は人材育成です。新卒採用した若手人材を、

ジョブローテーションしながら育成する過程で人事制度が活用されます。しかし、等級判定や人事評価が行われたとしても、結果として報酬は年功的な要素にかき消されてしまい、ほとんど差がつかないという実態が今の時代でも起こっています。「納得感」は大事だとわかっていながらも、重視されることがほとんどありません。なぜなら、会社と社員の双方で長期雇用が暗黙の前提となっており、人材の流動性は低く、社員が会社を辞めていくことは少ないからです。

　一方、スタートアップにおける人事制度の本質的な目的は、**人材の採用と育成、そしてリテンションを強化し、組織のパフォーマンスを最大化すること**にあります。この目的を実現するためには、等級制度を通じてキャリアや成長の指針を示し、評価制度で期待される成果と行動を振り返り、報酬制度によってフェアに報酬を決定しなければいけません。「納得感」に本気で向き合わなければ、社員は辞めていってしまいます。

　つまり、人事制度は**経営・事業・組織に強い影響を及ぼす重要な仕組み**なのです。本書では、スタートアップに特化し、前述の目的を実現するための人事制度を提案していきます。

　また、本書の執筆にあたり心がけたことは主に2つです。

　1つ目は、**自分の立ち位置を明確にすること**です。単に理論や手法を紹介し、「あとは皆さんの状況や考え方に合わせてご判断ください」と言って終わりにするのではなく、スタートアップの人事制度とその運用について私なりの「あるべき姿」を主張するように心がけました。人事制度は、「人・組織」にアプローチする、まさに「十人十色」の領域であり「正解」がありません。しかし、スタートアップの急成長を支える最適な「型」があると私は考えています。その「型」を紹介するのが本書の役割です。

　2つ目は、**実践的であること**です。「知識」を深めることは大切ですが、スタートアップではそれ以上に「行動」が求められます。なぜなら、不確実性の高いスタートアップの経営環境では、やってみないとわからないことがたくさん存在するからです。本質を捉え、素早く実践し、素直に振り返り、愚直に改善することは、スタートアップにおける価値創造であるプロダクト・サービス開発と変わりありません。このサイクルを本書を通じて実践できるようになること、現場で「使える」ようにすることを心がけました。

　本書を使って実際にスタートアップの人事制度を設計する際、メインとなる制度設計パートは第3〜5章ですが、制度導入パートである第6章、制度運用パート

である第7章まで読み込んでいただくことを推奨します。

制度導入と制度運用の全体像から細部まで把握できると、具体的に人事制度が使われる現場の動き方やマネージャーとメンバーの感情、そして想像もしていなかったリスクや負担を感じ取ることができ、制度設計の品質は大幅に向上するはずです。

また、そもそも人事制度の必要性がわからず、制度導入の意思決定に踏み切れないと悩んでいる方には、主に人事制度の背景や意義が解説されている第1～2章が参考になるはずです。既に人事制度を導入・運用しているスタートアップでは、現行制度と比較しながら本書を読み進めてもらい、人事制度と運用における課題解決のきっかけづくりに本書が活用されることを願っております。

目 次

第1章　スタートアップにおける人事制度とは? 　　1

第2章　スタートアップ流の人事制度プロジェクト 　　21

第5章　スタートアップの報酬制度　　183

第6章　スタートアップへの人事制度導入　　213

第7章　スタートアップの人事制度の運用ノウハウ　243

1

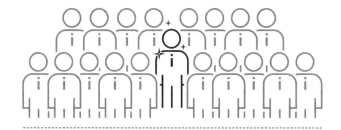

スタートアップにおける
人事制度とは？

「金田さんの言う人事制度って、何を意味していますか？」と、クライアントの方からよく質問を受けます。人事制度という言葉が指し示す領域やテーマは幅広く、人や組織によって捉え方はさまざまです。常に進化を遂げるビジネスの現場で、スタートアップにおけるHR（Human Resources）の定義を見る機会はめったにありません。本書における「HR」の認識をそろえるため、まずはスタートアップ視点のHRの定義について解説します。

1-1

HRにおける
10の領域と50のテーマ

　HRについて考えるにあたり、まずはその領域を整理しておきましょう。下図は、クライアントの方の声をきっかけに、HR（Human Resources）における領域とテーマを自分なりに定義したものです。スタートアップにおけるHRの現場から生まれた、10の領域と50のテーマで構成した実践的な領域図です。

Strategy			人事戦略	組織設計	MVV (Mission/Vision/Value)	要員管理	HR組織づくり	
Recruiting	System 人事制度		等級制度	評価制度	報酬制度	マネージャー制度	試用期間	Outflow
メンバー採用	Development		オリエン/オンボーディング	教育研修	異動/配置	360フィードバック	サクセッション	PIP
ハイレイヤー採用	Wellness		メンタルヘルス	福利厚生	休暇管理	コーチング	休職（者）対応	再雇用
新卒採用	Partner		制度運用	マネージャー支援	1on1	組織サーベイ	組織コンサルティング	雇用調整
採用広報	Operation		給与計算（月次対応）	組織変更	人材データベース	オペレーション改善/連携	Ask HR	退職（者）分析
面接官育成								退職金
Compliance			就業規則/労使協定	労務管理	ハラスメント	個人issue対応	制度管理	
Culture			理念浸透	ブランディング	働き方(リモート／フレックス)	DE &I	カンパニーリード (コラボ施策)	

図表1-1　HRにおける10の領域と50のテーマ

■ 戦略 × カルチャー × 人材フロー

　まず領域の縦軸について次のように考えました。アメリカにおける経営史の草分けと評される、経営学者アルフレッド・チャンドラーが提唱した「組織は戦略に従う」という考え方に基づき、Strategy（戦略）を上位概念に置きました。そして、組織の土台にあるのがCulture（文化）です。アメリカの心理学者で組織文化研究の第一人者である、エドガー・ヘンリー・シャインの言葉を借りれば、

Cultureとは「暗黙の仮定」であり、組織の行動規範となります。

StrategyというトップダウンパワーとCultureというボトムアップパワーのせめぎ合いを通じて、組織が動きます。そして、Cultureは容易にCompliance（法令順守）を揺るがすほどの威力をもっているという意味を込めて、Complianceよりも下のベースに位置付けました。

この上下の関係に、Recruiting（採用）からOutflow（代謝）という左から右へ流れる「人材フロー」の考え方を当てはめました。RecruitingとOutflowの間には、多種多様な組織・人事の領域としてSystem（制度）、Development（人材開発）、Wellness（健康）、Partner（支援）、Operation（運用）を位置付けています。

テーマについては、私がこれまでスタートアップから大企業や官公庁、教育機関（大学法人）、NPOなど多種多様な組織と向き合い、実際に取り扱ってきた課題をベースにまとめて配置しました。テーマごとの粒度にバラツキは感じますが、スタートアップにおけるHRを検討するにあたって、大きな抜け漏れを防ぐことができると考えています。アカデミックな研究から導かれた領域・テーマではありませんが、実践の場で培われた経験によって整理されたHRのマップです。

人事制度 = 等級制度・評価制度・報酬制度をまとめた制度

図表1-1の中で囲んでいるように、本書における人事制度は「**等級制度・評価制度・報酬制度をまとめた制度**」と定義しました。会社によって、異動・配置や福利厚生、働き方などを人事制度に含めるケースもありますが、本書では人事制度に対する認識をそろえるために「等級制度・評価制度・報酬制度の3本柱」を「人事制度」と呼ぶことにします。

なお、「人事制度＝評価制度だけ」と理解している場合は注意が必要です。「評価制度をつくってほしい」と依頼されることが私自身の経験上意外にも多く、お話を伺ってみると等級制度や報酬制度がスコープから抜け落ちてしまっているのです。

等級制度については、こちらが説明したとしても本質を理解するまでには、ある程度の時間がかかります。ましてや、スタートアップの起業家できちんと設計された人事制度を経験していない場合であれば、人事制度や評価制度という言葉は知っているものの、中身についてはまったくイメージがついていないケースも

あります。

　評価制度はつくったけれど等級制度や報酬制度が抜けていたり、うまく連動できていないと人事制度としては機能しません。**3つの制度が有機的に交わることで、初めて人事制度は機能します。**

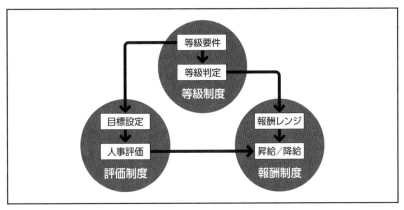

図表1-2　人事制度の全体像

従来の日本企業とスタートアップの人事制度はここが違う

　スタートアップの人事制度は、従来の日本企業のものとは異なります。スタートアップには、成功体験も過去のしがらみもなく、あるのはビジョン・ミッションを実現しようとする志、そして遊び心や野心、反骨精神です。限られたリソース（ヒト・モノ・カネ）を最適に配分して、アウトプットを最大化しなければならず、明日の生き残りをかけて孤軍奮闘しているスタートアップの切迫感は、従来の日本企業とはまったく違うのです。

　さらに、こうしたマインドセットにおける違いの他にも、そもそも人事制度の前提である**人事マネジメント**の考え方にも違いがあります。

　従来の日本企業は、未経験者の新卒一括採用を行い、長期雇用と人材育成を主眼とした人事マネジメントの下で人事制度が成り立っています。「会社が上、社員が下」という強烈な意識が人事マネジメントのベースにあり、例えば転勤を断ることはできないといった慣習があります。

　一方、スタートアップは長期雇用を目指している点は変わらないものの、経験

者採用が中心であり、自律的な能力開発とキャリア開発を求めています。フラット（対等）な関係性が人事マネジメントのベースになっています。

　このようにマインドセットや人事マネジメントの考え方が異なる従来の日本企業とスタートアップでは、人事制度が異なるのは当然です。そこで、スタートアップにおける人事制度の全体像をつかめるようにするため、その特徴的な違いを等級制度・評価制度・報酬制度の観点で整理しました。

図表1-3　従来の日本企業とスタートアップの人事制度の特徴

テーマ	従来の日本企業	スタートアップ
等級制度	• 職種共通の等級要件 　（事務系・技術系など） • 年齢と勤続年数をベースとした昇格管理（ほとんど差がつかない） • 降格はない • 役職定年制 　（年齢でポストオフする）	• 職種別の等級要件（セールス、エンジニア、人事など） • 実力と成果と経験をベースとした昇格管理（大きく差がつく） • 降格もあり得る • 役職任命・解任は実力次第
評価制度	• 硬直的な目標設定 　（目標は変わらない・変えない） • 定量化にこだわる • 一次評価者・二次評価者の評価者体制 • 相対評価（相対分布） • 年に1～2回の評価面談	• 柔軟な目標設定（目標は変わる） • できれば定量化、できなければ定性も可 • メイン評価者・サブ評価者の評価者体制 • 絶対評価 • 年に4回の評価面談と日常的な1on1
報酬制度	• 安定的 • 報酬項目は、月給、賞与、豊富な諸手当 • 「時間・残業で稼ぐ」意識 • 年齢や勤続年数が報酬に大きく影響を与える • 昇格や評価による昇給差は比較的小さい • 降給はない • 役職者にならないと報酬は頭打ち（上がらなくなる） • 報酬決定は、人事の役割（個人の報酬決定というよりは、総額人件費管理の観点で報酬を考える。個人の報酬は評価と年次で自動的に決まる） • 若手で年収が高いケースはあまりない	• 刺激的 • 報酬項目は、月給、SO（ストックオプション）、最低限の諸手当 • 「成果・貢献で稼ぐ」意識 • 実力や実績、職種によって報酬が決まる • 昇格や評価による昇給差は比較的大きい • 降給はあり得る • 役職者にならなくても高い専門性で貢献できれば報酬は上がる • 報酬決定は、マネージャーの役割（評価によって個人の報酬は決まるが、採用市場における人材価値から報酬の適正値を考え、必要に応じて報酬改定を実施する） • 若手でも年収が高いケースはある（実力次第）

比較してもらうとわかると思いますが、人事制度の構造自体は等級制度・評価制度・報酬制度で同じ一方、中身は大きく異なります。

　特に、報酬制度については違いが歴然としています。一般的な人事制度の解説書は、従来の日本企業をモデルにして書かれていますが、スタートアップに求められる人事制度はまったくの別物です。

1-2 スタートアップに人事制度が必要な理由

「人が増えたら人事制度は必要」と何となくわかっている一方で、その理由を説明しようとすると思いのほか難しく、「モチベーションアップ」や「人材育成」といった当たり障りのない表現になってしまい、必要な背景を正しく腹落ちさせるまでには至りません。「人が増えたから人事制度を入れよう」という意思決定に対して反論・異論が出ることもめずらしいため、人事制度の「Why（なぜ）」が深く共有されないまま、人事制度の中身の話に意識が流れてしまいがちです。

しかし、実際に人事制度を導入すると、経営陣だけでなく全メンバーにとって想像以上に運用負担が重くのしかかるため、「Why」の共通認識をもてていないと、安易な理由をつけて「簡素化しよう」、しまいには「やめよう」という声が挙がってきます。人事制度を運用しようという強い意志がないと易きに流れてしまい、最悪、人事制度の形骸化を招きます。

「形骸化」とは、一応制度は動いているものの、その重要性を理解している人が少なく形式的な扱いに陥っている状態です。さらに事態が悪化すると「制度があるだけ」という状態で、評価やフィードバックは実施されず、その存在にすら気付いていないメンバーやマネージャーが現れます。この状態に陥ることを防ぐためにも、**人事制度を導入する「Why」の言語化は欠かせません。**

仕事に集中できる環境をつくる

私が考える「スタートアップに人事制度が必要な理由」は、**仕事に集中できる環境をつくるため**です。報酬や評価、キャリアについて、人が増えれば増えるほど、指数関数的に問題が発生し、悩みが尽きることはありません。問題が深刻化すれば、仕事に集中できないどころかメンバーの退職につながります。仕事に集中できない環境は、世の中の常識を変えるべく奮闘しているスタートアップにとって、もったいない状況です。

仕事に集中できる環境をつくることは、**スタートアップがビジョン・ミッションを実現するために全力を出せる環境を整えること**と言い換えられます。こうした目の前の仕事に100％意識を集中させられる環境づくりを推進するためのツールが人事制度なのです。

　当然ですが「将来、報酬が上がっていくかどうか」について先が見えない会社よりも、ある程度先の見える会社の方が長く勤める会社として安心感があります。もちろん、報酬が上がるかどうかは会社と本人の成長次第であり、人事制度は報酬アップを確約するものではありません。ただし、会社の成長に自分も貢献できれば報酬は上がっていくものです。仕事に集中するためにもこうした見通しがもてるのは大事なことです。

　また、人事制度の評価やフィードバックを通じて、会社がメンバーへ**公式に感謝や成長、改善点を伝えること**もできるようになります。チームや自分が精一杯働き、アウトプットした成果を感謝される、誉められる、ときには厳しいフィードバックで成長や改善を後押ししてくれるなど、こうした環境の方が長く働き続けたい会社として選ばれるはずです。

　そして、「公式に」というのは気付きにくい観点ですが、重要なポイントです。以前、人事制度導入プロジェクトで、とあるメンバーの方に組織や人事についてお話を伺いました。その会社では、日頃からお互いを認め合う文化があり、経営陣やマネージャーからメンバーを讃えたり、感謝を伝える機会は非常に多いということでした。年度が切り替わるタイミングで経営陣が全メンバーと個別に面談し、キャリアや処遇について話すこともしていたようです。

　ただし、多くのメンバーは人事制度がない中で実施されるこの一連のプロセスを、ありのまま受け入れることができていませんでした。単刀直入にいうと何となく「嘘くさい」のです。会社としての評価基準が示されていない状況で、「メンバーのモチベーションを何とか上げよう」「リテンションしよう」という裏のねらいを感じとってしまい、心から喜べないとメンバーが感じていました。

　その場しのぎの感謝やフィードバックは組織が大きくなればなるほど、自分が思っているほど相手には伝わらなくなっていきます。大量の時間をかけて面談をしても逆効果になり得るのが、人・組織の難しくもあり恐ろしいところです。事例としてはレアかもしれませんが、こういうケースもあることを知っておくと、人事制度への向き合い方が変わってくると思います。

　さて、仕事に集中できる環境をつくるために人事制度が必要とされる場合、人

事制度がどのような役割を果たすことで、その環境が整うのでしょうか。3つの観点で解説します。

①期待の指針を示す

人事制度が果たす役割の1つ目は、「**期待の指針を示す**」ことです。代表的な制度は、等級制度における等級要件です。**等級要件とは、メンバーやマネージャーに期待することを言語化した公式の基準**です。もし等級要件がないと、例えば経験豊富なマネージャーが自身の価値観や経験に沿って独自の期待をメンバーに伝えてしまい、経営陣とマネージャー・メンバーの間で認識に齟齬が起きる原因となります。

他にも目標設定や人事評価に関するガイドライン、評価基準、昇降給テーブルなど、会社としての公式基準がないと個々人の思想でメンバーをマネジメントしたり、メンバー自身が好き勝手に動いてしまうリスクがあります。

人事制度が「期待の指針を示す」ことで、経営陣が目指すビジョン・ミッションに組織を方向付けることができます。その結果として、仕事に集中できる環境が形成されるのです。

「注意すべきこと」とまではいえないかもしれませんが、人事制度をこれから導入する会社の方、特に経営陣やマネージャーに伝えておきたいことが1つあります。「方向付け」の威力についてです。

私が人事制度導入を支援したスタートアップでも皆さんに驚かれることがあります。それは、人事制度を導入すると、**メンバーやマネージャーは人事制度に想像以上に影響を受け、方向付けられたり動機付けられたりする**ということです。「上司の評価なんて気にしない」「評価制度なんて面倒。こんなのいらない」という言説を真に受けてはいけません。たいていの場合、人事制度で決めた評価基準や評価指標に基づき、組織と個人が一斉に動くようになり、「制度上はこうなっているけれど、現実を見ながら臨機応変に対応してほしい」は通用しなくなります。

人事制度を導入するということは、言葉とルールで「組織を動かす」ということです。そのために強力な仕掛けがいくつもあり、そのゴールに報酬制度があります。報酬は、強力な動機付けになります。人事制度で意図したように組織や個人が動くようになると理解することが人事制度導入の第一歩です。

②振り返りを仕組み化する

　人事制度がない場合、メンバーの活躍や貢献、その対価である処遇について、そもそも振り返る機会がなかったり、各自それぞれの基準やタイミングで非効率かつ効果の薄い振り返りを行ってしまいがちです。その結果、PDCAのC（Check）が回らず、A（Action）で有効な改善につながらない状態に陥ります。すると、行動が「成果・貢献・感謝・対価」に結び付かず、組織が疲弊し始めます。

　人事制度における等級判定や人事評価はCheckの役割を果たし、個人や組織のパフォーマンスを「いつ・どうやって、振り返るのか」を仕組み化してくれます。その仕組みにはフィードバックの機能が備わっており、振り返った結果や内容がきちんと相手に伝わるように設計されています。振り返りの機会をつくることで、目先のタスク・課題に振り回されがちなスタートアップが、1つひとつの改善を積み重ね小さいながらもコツコツと成長できる環境を手に入れることができます。

　また、報酬に関する振り返りもあります。メンバー個人の報酬はもちろん、自社の報酬水準や報酬改定のルールについても、例えば半期ごとに振り返る機会があれば組織全体で集中的にCheckしActionすることができます。お金にまつわる話は何かと敬遠されがちですが、お金について公式に振り返る機会があるからこそ、それ以外の時間は自らの仕事に集中して向き合えるようになるのです。

　報酬とは、価値への対価であると同時に、期待値へのメッセージであり、採用やモチベーション、リテンションといった組織づくりに強く影響を及ぼします。報酬に関する議論に向き合わずして、壮大なビジョン・ミッションは実現できません。報酬に関して、「スタートアップだから」は通用しない時代になりました。

③フェアに報酬を決める

　限られた報酬資源を誰にどう配分するか、実績・貢献・実力と報酬をマッチさせることは経営陣の重要な役割です。この役割を果たすための仕組みが人事制度です。人事制度がなければ、鉛筆をなめて個々人の報酬を決定しなければなりません。個別最適はできたとしても、全体最適を実現することは難しく、経営陣が納得できる着地点を見つけたとしても、メンバーの納得感を醸成できるほどの説明はできません。

　人事制度がない中で報酬を決めて説明責任を果たすことは、非効率かつ負担が

重過ぎます。物理的な負担はもちろん、心理的な負担もあります。どちらかというと心理的な負担の方がやっかいかもしれません。「あの人にこの説明をしたら、納得してくれないかもしれない」「この人の報酬水準を周りの人が知ったら、どうしよう」など、こうした不安は杞憂に終わるかもしれませんが、悩み自体は尽きません。

そのような心理的な負担も人事制度が軽減してくれます。もちろん100%解消することは難しいですが、いざというときに自信をもって説明責任を果たせる状態にはしてくれます。スケーラブルな組織をつくるために、説明責任を果たすことはマストです。

人事の専門家が人事制度について語るとき、「人事制度は人材育成のためにあり、報酬決定（査定）とは切り離すべき」と極論に振って注目を集めようとするケースがあります。しかし、私は真っ向から反論するポジションを取っています。

なぜなら、人材育成など報酬決定以外の役割は、人事制度以外の諸施策を通じて対応できることが多くありますが、**人事制度がないと報酬決定をオープンかつフェアネスに実行することはできない**からです。私は、人事制度の役割を突き詰めて考えると、究極的には「報酬決定」であると考えています。

人事制度は、スタートアップの採用活動を後押しする

スタートアップに人事制度が必要とされる本質的な理由は、仕事に集中できる環境をつくるためです。この環境をつくるために、人事制度が「期待の指針を示す」「振り返りを仕組み化する」「フェアに報酬を決める」という3つの役割を果たします。

期待の方針を示す　　振り返りを仕組み化する　　フェアに報酬を決める

図表1-4　人事制度が果たす3つの役割

さらに、スタートアップに人事制度が存在することで、付随的に得られる効果があります。これも、スタートアップに人事制度が必要とされる理由の1つといえるかもしれません。それは、**採用力の強化**です。「人事制度があると採用競争力につながる」と教えてくれたのは、スタートアップのクライアントの方たちでした。私は制度設計を専門とするコンサルタントで採用領域は門外漢です。プロフェッショナルサービスとしてスタートアップのクライアントに価値を提供できるほどの知識や技術、経験はありません。そのため、採用について深く考えることはあまりなかったのですが、人事制度を導入した後、クライアントの方から頻繁にこの「採用競争力につながる」という言葉を聞きました。

　具体的には、「選考プロセスの途中で人事制度を説明したところ好感度が上がった」とか、「入社予定の方に報酬制度を説明したら報酬への不安が少し緩和された」など、人事制度があることで自社の採用を後押しできたという内容です。

　特に人数が少ないフェーズこそ、自社の魅力を語る武器として、絶大な効果を発揮してくれます。採用候補者から面接の過程で報酬や評価について質問された際、ドキュメントを通じて具体的な制度内容と背景まで説明できると想像以上に好意的に受け取られることが多いです。採用候補者の方から「今まで在籍してきた会社の制度よりしっかりしているかも」や「別の転職候補先ではまだ人事制度は整備されていなかったし、いつ頃整備されるかについても決まっていなかった」となれば、より一層のアピールポイントにつながります。

　また、現職から報酬を下げて入社するケースでは、入社後にどのくらいの評価を得れば、どのくらいの期間で報酬が今と同じ水準まで戻るのかについて仮説をもてるようになります。報酬のキャッチアップを約束することはできませんが、制度として環境が整っていることは約束することができますし、採用候補者のご家族への説明にも役立ちます。

　過去、大企業をクライアントに人事コンサルティングをしていた頃は、制度設計が採用に貢献できたという話を聞いたことはありませんでした。大企業ではスタートアップほどHR全般に深く関与できる機会が少なかったという面はありますが、**スタートアップほど人事制度が採用競争力にダイレクトに貢献することはない**と思います。そもそも、スタートアップの初期フェーズ（20名程度の組織規模のフェーズ）で入社してくる方は、人事制度が整っているとは考えていないケースが一般的なため、その状態の方に自社の人事制度を説明できると、思いがけず嬉しいサプライズになるのかもしれません。

1-3 スタートアップも大企業も、人事制度の構造は変わらない

さて、人事制度の背景に関する話はこれぐらいとして、いよいよ制度の中身の話に入っていきます。本書で定義する人事制度、つまり等級制度・評価制度・報酬制度を使って、「人」をマネジメントする構造を平易な言葉で図解してみました。

▌「レベル」を決める

初めに、人のレベル（水準）を決めます。レベルを決めるためには、基準が必要です。人事制度の古典的な考え方では、「**能力（職能）」「役割」「仕事（職務）」の3つの基準**があります。

スタートアップでは、「役割」や「仕事」を遂行するための「能力」を中心にレベルを決めます。

なぜなら、スタートアップにおける役割は、事業や組織の状況に応じて変わりやすく、意図しないレベルの変更が起きてしまうからです。結果として、レベル

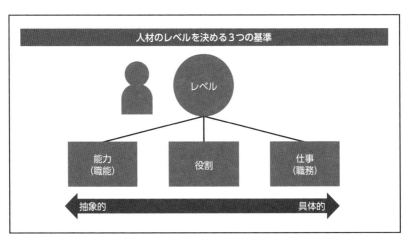

図表1-5　人材のレベルを決める3つの基準

に紐づいて報酬も変更しなければならないため、制度と実態に乖離が生じてしまうのです。

　また、具体性の高い「仕事」だけでレベルを決めると、**専門領域以外でのさまざまな貢献を評価しにくくなり、役割と同様、制度と実態にギャップが生じてしまいます。**専門領域以外の貢献とは、例えば営業担当が顧客の声を他部門の関係者にこまめに届けていたり、管理部門のメンバーが他部門で苦戦している採用でリファラル採用を積極的に提案したり、ソフトウェアエンジニアが自社の生産性向上に役立つツールを他部門と協力して開発したりすることを意味します。

　他にも、総務業務への貢献があります。スタートアップでは、総務担当メンバーの採用優先度は「低」のため、全員が総務業務を分担しながら突発的に生じるタスクも都度割り振りを決めつつ、働く環境をつくっていきます。こうした組織貢献も会社にとって必要でありながらも、仕事だけでレベルを決めてしまうと、経営が意図する方向へメンバーを動機付けることができません。

　そのため、役割や仕事だけでレベルを決めることはせず、取組み全般に関わる抽象的な「能力」でレベルを決めることになります。ただし、現実的には、組織上の役割や仕事に就かないと発揮できない能力もあるため、能力でレベルを決める制度にしたとしても、仕事や役割の要素が一部入ってくることになります。

　メンバー全員が自らの専門領域で能力を発揮しながら、会社にとってプラスになることをプロアクティブに実行してくれるように制度で方向付けることが大切です。

▌「期待」と「対価」を決める

　レベルに基づいて「期待」と「対価」を決めます。期待は個人ごとに異なるため、本人との擦り合わせが必要です。

　そこで、よく使われるのがリクルート社が開発した人材育成のフレームワークである「Will・Can・Must」です。**本人のやりたいこと（Will）、できること（Can）、やらなければならないこと（Must）を言語化し、3つが重なる領域と**それぞれのGAPの可視化に役立てます。

　「自分の意思として実現したいことは？」「自分の強みや専門性は？」「会社が果たしてほしいと思っていることは？」とフレームに沿って擦り合わせることで、メンバーのパフォーマンスを最大化させると同時に、人材育成も実現できるように

します。この擦り合わせがマネージャーの役目であり、腕の見せ所です。

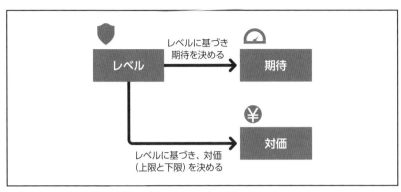

図表1-6　レベルに基づく期待と対価の決定

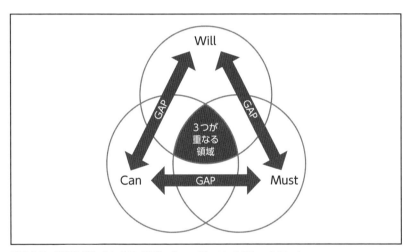

図表1-7　期待を擦り合わせる「Will・Can・Must」のフレームワーク

　スタートアップでは、会社の状況や事業環境が刻一刻と変わるため、個人の期待も変わりやすいという特徴があります。例えば、期初の1月に期待を定めても3月の初旬には軌道修正をした方が良いというケースはざらにあります。期待を期初に定めても、会社や市場の状況に応じて柔軟に変えていく必要があるため、**期中の1on1をうまく活用すること**が求められます。

　次に対価です。**レベルごとに報酬の上限と下限が設定され、その範囲（レンジ）の中で年収が決まります**。入社時は、主に次のような変数を総合的に判断して報

15

酬を決定します。

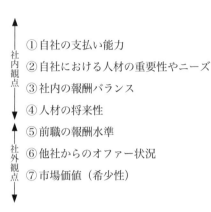

①〜④は社内観点、⑤〜⑦は社外観点の変数です。変数のプライオリティは、事業フェーズや組織規模、採用の状況や競争力によって変わってきます。**それぞれの観点について抜け漏れなく検討し、状況に応じてプライオリティを考えオファーすること**をおすすめします。

成果と行動の「振り返り」をする

人事制度で定める「評価期間」を経過したタイミングで、期待に対してどれだけ成果が出たのか「振り返り」を実施します。このとき、**成果だけでなく行動も振り返りの対象**となります。

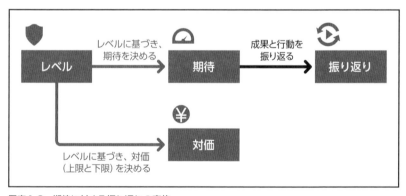

図表1-8　期待に対する振り返りの実施

行動を振り返る理由は、主に2つです。1つ目は、**行動の良し悪しを確かめて今後も継続すべき行動ができていれば、それを評価・フィードバックすることで成果創出への再現性を高めたい**という理由です。同時に、悪い行動があれば同じことを繰り返さないように改善してもらいます。これは人材育成ともいえます。

2つ目は、**外部環境や外的要因といった本人の実力以外の要素が成果に強く影響を及ぼす場合への対応**という理由です。本人にとってアンコントローラブルな要素で評価が不当に下がってしまう場合には、成果は出なかったがやっていることは間違っていないというメッセージをフィードバックします。

振り返りの肝は、何といっても納得感です。これを避けて通ることはできません。

振り返りを「対価」と「レベル」に反映する

振り返りの結果を「対価」と「レベル」に反映します。会社への貢献度が高ければ、それ相応の対価で報いることになります。そして、影響度も難易度も高い仕事に携わり、高度な能力を高い再現性で発揮したり、マネージャーとしての役割を遂行することができれば、レベルの変更が検討されます。レベルが変われば、「報酬の上限と下限が変わる」という意味で対価に反映されたり、レベルに応じて期待の難易度や影響度なども上がるという流れです。

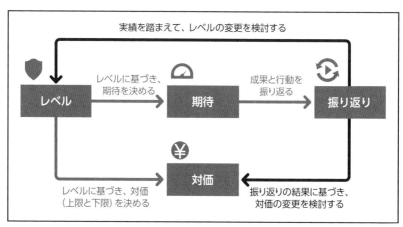

図表1-9　振り返り結果の対価とレベルへの反映

人事制度上の専門用語に置き換える

　今まで見てきた図中のキーワードを、人事制度上の専門用語に置き換えると次のようになります。

〈人事制度上の専門用語〉
- レベル＝等級
- 期待　＝目標
- 振り返り＝等級判定・人事評価
- 対価＝報酬

　この等級（レベル）に基づき、目標（期待）と報酬（対価）を設定し、目標に対する成果と行動を人事評価（振り返り）します。スタートアップでは、行動を「バリュー（価値観）」で整理することが多く、**バリュー評価**と名付けられることがあります。

　また、成果と行動の人事評価とは別に等級判定（振り返り）が実施され、レベルを上げられると判断できれば昇格、つまり等級が上がります。等級が上がれば、等級別に設定されている報酬レンジが上がるため、報酬（対価）のベースも大きく上がる仕組みとなっています。等級が上がらなかったとしても、成果と行動の

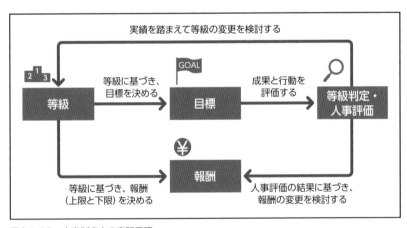

図表1-10　人事制度上の専門用語

人事評価に基づく「評価昇給」によって報酬は上がります。このサイクルに基づき、報酬がフェアに決まっていきます。

市場価値が報酬に影響を及ぼす

等級と等級判定・人事評価によって報酬が決まっている状況は、常に変化していきます。組織の規模が拡張し、個々人の役割分担が明確になるほど、専門性に基づく職種別採用が進み、人事制度も職種別に変化していきます。具体的には、等級要件や評価基準、報酬レンジが職種別に細分化されていくイメージです。このとき、**報酬レンジに強く影響を及ぼすのが「市場価値」**です。

本書では、市場価値のことを「**人材の需要と供給の差に基づく希少性**」と定義しました。希少性が高いほど、報酬水準が高くなります。ソフトウェアエンジニアやプロダクトマネージャーが希少性の高い職種の代表格です。市場価値は日々の採用活動で得られるデータを蓄積したり、専門機関の報酬サーベイを活用したりして把握することができます。

人事制度の構造は、スタートアップも大企業も大きく変わりません。**等級制度・評価制度・報酬制度の3本柱を使って、最終的に個人の報酬を決定することが人事制度の役目**です。

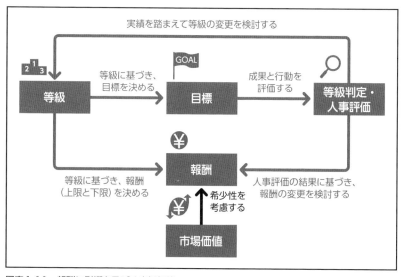

図表 1-11　報酬に影響を及ぼす市場価値

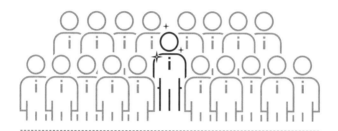

第 2 章

スタートアップ流の
人事制度プロジェクト

　スタートアップで人事制度の設計・導入プロジェクトを進めるにあたって考えておきたいことは、プロジェクト体制、会議体、アジェンダ（アウトプット）、スケジュールです。進め方は各社のリソースや状況によって変わりますが、本章では私がプロジェクトをリードする場合の「型」を紹介します。

　なお、これらのテーマを紹介する前に、大事なテーマについて認識をそろえておかなければなりません。「いつ人事制度を導入すべきか」です。正解がないテーマであり変数が多いため言語化が難しいのは間違いありませんが、私の経験を基に解説してみたいと思います。

2-1 スタートアップでは、いつ人事制度を導入すべきか?

　人事制度に関する問い合わせを受け、初めてお会いするスタートアップの経営者の方に最も質問されるのが「いつ頃、人事制度を導入するのがいいか?」「社員が何人ぐらいになったら、人事制度を検討した方がいいか?」です。

　ルールであまり縛りたくはないけれど、会社として人事制度が必要なのはわかるし、最近の採用面接でも「評価制度はありますか?」「給料は上がりますか?」と聞かれる場面も増えていることから、社内外問わず人事制度の導入について話題に上っており、その導入時期について悩んでいる、といった背景です。

　若くして起業した経営者は、会社員として人事制度を経験したことがないケースもあります。仮に起業する前に働いていた会社に人事制度があった場合でも、人事制度上の公式なルールで評価されたことはなく、「オーナー社長の一存で給料がガツンと上がった」といった、きちんと人事制度が機能していなかった状態もめずらしくありません。

　一方、大企業で長く経験を積んだ後に起業した方であれば、年功序列でほとんど差のつかない人事制度に非合理さを感じていることもあります。

　このように、あまりポジティブな印象をもたれにくい人事制度を、経営者としていざ主体的に導入しようとなった場合、最初に悩むのが「導入時期」です。

人事制度の導入タイミングは、社員数で「20人前後」が目安

　私自身の経験から導かれた数字は、**社員数で「20名前後」**です。このタイミングで人事制度が組織内で運用され始めている状態を「望ましい」と定義しました。もちろん、50名以上や100名弱のタイミングで人事制度を導入したケースもありますが、導入のタイミングとしては遅かったと感じています。

　次節で詳しく説明しますが、人事制度の設計期間は約4〜6カ月を想定しています。もちろんさまざまな変数によって期間は変わりますが、この設計期間も考慮

して導入時期を考えることが必要です。推奨案は、**10名前後で人事制度の設計を開始し、設計期間を経て20名前後になるタイミングで人事制度をトライアル運用する**スケジュールです。

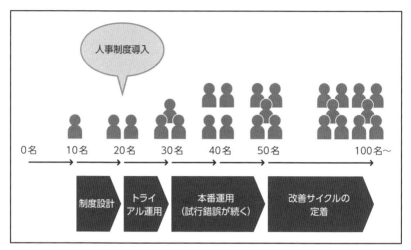

人事制度導入

0名　10名　20名　30名　40名　50名　100名〜

制度設計 → トライアル運用 → 本番運用（試行錯誤が続く） → 改善サイクルの定着

図表2-1　スタートアップが人事制度を導入する最適なタイミング

　トライアル運用とは、実際に人事制度を運用してみて、その妥当性を検証し、必要に応じて改善することを目的とした期間を指します。本番同様に運用しますが、運用する過程で見えてきた違和感や不具合については、人事評価や報酬決定の際に考慮したり、調整したりすることを認めます。人事制度に対する課題を集め、改善を検討し、翌期以降の**本番運用**に活かしていきます。もちろん、本番運用後も試行錯誤は続きますが、**違和感や不具合に対して一定期間考慮すること**を前提にした**トライアル運用をはさむことで、制度導入に対するメンバーの不安を軽減してくれる**ことになります。

　こうした改善サイクルを積み重ねることで、会社側もメンバー側も人事制度に対する理解が深まり、信頼できる制度へと発展していきます。組織の規模が50名を超えて100名以上になる頃に、このような「人事制度を育てていく文化」が根付いていると、人事制度がその後の組織拡張の際に足を引っ張ることを防いでくれます。

早いタイミングで人事制度を導入する３つのメリット

　私がスタートアップに対象を絞って人事コンサルティングを始めた2015年頃には、社員数が20名の段階で人事制度を導入することに「まだ必要ないのでは？」という若干の戸惑いがありました。ただ「本当にタイミングとして早いのか」「まだ必要ないと言い切れるのか」と考えたとき、確かに制度運用は間違いなく負担になるが、その負担を理由に「導入しない方が良い」と強く言い切るまではできませんでした。

　そして、いざ20名程度の組織に人事制度を導入してみると、「なるほど」と膝を打つことになりました。比較的早いと思われるタイミングで、人事制度を導入することには明らかにメリットがあるとわかったのです。その代表的な３つのメリットを見ていきます。

①人事制度導入のハードルが下がる

　スタートアップの10〜20名を初期メンバーと定義した場合、この方たちは会社のビジョン・ミッション、事業の将来性や社会的な影響力、または創業者やその仲間に強い魅力と可能性を感じて入社してきてくれた人たちです。「貢献したい」と「成功したい」という強い思いがあり、信頼関係が短期間でできあがっています。

　このメンバーに対して、人事制度に関する背景の説明やヒアリング機会の提供など、丁寧な導入プロセスを踏めば人事制度導入に対する反発はほぼありません。むしろ、「こういう面倒なことは、早くやった方が会社にとってプラス」や「会社は自分たちのことをきちんと考えてくれている」と前向きに捉えてくれます。

　一方、メンバー数が増えてくるとヒアリング対象者が増え、そもそもヒアリングの実施可否の検討に加え、実施する場合の対象者に誰を選ぶかも考えなければなりません。さらに、導入時には説明会の実施回数も増えてQ&Aや個別フォローに対応する負担も増大します。そして何よりも「そもそも評価とは……」「上長であるマネージャーをメンバーが評価する360度評価を導入しない理由は？」「前職の人事制度は本当にひどかった。例えば……」といった外野の声が一気に増えてきます。

　１つひとつの声に耳を傾け、必要に応じて対処する必要が生じるため、メンバー数が増えればその分時間も負担も倍増します。大事なことは、現時点が制度を初めて導入する時期であるということ、つまり、まだ一度も制度を運用しておらず

やってみないとわからないことがたくさんある中で、改善を積み重ねながらより良い制度をつくっていこうとしている時期だということです。導入期に「あれやこれや」と手を広げれば、その分、負担も課題も雪だるま式に増えていき、問題が改善されないまま不満と不信だけが積み上がっていきます。

　したがって、**導入期はミニマムスタートにすることが大切**です。事前に説明をしたとしても、ある程度の意見や質問は出てくるので、対応に手間がかかります。こうした負担を考えると、早いに越したことはないと考えるようになりました。

図表2-2　人事制度導入のハードル

②組織規模が大きくなる前に、人事制度を早く検証・改善できる

　人事制度は、導入前の設計ももちろん重要ですが、それと同等に導入後の運用が肝になります。素晴らしい制度をつくっても、うまく使われなければ意味がありません。

　人事制度導入後、メンバーに等級を伝え目標設定や人事評価を実施し、最終的に報酬を改定するという一連の流れを経験すると、制度設計のときには見えなかった違和感や、いざ運用したからこそあぶり出されるオペレーション上の不具合など、さまざまな課題が見つかります。経験上、A社でうまく機能した制度がB社だと機能しない、ということは平然と起きます。人事制度を運用する組織のメンバーが違うため当然といえば当然です。

この状況を考えると、**人事制度をいち早く導入・運用し、すぐに改善の俎上に載せることが筋の良い解決策**となります。制度運用の期間が6カ月であれば、等級判定や人事評価、報酬決定の機会は年2回。これが数少ない制度改善の機会です。人事制度の違和感や不具合を改善すると同時に、拡張した組織に合わせて人事制度をチューニングしていきます。等級要件、昇格・降格ルール、評価基準、評価点、評価記号、評価フロー、評価会議の運営、評価シート、報酬レンジ、昇降給テーブルなど、多岐にわたって改善とチューニングを繰り返します。

　私の経験では、制度導入後1〜2年はこの状態が続きます。この期間を経て、やっと人事制度が自組織にフィットし定着していくのです。大事なことは、**改善とチューニングを繰り返した人事制度で、さらに改善サイクルを主体的に回した経験をもって、100〜300名規模への組織拡張を迎えることができる点**です。自組織に「合う・合わない」がある程度わかっているため、組織の拡大に合わせて人事制度も一緒に進化させることができます。

　100名以上にスケールしながら、同時に改善サイクルを回そうとしても、組織はそう簡単に同じ方向を見てくれません。声が届きにくくなる物理的な状況もあり、サイレントな不満が蓄積されてしまいます。比較的早い時期に人事制度を導入することは、組織が100名以上になったときに、たくさんの反省と改善を組み込んだ人事制度を運用できているというメリットをもたらしてくれるのです。

図表2-3　人事制度の改善

③採用活動に貢献できる

1-2でも解説した通り、人事制度は自社の採用活動に貢献してくれます。特に人数が少ないフェーズこそ、自社の魅力を語る武器として、絶大な効果を発揮してくれます。採用候補者から面接の過程で報酬や評価について質問された際、ドキュメントを通じて具体的な制度内容と背景まで説明できると想像以上に好意的に受け取られるでしょう。採用候補者の方から「今まで在籍してきた会社の制度よりしっかりしているかも」や「別の転職候補先ではまだ人事制度は整備されていなかったし、いつ頃整備されるかも決まっていなかった」となれば、より一層のアピールポイントにつながることは確実です。

また、現職から報酬を下げて入社するケースでは、入社後にどれくらいの評価を得れば、どれくらいの期間で報酬が今と同じ水準まで戻るのかについて仮説をもてるようになります。報酬のキャッチアップを約束することはできませんが、制度として環境が整っていることは約束することができますし、採用候補者の家族への説明にも役立つことになるでしょう。

図表2-4　採用活動への貢献

早い時期に人事制度を導入することのデメリット

　ここまで比較的早い時期に人事制度を導入することのメリットを紹介しましたが、もちろんデメリットもあります。ずばり、**人事制度を運用する負担**です。評価の時期になれば、通常業務に加えて人事制度を運用する負担が重くのしかかります。導入フェーズでは評価者の人数も少ないことが多く、評価者1人あたりが担当する被評価者の人数も増えることで、想定以上の負担になりがちです。

　評価者としての役割を担うマネージャーは、被評価者のキャリアや成長を考えながら評価を開始し、翌期の目標設定と報酬決定を並行して進める中で、報酬を決める難しさと不安に向き合うことになります。日々の1on1でつくりあげた信頼関係の下、最後はマネージャー自身で評価結果をフィードバックしなければなりません。そのための知識や技術も学び、実践することが求められます。

　ただし、遅かれ早かれ、人事制度を導入するのであれば、断然早い方が楽だというのはまぎれもない事実です。短期的な視点ではなく、**長期的な目線で物事を捉えること**が大切だと考えています。

スタートアップでの人事制度プロジェクトの進め方

2-2

私はクライアントをスタートアップに絞っているため、ほとんどのケースで「なるはや（なるべく早く／最短距離）で、人事制度を導入したい」と依頼を受けます。スタートアップは「実行」と「スピード」が生命線なので、私もその気持ちに応えるべく、制度設計のアウトプットや議論の進め方を型化（標準化）して、導入までの期間を短縮化してきました。本節では、プロジェクトの進め方に関する型について説明していきます。

▶ プロジェクト体制 経営陣はマストで参加する

人事制度プロジェクトは、会社のルールブックを定める一大プロジェクトです。釈迦に説法かもしれませんが、経営陣にはマストで参加してもらうことをお願いしています。「もちろん入るつもりです」と仰ってくださるケースもあれば、「え、管理部門のトップだけではダメですか？」といった声を聞くこともあります。以前は「ダメではないですが、できれば参加してほしいです」と強制はしていませんでしたが、経験上経営陣なしでの体制ではうまくいかないことがわかったため、現在では「ダメです」とはっきり伝えるようになりました。

経営陣の参加を強くお願いする背景には、次の理由があります。

等級判定や人事評価、報酬決定といった人事権には、ビジョン・ミッションの実現や事業戦略の実行に向けて組織を方向付ける強力なパワーがあります。この権限の執行を通じて、経営陣は人・組織を動かします。しかし、組織の規模が大きくなるにつれて、全メンバーに対して経営陣だけで人事権を執行することが物理的に不可能になります。そこで、経営陣からマネージャーに人事に関する権限を移譲します。この権限委譲を円滑に実行するためのルールブックが人事制度なのです。人事制度の方針や基準、運用プロセスについて、権限を移譲する立場である経営陣の考え方や思いを正確に反映するためには、**意思決定だけではなく議**

29

論の過程にも参加してもらうことが必要不可欠だと考えています。

　参加を躊躇するケースでは、人事制度が与える組織への影響度や設計・導入の難易度に関する認識がそろっていない可能性があります。ただし、このような認識のズレに対して、いくら説明を重ねても言葉や論理だけで腹落ちさせることは難しいものです。

　そこで、経営陣がプロジェクトの参加に対してためらいの気持ちがあることは承知しておきながらも、**最初の1～2カ月だけでもプロジェクトに参加してもらう**ようお願いしています。たとえわずかな期間であってもプロジェクトに参加してみれば、人事制度の影響度や難易度を感じ取ることができ、経営陣が参加しないことは「あり得ない」と自分自身で理解してくれるはずです。

　なお、人事制度は全メンバーを巻き込むプロジェクトであるため、社内の広報担当として人事メンバーに入ってもらえると心強い体制になります。20名前後の組織では人事メンバーがいることは稀なので、多くは採用担当者がアサインされます。

　ただし、採用と人事の仕事は、ビジネス部門における営業とカスタマーサクセスぐらいの違いがあるため、採用担当者に人事制度に関する社内広報を任せきりにすることはできません。社内広報についても、経営陣は担当者に丸投げすることはせず、当事者意識をもって取り組んでほしいと考えています。

：**会議体** 人事制度に関する定例会議は週１回90分

　隔週でも月１でもなく、週１回の頻度で定例会議を実施します。時間は90分です。会議が90分というのは長過ぎると思うかもしれません。しかし、人事制度には明確な「正解（答え）」がないため、各自が自分自身の経験を基に意見を述べやすい領域であり、議論が多方面に広がりやすい傾向があります。「これが正しいと思う」ではなく、「自分はこうだった」と議論が拡散しがちなのです。

　そのため、**人事制度に関する「なぜ？」を重点的に議論することで、表面的ではなく、本質的な理解と納得を引き出すこと**が大切です。そもそもの前提を擦り合わせ、制度本体の議論に入っていくため、必然的に定例会議の時間は長めになります。

　また、主要な理由とまで言い切れませんが、人事の会議体ゆえの理由があります。それは定例会議の際、現場で起きたさまざまな人事課題について相談がもち

込まれるということです。「Aチームの残業時間について相談したい」「Bさんの活躍が素晴らしく、早めにマネージャーにしたいと思っているが、みんなの意見を聞きたい」「Cさんから退職の話があった」など、他の会議体では議題に取り上げにくい話が、人事制度の定例会議にもち込まれます。

　本題と違うので、別の時間で対応することが本筋かもしれませんが、こうした人事課題は時間を確保しないと放置されがちです。その都度会議を設定するのも放置される要因になるため、定例会議のリズムをつくってその場でタイムリーに対応できるよう、会議体の時間に少し余裕をもたせておくことも大切です。そのため**会議時間60分は短く、30分ではまったくプロジェクトが前に進まないので、最低でも90分は確保**できるように準備をお願いしています。

　週1回はまとまった時間を「人事を考える時間」として確保し、その時間は人事に集中するように時間の使い方を習慣化できると、人事領域で不定期に発生するさまざまな問題に対して慌てずタイムリーに対応できるようになります。また、組織拡張のフェーズで問題が複雑化・深刻化しても、ルーティンの1つとして向き合うことができるようになります。先送りしようと思えばできてしまう人事領域の問題だからこそ、習慣化による問題解決のアプローチが効果を発揮します。

　最後に、会議体の名称を決めます。人事制度の検討を定例化して多くのリソースが投下されていることを全メンバーに共有するためにも、会議体にわかりやすい名称をつけることには意味があります。参考までに、会議体の名称に関する事例を挙げておきます。

〈**会議体の名称事例**〉

- 人事定例ミーティング
- 人事制度定例
- 人事制度プロジェクト定例会
- HR定例
- HR Planning定例

　「4〜6カ月もかけて何をつくるの？」と思っている人もいるかと思います。しかし、「モノ」ではなく「制度」、つまりルールをつくるため具体的なイメージを共有することは難しいのです。最終的には、ドキュメントやスライドでつくられる**設計書**がアウトプットの核となります。

　人事制度の3つの柱である等級制度・評価制度・報酬制度について、主なアウトプットを一覧化してみました。このアウトプットが、人事制度の定例会議で議論されるアジェンダとなります。

図表2-5　人事制度のアウトプットリスト

等級制度	評価制度	報酬制度
• 等級体系 • 等級要件 • 職種別等級要件 • 等級判定ルール 　（昇格／降格ルール） • 等級判定シート • 仮等級／本等級 • 昇格レポート • 等級公開のルール • 等級判定会議	• 評価体系 • 成果評価 • 行動評価（バリュー評価） • 評価基準 • 評価尺度 • 評価期間 • 評価フロー • 評価者 • 評価シート • 最終評価の算出方法 • 目標設定ガイドライン • テスト評価 • 評価会議 • 評価者研修 • 評価システム • 1on1	• 報酬項目 • 報酬レンジ • 昇降給テーブル • インセンティブ／賞与 • 調整給 • モデル年収 • 処遇条件通知書 • 報酬シミュレーション • 報酬決定会議

　人事制度の「型」を、クライアントのビジネス、戦略、組織、カルチャーなどに合わせてカスタマイズすることで、人事制度をアウトプットしていきます。自社のオリジナルを存分に反映させた方が良いところもあれば、あまり独自性にこだわらずセオリー重視でやった方が良いところもあるので、導入スケジュールを考慮しながら、プロジェクトを進めていきます。

通常、**制度設計に4～6カ月、トライアル運用に6カ月を予定**しています。トライアル運用後の本番運用までに10～12カ月、つまり1年程度を見積もったスケジュールです。もちろん、クライアントの依頼次第でスケジュールは変動します。ただし、私は、導入タイミングでいろいろと手を広げることは賢明ではないと考えており、まずは人事制度の型を活用し、半年程度で人事制度の設計を完了させてトライアル運用に入ることを推奨しています。なぜなら、運用する中で軌道修正したり、改善したりするアジャイルな進め方が「スタートアップらしさ」であると考えているからです。

4～6カ月と幅があるのは、現状分析・概要設計のパートを含めるか否かの違いです。時間的に余裕がありプロジェクトを丁寧に進めたい場合は、現状分析としてメンバーへのインタビューを実施し、組織の課題や人事制度への要望・期待を洗い出します。このプロセスは大切であることは間違いありませんが、制度導入までの検討期間が足りない場合は、省略することも可能です。その場合、最短で制度設計を4カ月で完了させて、トライアル運用に入ります。

「制度導入までの検討期間」に影響を与える要素は、主に「社員数」と「決算月」の2つです。なお、人事制度プロジェクトにアサインできる社内リソースも強く影響を及ぼす要素で、スタートアップで十分にリソース配分できるケースはほとんどないため、主な要素からは除外しました。

それでは、2つの要素について説明します。まずは「社員数」についてですが、**社員数が増えると制度設計の負担が大幅に増します。**ざっくりと定義すると、50名未満であれば4カ月で可能、50名以上だと6カ月以上かかることもあり得る、といったイメージです。あくまでも50名はわかりやすい目安ですが、人数が増えれば増えるほど導入時の設計領域が広がり、複雑さに比例して説明コストも重くなります。

「決算月が影響する」というのは、**期の節目を利用して人事制度の運用を管理するため**です。例えば、12月決算の場合、1～6月が上期、7～12月が下期となります。プロジェクト開始が1月の場合、6月までの6カ月間を設計期間にあて、制度運用は7月からスタートです。3月開始の場合は、現状分析と概要設計を省略し、4カ月間の設計期間で何とかやりくりする方法を考えます。

5月開始の場合は、7月の下期スタートまでに5～6月の2カ月しかないため、

7月から人事制度のすべての領域（等級・評価・報酬）でトライアル運用を開始することはできません。この場合、社員数も勘案しながら、等級制度や報酬制度の一部を設計するなど、段階的な制度導入を検討します。

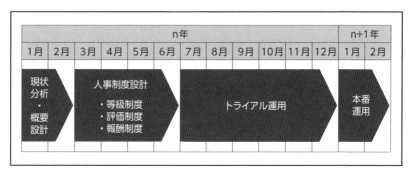

図表2-6　人事制度の設計期間（目安）

2-3 プロジェクトスケジュールの事例紹介

　前節で説明したプロジェクトのスケジュールについて、より具体的にイメージしやすいように本番運用までに時間のあるA社と、イレギュラーなスケジュールであるB社の2つの事例を紹介します。A社で制度設計を開始した時期は社員数が10名前後、トライアル運用を経て本番運用に入るタイミングで20名程度の組織になっていました。B社は20名前後のときに制度設計に着手し、本番運用時は30名程度でした。なお、決算月についてはわかりやすくするためA社・B社とも仮で12月としました。

時間に余裕があるプロジェクトスケジュール

　A社は、プロジェクト開始が1月だったため、7月の下期から人事制度をトライアル運用、翌年の1月から本番運用できるようにスケジュールを企画しました。プロジェクト開始からトライアル運用まで6カ月という比較的時間に余裕があるプロジェクトです。

　現状分析として全メンバーに対するインタビューを1月に実施し、組織課題と人事制度への期待と要望を洗い出しました。そして2月に人事制度における等級制度・評価制度・報酬制度の概要を設計し、中間報告を兼ねて全社員に向けて説明会を実施しました。

　ここでいう「概要」とは、**等級体系、全職種共通の等級要件、評価制度の全体構造、等級別の報酬水準**を指しています。人事制度の詳細、例えば職種別の等級要件や評価基準、昇給ルールなどを一度に説明してもボリュームが多過ぎて消化不良になってしまうため、早めに人事制度の考え方と大枠を説明したという背景です。そして、3～6月の4カ月間で等級制度・評価制度・報酬制度を丁寧につくり込み、7月にトライアル運用を開始しています。

　トライアル運用では、まず人材のレベルである等級の仮案を本人に伝え（仮等

級通知)、6カ月をかけて検証していきます。仮等級に基づいて目標設定し、9月に中間評価、12月に期末評価を進め、期末評価の結果をもって給与改定を行いました。なお、本事例では、n+1年の本番運用における目標設定に備えて本等級通知を12月中に行ったことも特徴的です。

　また、トライアル運用と並行して、一部の残タスクに対応しながら制度改善に着手し、制度を導入することで気付く違和感や不具合に対して早めに改善策を検討しました。そして、9月の説明会では「中間評価の進め方」と題して、評価制度全般のおさらいや評価シートの記入方法など細かい運用まで周知し、Q&Aも受け付けました。メンバーが説明を聞いて理解できる範囲を最大限考慮し、少しずつ人事制度について理解を深めていきます。10〜12月には中間評価の振り返りを通じた制度改善を検討し、1月以降の本番運用に反映できるよう準備を進めました。やってみることでさまざまな意見が出てきます。12月の説明会では、中間評価の改善と報酬移行に関する説明を詳細に行いました。メンバーにとっての不利益変更はなかったため、不要な不安が起きないようできる限りオープンに説明し問題なく制度を導入した事例です。

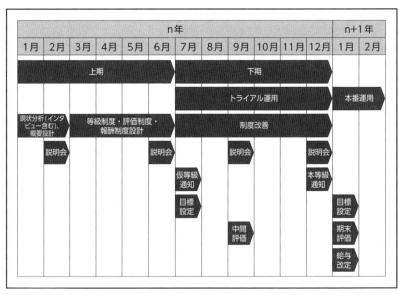

図表2-7　人事制度に関するプロジェクトスケジュール A社の事例

イレギュラーなプロジェクト・スケジュール

B社は、イレギュラーなスケジュールで進めた事例です。スケジュール企画に少し工夫が必要でした。なぜなら、プロジェクトの開始が5月スタートだったからです。下期が始まる7月までに制度設計をすべて完了させることは難しい一方、なるべく早くプロジェクトを進めたいという意向が経営陣にありました。

そこで、**メンバーインタビューは実施せず、すぐに制度設計に着手すること**にしました。そして、5〜6月の2カ月で等級制度を設計し、7月に等級制度と報酬制度の一部（報酬水準の概要）に限定した説明会を開くことにしました。先に等級制度だけをトライアル運用し、自らの等級を把握できるようにしたのです。

次に7〜8月の2カ月で評価制度を設計、9月中に評価制度の説明会を行い目標設定まで実行します。第4四半期である10〜12月の3カ月を評価制度のトライアル期間と位置づけました。最後に10〜12月に報酬制度や等級制度で残ったテーマ（昇格や昇給など）を議論し、年内の12月末までに説明会を行い、翌年1月より本番運用です。これは、人事制度を段階的に導入するスケジュールの事例として、参考にしていただければと思います。

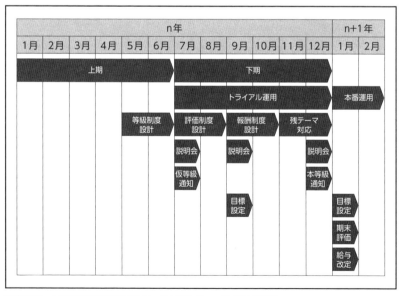

図表2-8　人事制度に関するプロジェクトスケジュール B社の事例

2-4 現状分析インタビューの手法

前節で紹介した制度設計に着手する前に実施する、現状分析インタビューの方法について紹介します。人事制度がなくドキュメントやデータを通じて会社のことを把握できないケースでは、メンバーへのインタビューを通じて会社の仕組みや文化の把握に努めます。社外の方が人事制度を設計する際の方法ですが、社内の方でも十分に応用可能です。

インタビューの実施概要

インタビューは、次のように実施します。

- 1対1形式
- 1名につき45分
- オンライン実施可
- お互いに質問リストを見ながら進める（質問リストは事前公開しない）
- インタビュー冒頭に「いただいた意見は、プロジェクトメンバーに記名式で共有します」と伝える

いくつか簡単に補足しておきます。

インタビューは**1対1形式**で本音を引き出します。インタビューを何度も繰り返す中で、30分だと短く時間不足になるケースもある一方、60分だと長く冗長になってしまうため、45分に落ち着きました。45分すべてを使い切ることなく、少し早めに終わることもあります。私の場合、**45分×2回の90分と30分休憩を合わせた120分を1セット**としてスケジュールを組んでいます。

質問リストは事前に公開せず、インタビュー内で質問リストを読み合わせながら、その場で考えて意見をもらいます。事前に質問リストを公開すると、人に

よっては回答を見繕ってしまい、本音とは言えない意見が出てくることがあるからです。また、質問リストを読んでもらったり、何か考えてもらったりするなど、通常業務の邪魔にならないように最低限の時間で進めたいという意向もあります。

なお、インタビューは記名式です。「誰の発言か」がわからないと、発言の意図や背景を正確に把握できないことがあり、それなりに時間をかけて実施する現状分析インタビューの費用対効果が低くなってしまうからです。

また、スタートアップで人事制度を導入するタイミングだと、ほとんどの場合人数が少なく各メンバーの担っている仕事も明確なため、プロジェクトメンバーにインタビュー内容を公開すると、発言内容から「誰が言ったか」がだいたいわかってしまう傾向もあります。「匿名にする」と宣言しておきながら、相手には記名で伝わっている状態の気持ち悪さもあります。そのため、「あえて隠す必要はない」というのが私のスタンスです。

---

1. これまでの職務経歴をざっくりと教えてください（1〜2分）

2. この会社に入社（転職）した理由は？

3. 入社前と入社後で感じたギャップは？

4. 仕事は楽しい？

　【選択肢3つ：①楽しい／②どちらとも言えない／③楽しくない】

5. あなたの今現在のミッション（やるべきこと・目標）は？

6. 会社の強みは？

7. 会社が大事にしている価値観（判断や行動の基準）は？

8. 会社に対して、KPT（Keep：良い点・継続してほしい点、Problem：課題・改善した方が良いと思うこと、Try：今後やった方が良いと思うこと）でフィードバックをお願いします

9. 人事制度（等級制度・評価制度・報酬制度）について意見や要望があれば教えてください

10. その他、採用、オンボーディング、1on1、情報公開、働き方、福利厚生などで伝えておきたいことは？

11. その他、何か意見・質問あれば！

図表2-9　現状分析インタビューの質問リスト

また、スタートアップは個々人がスピーディかつ自律的・有機的に活動することが組織戦略上の差別化要因になるため、その前提となる情報公開への前向きな姿勢、いわゆるオープンであることは組織のカルチャーとして重要であると考えています。メンバーへのインタビューだけでなく人事施策全般について、まずは「記名式」で検討し議論を経た上で「匿名」に舵を切るという考え方を推奨しています。

▶ インタビューを通じて知りたいこと

インタビューでは、前ページの質問リストを見ながら、上から順番に質問をしていきます。人によって話してくれる内容の質や量に違いはありますが、45分に収まるようにファシリテートしていきます。質問リストの内容については、プロジェクトメンバーである経営陣に確認してもらい、これ以外に聞きたいことがあれば追加することもあります。

それぞれの質問を通じて、私が知るべきだと思っていることを言語化しました。

1. これまでの職務経歴をざっくりと教えてください（1〜2分）

どんな経歴の方が組織に集まっているかを把握します。例えば大企業出身者が多い場合、オーソドックスな人事制度を経験しているので、スタートアップらしい人事制度に対して違和感が出やすくなります。そもそも人事制度が形骸化している場合、制度導入に懐疑的なこともあります。そのため、大企業との違い（背景）であったり、人事制度の目的や効果、形骸化する理由と形骸化させないための工夫を丁寧に説明することを心がけています。

2. この会社に入社（転職）した理由は？

会社の魅力を把握します。事業としての価値、経営陣、成長機会など、ある程度回答に傾向が出るものですが、会社を理解するために役立てます。

3. 入社前と入社後で感じたギャップは？

表面的には見えにくい会社の特徴を把握します。ポジティブ・ネガティブどちらの意見も出てきます。ギャップに対する言及が会社のカルチャーと同義になるケースも多く、早めに知っておくことで、プロジェクト運営に役立つことが多々

ありました。

4. 仕事は楽しい？
【選択肢3つ：①楽しい／②どちらとも言えない／③楽しくない】

「仕事は楽しい」と思っている人の割合から「スタートアップらしさ」を把握します。経験上伸びるスタートアップは皆さんつらい、苦しい、大変な思いをしながらも仕事を楽しんでいます。20名規模でインタビューをした場合、「①楽しい」が9割を切るようであれば（3名以上が②や③と回答する）課題として捉えるべきかを議論します。課題とする場合、採用に原因があるのか、入社後のマネジメントに原因があるのか、など原因分析が必要です。

5. あなたの今現在のミッション（やるべきこと・目標）は？

目標設定の状況を把握します。人事制度はなくても自分の目標がクリアになっており自律的に活動できる状態になっているかどうかを確認するためです。目標の中身を聞くことで、その粒度も把握できます。目標設定の仕組みを議論する際、現状との違いを説明できるとプロジェクトメンバーの理解促進に役立ちます。

6. 会社の強みは？

「強みを伸ばす」という考え方の下、制度でさらに強化できそうな「強み」を把握します。制度設計の「なぜ？」を合理的に説明するための理論武装に役立てます。

7. 会社が大事にしている価値観（判断や行動の基準）は？

インタビューのタイミングで、バリューが設定されているケースが以前より多くなりました。その場合、設定されたバリューの中で、特にどのバリューが大事にされているか、またメンバーはそれをどんな場面で、どんな判断や行動を見て感じるかを把握します。バリューを評価制度に反映させる際、バリューをより一層具体化させて、評価基準に落とし込む作業に、この情報を活用することがあります。

8. 会社に対して、KPT（Keep：良い点・継続してほしい点、Problem：課題・改善した方が良いと思うこと、Try：今後やった方が良いと思うこと）でフィードバックをお願いします

　Keepを通じて、今後も変えずに残していきたいところを把握します。特に「質問6・会社の強み」につなげられるように、今後も変えない方が良いことを吸い上げ、同時にその理由も言語化していきます。普段考えることが少ないので沈黙しがちな場面ですが、インタビューイーの自組織の理解促進のためにも、沈黙を許容しながらじっくり考えてもらいましょう。

　Problemでは、会社の課題、主に組織課題を把握します。人事制度設計とは直接関係ないこともありますが、現状の組織で起こっていることを洗いざらい吸い上げることで、組織の人材レベルについて仮説をもつことができます。経営視点や中長期の時間軸、他者の気持ちの理解やきれいごとを抜きにした現実問題への向き合い方などについて、課題に対する発言内容から読み解いていきます。

　最後にTryです。Problemに対する解決策やネクストアクションを、自らの経験を交えて話してくれることが多い傾向があります。インタビューを受けてくれている方たちが日頃からこうした課題に対して、どれほど当事者意識をもっているか、課題の先まで考えているか、について分析します。

9. 人事制度（等級制度・評価制度・報酬制度）について意見や要望があれば教えてください

　ここでやっと人事制度の話になります。「わからない」「特にない」といった意見が思いの外、多いものです。無理に深掘ることはしない代わりに、「過去の会社で機能していなかったと思う人事の仕組みは？」「どうして機能していなかった？」などと聞いていきます。できあがった人事制度を説明する際、「こうします！」ではなく「こうはしません！」と伝えることも納得感につながります。人事制度を運用する前の段階で「こうします！」と言われても、正直「良いのか悪いのか、わからない」というのがメンバーの本音です。逆に「こうはしません！」という説明の方が人によっては腹落ちしてくれたりするものです。

10. その他、採用、オンボーディング、1on1、情報公開、働き方、福利厚生などで伝えておきたいことは？

　人事関連で相手があえて取り上げたいことがあれば吸い上げます。普段、会社に対して発言する機会がなかったり、あえて発言するほどのことでもなかったり

と吐き出せずにモヤモヤしていることがあれば吸い上げるイメージです。

11. その他、何か意見・質問があれば！

　最後の締めです。「特にありません」「大丈夫です」で終わるケースが多い中、雑談が始まる場合もあれば、伝えきれていなかった人事関連の話が始まったり、インタビュアーについて質問が投げかけられることもあります。ときどき「オフレコでお願いしたいんですが……」ということもあります。最後まで話を聞いた上で、会社側に情報共有し解決した方が良いと判断したら、相手にその旨を正直に伝えます。本人の了承が得られれば会社側に報告する一方、了承が得られなければ聞くだけで終わることになります。

　インタビューが終わったら、それぞれの質問から得られた意見をリスト化し、自分なりの考察を構造化します。そして、プロジェクトメンバーへフィードバックして問題点を話し合っていきます。大半の場合、人事制度の具体的な設計内容に関する議論というよりは、自分たち自身の理解や現状の組織課題に関する議論がほとんどです。

　この議論を通じて、人事制度で解決できることと人事制度では解決が難しいことを切り分けていきます。例えば、採用領域に原因がある場合、人事制度を通じて直接的に解決することはできません。制度以外でやるべきことの優先順位とスケジュールも合わせて検討していきます。

3

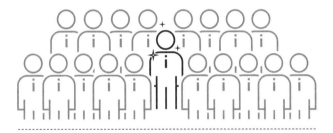

スタートアップの
等級制度

　本章より、スタートアップの人事制度について具体的に記していきます。まずは等級制度です。等級を「グレード」と呼んでいる会社もありますが、意味は同じです。そして、人事制度の中で最も重要な制度は等級制度だと断言した上で、説明に入りたいと思います。

3-1 等級制度の定義

　私の経験上、初めて人事制度を設計するスタートアップの方は、評価制度と報酬制度への関心が高い一方で、等級制度についてはそもそも制度の存在や意義を把握していないケースが目立ちます。別の言い方をすると、評価制度の中に等級制度も包含して考えており、等級制度と評価制度を分けて捉える背景が見えていないということです。そのため、まずは等級制度に対する共通認識を深めるためのポイントを2つに絞って説明します。

等級は個人のレベルを意味する

　1-3で説明した通り、等級は個人に期待する「レベル（水準）」を意味しています。等級が上がる、つまりレベルアップするということは、期待できることの難易度が上がったり、影響度が広がったりすることを意味します。**この個人のレベルを決めるための制度が、等級制度**です。

　話は逸れますが、私の子どもは水泳教室に通っており、つい先日「18級に進級した」と喜んで報告してくれました。水泳教室の「進級基準」を見ると、18級の進級基準は「背浮き」です。これができれば18級です。17級に進級するには「板キック25m（幼児12.5m）」ができるようになることが条件のようです。

　簡単にいってしまうと、これが等級です。「級」が等級、「進級」が「昇格」にあたります。17級の子どもたちは同じレベルの水泳力であり、ステップアップするために同じ実力の子たちを集めて効率的に練習できるようにしています。会社でもこれと同じように、等級制度を通じてメンバーを等しい級にくくり、目標設定や人事評価、報酬決定を効率的に実行できるようにしています。

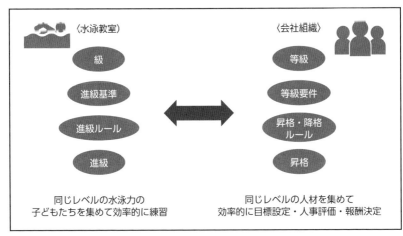

図表3-1　等級制度のイメージ

　会社で設計・運用される等級制度は、この進級基準がより複雑です。なぜなら、例に挙げた水泳という種目だけでなく、100メートル走やマラソン、野球やバスケットボール、柔道などといった多種多様な種目、つまり会社でいうところの「職種」をカバーしないといけないからです。価値をつくり出す開発やデザイン、価値を届ける営業、会社を支える財務、経理、法務、人事、労務、総務など、専門的な職能（職務遂行能力）を有する人材がチームとなって動くのが会社組織です。**この組織における人材のレベルを横串でくくり、人材マネジメントを効率化するために等級制度が必要**になります。

　まず、その級に該当するための基準として「**等級要件**」をつくり、その級に該当していることを判断・証明するためのルールやプロセスとして「**昇格・降格**」のルールを設計します。もともと、等級制度における等級は「**資格等級**」と呼ばれており、「格」が上がることを**昇格**、「格」が下がることを**降格**と定義していました。「昇級」「降級」とすることも間違いではないのですが、本書では昇格・降格と定義します。水泳の進級基準のように、誰が見ても条件をクリアしたかが明確に判断できるよう数値化して定義できるとわかりやすいのですが、人事制度はそう簡単にはいきません。

個人のレベルが報酬の下限と上限を決める

　人事制度における等級は、報酬制度と連動し報酬の下限と上限を決める役割を果たします。最近は、さまざまなスタートアップが報酬レンジを採用資料の一部として公開しているため、馴染みのある図になりました。例として、SmartHR社の「SmartHR会社紹介資料」の報酬レンジに関するスライドを取り上げます。スライドを見てもらうと、3等級は400〜700万円、4等級は600〜1,100円万弱の報酬レンジになっていることがわかります。下段の備考欄にある通り、「月給×12カ月」の水準となっており、成果給（賞与）は含みません。

　各等級における報酬の下限と上限が決まり、その等級に位置付く方はその幅（レンジ）の中で報酬が決まります。**等級によって人材レベルと報酬水準が定義されることで、その会社における処遇の全体像が見える化されます。**どれくらいの人材レベルになれば、自分の報酬がどれくらいの金額になるのかがわかるようになり、報酬という難しい話に対して認識をそろえるためのツールとなります。

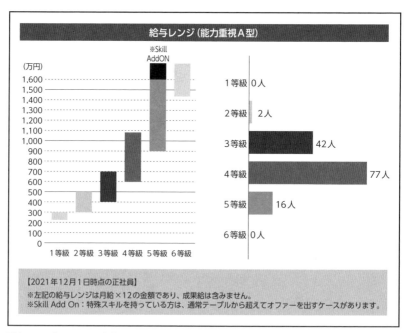

図表3-2 「SmartHR会社紹介資料」における報酬レンジのスライド
出典 SmartHR「SmartHR会社紹介資料／We are hiring」
URL https://speakerdeck.com/miyasho88/we-are-hiring?slide=43

3-2 スタートアップにおける等級の数と基準

　具体的な制度設計の話に移りましょう。本節では、等級の数と基準（等級要件）について説明します。これから人事制度をつくろうとしている方や、今ある人事制度を検証したり、見直そうと考えている方に向けて、等級制度の型を紹介します。

等級の数は8段階

　私が設計する等級制度の「型」は、8段階に分かれます。これより多くても少なくても間違いなわけではありませんが、等級数を多くし過ぎると、「3等級と4等級の違いがわからない」などと等級間の違いが曖昧になり、等級要件が形骸化してしまう恐れがあります。

　一方、等級を少なく設計してしまうと、違いは明らかですが、等級要件でカバーすべき人材レベルの幅が広く、定義の抽象化を招いてしまいます。結果、同じ等級内に異なるレベルの人材が格付けされてしまうことで、等級要件を通じて相手に「期待すること」を適切な水準で示せなくなってしまいます。また、等級の数が少ないと、将来的なキャリアアップの可能性も見えにくく、等級が上がる機会も少ないため、成長実感を得にくいというデメリットも生じます。

　こうした背景から、**等級間の違いを直感的に理解しやすく、キャリアアップの可能性と成長実感を得られるのは8段階**と導き出しました。

　具体的な段階の定め方ですが、図表3-3のように等級別に「人材概要」を整理し、各段階に違いをもたせていきます。スタートアップの初期フェーズの場合、実際に使われる等級は主に3〜5等級です。会社によっては2等級や6等級が使われることもありますが、ほとんどの初期フェーズでは8段階のすべてが使われることは稀です。そのため、等級数を4段階や5段階にしてもすぐに問題が起きることはありません。ただし、長期的な観点で組織の拡張可能性を考慮すると、8段階

にしておくことをおすすめします。

　なお、5等級からマネジメントとスペシャリストの2つに人材概要が分かれています。組織のマネジメントポジションに就き、チームを動かして成果を出す「**マネジメント**」、個人の高い専門性を発揮してチームの一員として成果を出す「**スペシャリスト**」です。

　マネジメントとスペシャリストに上下の関係性はありません。日本企業の一般的な人事制度は、マネジメントが上、スペシャリストが下という構造になっています。マネジメント、つまりマネージャーにならないと報酬もキャリアも頭打ちになります。その理由は簡単です。新卒採用でOJTとジョブローテーションを中心に進める人材育成では、専門性の高い人材を育てることは難しく、スペシャリストとしてのキャリアを実現できるのはほんの一握りだからです。それ以外の人材は、ジョブローテーションを通じてさまざまな仕事を経験するジェネラリストとし

	人材概要	
8等級	企業価値を向上させ、社会的インパクトを与えられる	
	経営レベル	専門性 業界トップレベル
7等級	経営に責任をもち、中長期の経営戦略を描いて会社をリードできる	
	本部長／経営レベル	外部認知／人材ブランド
6等級	事業や組織、会社運営における新たな価値創出をリードできる	
	部長／本部長レベル	専門性 社内トップレベル
5等級	担当領域の戦略を描き、組織・個人の成長を支援しながら実行をリードできる	
	課長／部長レベル（マネジメント）	専門人材（スペシャリスト）
4等級	難易度の高い仕事や目標であっても、周囲を巻き込みながら完遂・達成できる	
3等級	自律的に担当領域の仕事を完遂できる	
2等級	上長の指示・サポートの下、担当領域の仕事を完遂できる	
1等級	成長意欲が高く、未経験のことにも前向きにチャレンジできる	

図表3-3　8つの等級と人材概要

て育成されます。いくつもの仕事や職場を経験し、その会社に最適化された知識と技術を学ぶのです。

このような人材育成プロセスでは、他社では活用できないノンポータブルな知識・技術になりがちです。そのため、キャリアの方向性として、スペシャリストの道は開けず、ジェネラリストを束ねて成果にレバレッジをかけるマネージャーが目指すべき姿となります。こうした人事マネジメントでは、組織が拡張し続けない限り、つまりマネジメントポジションが増え続けない限りキャリアアップは期待できません。自らの専門性を磨いてキャリアチェンジすることもできず、組織内に強い閉塞感を生み出します。したがって、スタートアップに不向きな人材育成プロセスです。

スタートアップは急成長を成し遂げるため、テクノロジーの力を最大限活用します。例えば、ソフトウェアエンジニアは、プログラミングを通じた自動化で生産性にレバレッジをかけます。技術力によって、ある人の何十倍、何百倍もの生産性を実現し、会社に貢献することが可能です。人をマネジメントすることで生産性にレバレッジをかける方法だけではなく、個の力で桁違いの生産性を生み出すことができます。これがスペシャリストのキャリアです。

新卒採用とジョブローテーションを中心にした人材育成では実現し難いキャリアです。**スタートアップでは、こうしたスペシャリスト人材が事業の差別化要因となり、多大な価値をもたらしてくれます。**そのため、マネジメント上位の人事制度はフィットしません。決して「マネジメントが必要ない」「マネジメントの価値が下がった」「マネジメントよりもスペシャリストが重要」といっているわけではありません。**どちらも重要な人材であり、フラットであるべきだと考えています。**

ピラミッド型ではなく、ダイヤモンド型の組織づくり

従来の日本企業のように新卒採用中心で組織づくりを進めると、本来、組織内の等級構成は**ピラミッド型**になります。未経験の若手メンバーを大量に採用し、1等級から2等級、2等級から3等級へとキャリアアップを図るのです。やがて出世競争が始まり、数に限りのあるマネジメントポジションを獲得できる人材とそうでない人材の二極化が進みます。

補足すると、ジョブローテーションに基づく人材育成は、基本的にジェネラリ

ストを輩出します。ジェネラリストは尖った専門性ではなく、自社特有の職能を駆使してチームをマネジメントしながら成果を出すため、チームを束ねるマネジメントポジションの数に応じてキャリアの可能性が決まります。

しかし、日本企業はマネジメントポジションが少ない中でジェネラリストのモチベーションを上げるために、ポジションに関係なく昇格を繰り返します。結果、等級要件に基づく人材レベルに見合わない上位等級のジェネラリストを多く抱える事態に陥ります。不況や業績不調になった際、人件費を減らすために社員数を減らすことは法的観点から簡単にはできないため、どうしても新卒採用を控えることで対応せざるを得ません。その結果、通常は下の等級に位置する人の数が多いのですが、新入社員の数が少ないために上の等級に位置する社員数の方が多いというピラミッドが上下反転して、逆三角形になってしまうケースも多くあります。

一方、スタートアップは事業成長に圧倒的なスピードが求められるため、新卒採用ではなく、中途採用で組織をつくります。未経験の人材を採用・育成する余裕はありません。即戦力での活躍を期待し、一人前として自律自走できる人材を採用します。これを8段階の等級で考えると、**人材採用の中心は3等級もしくは4等級**です。そのため、等級構成は**ダイヤモンド型**になります。

採用市場における4等級人材の希少性や採用時におけるカルチャーフィットの見極めの難しさを考慮すると、いきなり4等級で採用することは簡単ではないため、現実的には自律自走できる3等級が採用のボリュームゾーンになります。

この3～4等級の人材が、急成長するスタートアップ環境でストレッチし、成長していくのです。人材育成はもちろん大事ですが、ニュアンスとして「育成」という受動的な考え方ではなく、「成長」という能動的な考え方で人材をマネジメントします。

1つ補足すると、人事制度を導入するスタートアップのフェーズにおいて、2等級の人材をまったく採用しないとは言い切れません。ポテンシャルの高さという将来性に魅力を感じて採用に踏み切る場合もあれば、営業サポートやカスタマーサポートなど、一部定型化された仕事への対応が必要となり、採用に動く場合もあります。

また、事業や組織の成長に伴い、将来的に人材育成の環境が整ってきたタイミングで1～2等級にも採用の間口を広げる可能性も考えられるため、等級制度としては1～2等級も用意しています。もちろん、将来的に必要になってから1～2等

級を追加する方法もありますが、**等級が増えることは報酬レンジに影響する**など**人事制度全体への影響が非常に大きいため**、初めから設置しておく方が合理的です。

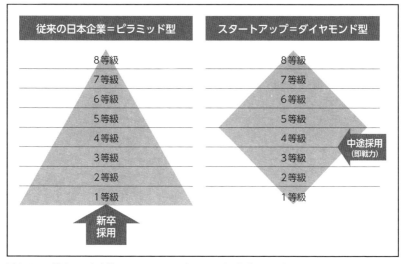

図表3-4　従来の日本企業とスタートアップにおける組織づくりの違い

等級要件の構造をビジョン・ミッション・バリューから導く

　等級別に会社が期待することを言語化したものが等級要件で、先ほど説明した「人材概要」もその一部です。この等級要件の設計は難易度が高く、つくり手によって品質に差が出ます。しかし、等級要件を何度も設計し試行錯誤を繰り返してきた中で、「型」化できる可能性に気づきました。スタートアップを1つの業界と捉えたとき、等級別に期待することは類似してくると考えたからです。加えて、スタートアップ同士の報酬も似たような水準のため、なおさら等級要件も似てくるのではと考えました。「自社オリジナルの基準を等級に反映させたい」というニーズがある場合でも、等級要件の「型」に自社オリジナルのエッセンスを加えることで対応できることもわかってきました。つまり、等級要件をイチからすべてつくる必要はないということです。

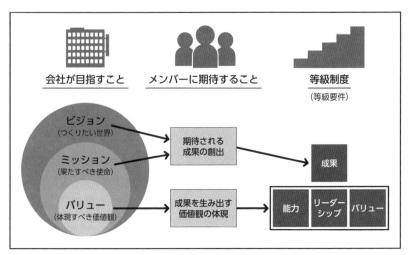

図表3-5　等級要件の構造

　それでは、具体的にどのように「型」化できるか見ていきましょう。

　まずは、実際に等級要件を設計するにあたり、初めに等級要件の項目を考えました。その際に活用したフレームワークが、**ビジョン、ミッション、バリュー**です。学術的な定義は専門書に任せるとして、現場で使えるようビジョン、ミッション、バリューそれぞれについて次のように端的に定義しました。

- ビジョン　：つくりたい世界
- ミッション：果たすべき使命
- バリュー　：体現すべき価値観

　ビジョンとは、会社が事業を通じて「**つくりたい世界**」を言語化したものです。事業活動の結果を表現しており、「目指す状態」と言い換えることもできます。最近ではパーパスという言葉も使われますが、ビジョンを別の観点で言い換えた概念と捉えて問題ありません。

　そして、ビジョンを実現するために会社が実行すること、これが「**果たすべき使命**」であるミッションです。ビジョンがなく、ミッションだけを標榜するケースもあります。「ビジョンはつくらなくてもいいのか？　ミッションだけでもいいのか？　何が正解なのか？」と迷ってしまうケースがあるかもしれませんが、ビジョンやミッションの形について迷う必要はありません。理念設計に正解はあり

ませんので、自分たちの「強い思い」として「つくりたい世界」が想像できるのであれば、ビジョンを言語化します。

「つくりたい世界」よりも、自分たちがやりたいこと・やるべきことに焦点をあてたい場合は「果たすべき使命」であるミッションを言語化しましょう。

最後に、ビジョンとミッションを実現するための価値基準が「**体現すべき価値観**」、つまりバリューです。ビジョンやミッションが違えば、その手段であるバリューも変わります。逆の見方をすれば、ビジョンとミッションが似ている場合、バリューも似てくるということです。例えば、今まで人の力に頼っていたことをテクノロジーで解決できるようにするビジョン、ミッションであれば、ユーザー志向やスケーラビリティ、創意工夫といったバリューの要素が組み込まれます。

このビジョン、ミッション、バリューを「会社が目指すこと」と定義した場合、自然と「メンバーに期待すること」が導かれます。ビジョン・ミッションに対しては、「期待される成果の創出」、バリューは「成果を生み出す価値観の体現」です。これが、等級要件における項目設計の根拠となります。

なお、「成果を生み出す価値観」について「バリュー」は各社各様であり、要素の過不足が生じてしまう可能性があるため、その価値観を体現するためのベースである「能力」と「リーダーシップ」を等級要件の項目に追加しました。「能力」とは、仕事や役割を遂行するための能力であり、具体的には思考力や創造力、実行力、そしてコミュニケーション能力や専門性なども含めた幅広い能力を意味しています。リーダーシップとは、「統率力」や「牽引力」などと一般的に訳されますが、私は「影響力」と捉えており、スタートアップのすべてのメンバーに求めたい要件だと考えています。なぜなら、**チームで価値をつくるスタートアップでは、マネジメントポジションに就こうが就くまいが関係なく、誰もが課題解決をリードできる存在になってほしいと考えている**からです。そのため、「能力」項目の中に、「リーダーシップ」の要素を詰め込むのではなく、あえて等級要件の項目として独立させることで「リーダーシップ」の重要性を強調しました。

▌ ❖ 「型」化された等級要件

次ページの図表3-6に、具体的に言語化した等級要件の型を挙げました。

設計の背景について、解説します。まずは「能力」です。スタートアップで活躍が期待できる人材は「自ら考え、行動できる人材」であり、「**自律性**」がキー

図表3-6　等級要件の「型」　能力

等 級	能 力	
	マネジメント（役職者）	スペシャリスト（非役職者）
8等級	短期および長期の視野・視点・視座で意思決定し、競争優位な事業と組織をつくれる（会社に関わるあらゆる事象に責任をもち、妥協なく迅速に対応できる）	業界におけるリーダー的存在として認められ、業界に対して技術貢献できる
7等級	• 本部／経営レベルの3〜5年後のあるべき姿と目標を描き、組織づくりと仕組みづくりを担える • 本部／経営レベルの戦略立案／実行推進／進捗管理を担える • 部レベルのマネージャーを計画的に育成できる（権限委譲を進めて、マネージャーが自責でマネジメントする環境をつくれる）	• 専門領域の3〜5年後のあるべき姿を定義し、中核となる価値や価値創出の仕組みをつくれる • 専門領域において、会社全体の能力向上に貢献できる • 専門領域において、社外から認知され、ブランディングの観点で貢献できる
6等級	• 部／本部レベルの1〜2年後の目標を設定し、組織づくりと仕組みづくりを担える • 部／本部レベルの戦略立案／実行推進／進捗管理を担える • 課レベルのマネージャーを計画的に育成できる（成長のために挑戦させて、その責任を自ら担える） • 1〜10人程度のマネジメントを担える	• 専門領域の1〜2年後のあるべき姿を定義し、中核となる価値をつくれる • 専門領域において、プロダクトやサービス、仕組みを大幅（指数関数的／本質的／抜本的）に改善できる • 専門分野について、関係する組織の能力向上に貢献できる
5等級	• 課／部レベルの6カ月後の目標を設定し、組織づくりと仕組みづくりを担える • 課／部レベルの戦略立案／実行推進／進捗管理を担える • メンバーの強みを活かしながら、成果を上げるために必要な能力／スタンスを指導できる • 1〜5人程度のマネジメントを担える（目標設定、1on1、評価、労務管理など）	• 専門領域においてあるべき姿を定義し、その実現をリードできる • 専門領域において、プロダクトやサービス、仕組みを企画設計・提案し、着実に運用・改善できる • 専門領域において、関係するメンバーの能力向上に貢献できる
4等級	自ら課題を発見し、方針を理解した上で主体的に業務を推進／改善できる（仕事を任せられる安心感がある）	
3等級	自らの担当領域において、方針や決定の背景を正しく理解して自律的に業務を推進できる • コミュニケーションが円滑に取れる（相手に合わせて背景を伝える、自分の言葉で翻訳して伝える、わからないことを放置しない）	
2等級	• 任せられた仕事や目標を、指示・指導を受けながらやり抜ける（適切な手助けがあればたいていの業務を遂行できる） • 自分に足りていないスキルを把握して、自ら学習／成長できる	
1等級	• 失敗を恐れず、何事にもすぐに着手できる（日常的な手助けは必要） • 日々の業務を通じて必要なスキルを着実に身に付けることができる	

ワードとなります。いわれたことを、いわれた後に、いわれた通りに実行する人材ではありません。自らの専門領域に経験があり、知識と技術で勝負できる人材で、ある意味、他のスタートアップでも汎用的に使えるポータブルなスキルをもっています。その姿を3等級の等級要件に反映させました。その基礎能力が向上し、課題発見や主体性、改善能力へと成長した姿が4等級となります。

　一方、1等級は新卒・未経験人材を想定しており、スタートアップの採用ターゲットからは外れます。インターン経由でポテンシャルの高い人材を採用する場合に使われることもありますが、稀なケースです。2等級は、3等級ほど自律自走して活躍できるベースはできあがっていないものの、営業サポートなど担当領域が限られている仕事や標準化の度合いが高い仕事を担い、マネージャーの指示やサポートの下で活躍できる人材をイメージしています。

　「等級が低い＝報酬水準（人件費）が低い」ことから、2等級以下の人材採用を進め、「質」を人の数でカバーする組織づくりは、スタートアップには適していません。これだとマネージャーのマネジメントコストばかりが膨らみ、生産性は向上するどころか、人が増えれば増えるほど生産性が上がりきらず、人・組織の問題が増えていくという負のサイクルに陥ります。スタートアップの急成長を加速させるには、経験豊富なマネージャーは当然ながら、自律的に課題解決できるプレイヤーの存在が欠かせません。まずは、**「自ら考え、行動できる人材」**としての**3等級の等級要件を正しく理解し、採用を含めた組織づくりの考え方に等級制度を連携させる**ことが重要です。

　「能力」は、5等級以上で等級要件を2つに分岐させています。これはand条件ではなくor条件であり、マネジメントポジションに就く場合は「マネジメント（役職者）」の等級要件を、マネジメントポジションに就かない場合は「スペシャリスト（非役職者）」の等級要件を使って、期待を示します。どちらが偉いかどうかは関係なく、価値の出し方、会社への貢献の仕方が異なることを意味しています。実際、マネジメントでもスペシャリストでも5等級であれば同じ報酬レンジを適用します。

　「マネジメント」では、組織階層の概念を使い、5等級で課／部レベル、6等級で部／本部レベル、7等級で本部／経営レベルの組織をマネジメントできる能力と定義しました。**一般的な組織階層である本部／部／課の構造を等級要件に活用して、求められるマネジメント能力のレベル差を言語化**しています。本部は複数の部（機能）、部は複数の課（機能）によって構成されるため、複数機能を管掌で

きる能力がマネジメントに求められます。

　なお、この等級要件は企業の成長とともにアップデートする必要が生じます。例えば、7等級のマネジメントで「3〜5年後のあるべき姿」と定義されていますが、事業も組織も成長すると期待される時間軸がより長期になり、「5〜10年後」や「10年以上先を見据えて」と変えていく必要があります。

　後で詳細を説明しますが、等級と役職は連動していません。例えば、「本部長は7等級でなければならない」や「部長に任命されたら必ず6等級になる」といった制度ではないという意味です。あくまでも本部や部といった組織階層を使って、マネジメントに求められる能力レベルの違いを示しています。

　次に「リーダーシップ」です。リーダーシップは先ほど説明した通り、「影響

図表3-7　等級要件の「型」　リーダーシップ

等　級	リーダーシップ
8等級	・経営チームを力強くリードできる ・変化に合わせてビジョン／ミッション／バリューを最適な形にアップデートできる ・「一緒に働きたい」と思われる存在であり、6等級以上の人材を採用できる
7等級	・常に高い期待水準を示し、それを相手（個人・組織）に求め続け、時に自らフォローしたり、周囲にフォローを依頼しながら実現に向けてリードできる ・意思決定の影響度が全社に及ぶほど大きく、かつ合理的な意思決定が難しい場面でも、ビジョン／ミッション／バリューに基づいて勇気をもって決断し、社内外のリソースを巻き込んでリードできる ・「一緒に働きたい」と思われる存在であり、5等級以上の人材を採用できる
6等級	・ビジョン／ミッション／バリューや目標の説明を通じて、職種（専門性）が異なるメンバーを、同じゴールに向けて力強くリードできる ・自分の専門領域だけでなく、採用から開発、営業、管理など経営全般に貢献できる（主体的に発言・行動できる） ・他組織と全体最適の観点で連携できる（自組織に最適化させない）
5等級	・意見が異なる場面や利害が一部反する場面でも、ビジョン／ミッション／バリューや目標に基づいて課題解決をリードできる ・採用活動に貢献できる
4等級	・他チームや他職種の決定に敬意を払い、相互理解を促進しながら業務を遂行できる ・担当領域で発生したトラブルや衝突に対して、主体的に上長や関係者に協力を仰ぎながら解決をリードできる
3等級	メンバー、他チームの困りごとや課題に対して積極的かつ的確にアドバイス・サポートできる
2等級	自ら助言を求めたり、迅速にアラートを伝えることができる
1等級	チームメンバーと協力して仕事を進めることができる

力」と定義しています。周囲に影響を及ぼすこと、つまり人や組織に影響を及ぼし、動かすことがリーダーシップです。

1〜2等級はチームで働く上で最低限必要なリーダーシップ、3〜4等級からチームの課題解決に必要なリーダーシップの発揮を求めています。5等級以上で、組織や専門性（職種）を超えてゴールに向けたリーダーシップの発揮へと進化し、影響範囲が広がっていきます。そして、社外の人材への影響力という観点から、採用活動への貢献もリーダーシップに含めました。

続いて「バリュー」です。バリューは、各社でオリジナリティが出る部分なので、より一層抽象度を高めた内容になっています。3等級からバリュー体現ができるようになり、4等級で一人前、5等級以上で周囲の模範となりながら行動変容を起こせるレベルへとステップアップしていきます。なお、自社でバリューを定義していない場合は、この項目は要件から除外し、それ以外の「能力」「リーダーシップ」「成果」の3項目で等級要件をつくります。

図表3-8　等級要件の「型」バリュー

等 級	バリュー
8等級	主体的かつ模範的にバリューを体現し、社内だけでなく社外に対して影響を及ぼしている（結果として採用や営業に良い影響を及ぼしている）
7等級	主体的かつ模範的にバリューを体現し、関係する人や組織の行動変容を引き起こせる
6等級	主体的にバリューを体現し、すべてのバリューで模範になっている
5等級	主体的にバリューを体現し、一部のバリューで模範になっている
4等級	主体的にバリューを体現している
3等級	一部のバリューを主体的に体現できており、その他のバリューも体現しようと努めている
2等級	周囲のフィードバックを受けながら、バリューを体現しようとしている
1等級	バリューの存在意義と意味を正しく理解し、共感している

最後に「成果」です。成果については、各等級で期待される成果の「質」を言語化しています。「能力」や「リーダーシップ」の等級要件からも自然と求められる成果を想起できますが、「成果」における**「難易度」**と**「影響度」**の概念を使って、より一層具体化できるようにしました。「難易度」の高い仕事や目標を担う4等級、そして5等級以上は事業や組織への「影響度」を強く求めます。

「成果」に関する要件を軸にして、他の等級要件も参考にしながら、評価制度における目標設定を進めていきましょう。ちなみに、1等級は未経験人材を想定しているため、「能力」「リーダーシップ」「バリュー体現」における基礎を等級要件として求め、「成果」は求めていません。

図表3-9　等級要件の「型」成果

等　級	成　果
8等級	事業や組織、技術を通じて、社会にインパクトを残せる
7等級	難易度「高」かつ影響度「高」の目標を担い、期待する成果を残し、非連続な成長に貢献できる
6等級	難易度「高」かつ影響度「高」の目標を担い、期待する成果を出せる ※影響度「高」とは、「会社全体に及ぶ、長期的、不可逆性が高い、企業価値に影響を及ぼす」など
5等級	難易度「高」かつ影響度「中」の目標を担い、期待する成果を出せる ※影響度「中」とは、「部門や領域をまたぐ、中期的、不可逆性がある、事業価値に影響を及ぼす」など
4等級	難易度「高」の目標を担い、期待する成果を出せる ※難易度「高」とは、「不確実性が高い、非常に複雑、ボリュームが多い、納期が短い」など
3等級	難易度「中」の目標を担い、期待する成果を出せる ※難易度「中」とは、「不確実性がある、ボリュームがある」など
2等級	ゴールが見えている実現可能性の高い目標を担い、期待する成果を出せる
1等級	※1等級は未経験人材を想定しているため「成果」は求めない

等級と役職は、完全連動させてはいけない

　等級要件は、「能力だけ」「役割だけ」「仕事だけ」で設計することはありません。これらすべての要素が等級要件に詰まっています。あえて等級別に濃淡をつけるならばと、1〜3等級は比較的「能力」を重視する等級、4等級から「役割」や「仕事」が加味され始め、5等級以上になると「役割」や「仕事」が色濃く反映されるイメージです。

　制度設計のポイントは、**4等級以上で組織上の役職（課長、部長、本部長など）と等級を連動させない**ことです。なぜなら、役職と等級を連動させると、自分たちの手足を縛ることになるからです。スタートアップの事業や組織は変化が目ま

ぐるしく、状況に応じて柔軟な組織づくりが求められます。その際、「役職を変える＝等級を変える」となると、報酬（報酬レンジ）まで変えなければならなくなります。組織づくりのために配置変更を検討する際に、するつもりのない報酬変更を迫られる状態は好ましくありません。これを避けるために、等級と役職は連動させないようにします。

　ただし、会社によっては人事制度のわかりやすさを重視するため、等級と役職に緩やかな対応関係を示すことがあります。例えば、「課長は4〜6等級、部長は5〜7等級、本部長は6〜8等級が目安」「部長は5等級以上が目安」のように、あくまでも「目安」として示します。実際のところ、部長を担う方は5等級の等級要件を満たしていることが多いものですが、部のサイズや目標は会社やフェーズによって千差万別なため、イレギュラーなケースにも対応できるように柔軟に設計しておくことがポイントです。

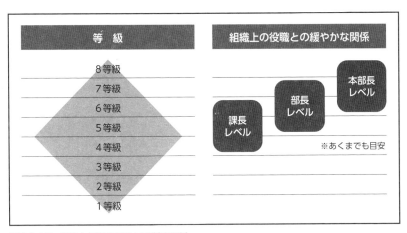

図表3-10　等級と役職の緩やかな対応関係

職種別等級要件は、いつから導入すべきか？

　これまで説明してきた等級要件は、職種に関係なく全職種のメンバーに適用されます。そのため、抽象度が高く、実際に等級要件を使って期待を伝えたり、目標設定や人事評価を行う場合には、**マネージャー（評価者）が相手の仕事や役割に合わせて翻訳する**ことが必要です。

ただし、同職種内で翻訳を担うマネージャーが2名以上になった場合、翻訳の内容に差が出る可能性があります。例えば、営業チームＡのマネージャーと営業チームＢのマネージャーで3等級の等級要件に対する理解が異なる場合、営業チームＡのマネージャーは「もっと自分で考えてスピーディに判断するなど、自律的にやってもらいたい」、営業チームＢのマネージャーは「自律的とはあるけれど、自分としてはもう少し丁寧かつ頻度高く報告してほしい」と伝えるなど、メンバーに伝えられる期待内容にも違いが出てしまうということです。

　さらに、等級要件の理解のズレからメンバーの等級を正しく判定できない、つまり3等級とするのが適正なのを4等級と判定してしまったり、反対に4等級を3等級と判定してしまったりするなど、より一段と問題が深刻化するリスクもあります。

　3-7で詳細を説明しますが、各マネージャーが等級判定を実施後、一堂に会して全メンバーの等級判定の結果と理由を確認するプロセスがあります。この場で、マネージャーは説明責任を果たし、フィードバックを受け、必要に応じて修正を加えなければなりません。

　この一連のプロセスは、人事の用語で「**キャリブレーション**」と呼ばれ、等級判定や人事評価、報酬決定の場面で実施されます。キャリブレーションで等級判定の品質は一定程度担保できますが、会社が成長し評価者であるマネージャーの数が増えていく過程で、等級要件に対する正しい理解が損なわれていくことは往々にして起こり得ます。そのため、**等級を判定するマネージャーが複数名の組織体制の段階で、全職種共通の等級要件を職種別等級要件にアップデートする**、という早めの対応で備えておきましょう。

　職種別等級要件は、既存の全職種等級要件を基にして作成します。比較的抽象度の高い等級要件を、特定の職種にあてはめて翻訳するイメージです。この職種別等級要件の設計が遅れると、等級制度の理解や活用が遅れてしまうリスクがあるため、なるべく早いタイミングで設計してください。特に、採用計画の中で評価者が2名以上になることが見込まれている場合には、人事制度を初めて導入する際に職種別等級要件も一緒につくってしまうことをおすすめしています。

3-3 人事評価より大事な等級判定

等級要件の次は、等級を見極めるための方法を検討します。「どうすれば、自分の等級は上がるのか（昇格するのか）」「どうして、自分の等級は上がらないのか（昇格しないのか）」「なぜ、自分の等級は下がるのか（降格するのか）」といった疑問が現場から出ないようにルールをつくり込みます。

等級判定とは、等級要件に対して「再現性」を見極めること

等級を判定するとき、等級要件を満たしているか判断するための基準は「**再現性**」の有無です。再現性とは、前提条件が大きく変わらない限り、将来も同じように実行したり、繰り返し実現したりできることを意味します。前提条件が変わったり、イレギュラーな事由が発生して実行・実現できないことが稀にあったとしても、その他の場面で安定してできていると判断できれば、再現性がある、つまり「等級要件を満たしている」と判定します。

一度や二度できたとして次も「できる」と断言できない状態は、再現性があるとはいえません。偶然・偶発ではなく、本人の実力でやり切れるかどうかを見極める必要があります。あえて定量的に表現するならば、「8割（10回のうち8回）はできる」といえなくもありません。

再現性を見極めることが難しいのは、実績や貢献といった過去の結果から「将来に期待できることの実現可能性」を見極める必要があるからです。この「再現性」を見極める等級判定は、未来志向のジャッジメントになります。そもそも過去の結果に対して「できているといえるか」の判断がズレる可能性もある中、「本当に将来にわたって継続できるのか」という将来の可能性についても判断を重ねなければなりません。これが再現性を見極めることの難しさです。

卒業要件ではなく入学要件とする

　等級判定に関わる「卒業要件」と「入学要件」の考え方について説明します。例えば、3等級の方が4等級に昇格するには、「3等級の等級要件を満たしたら昇格する」と「4等級の等級要件を満たしたら昇格する」のどちらにすべきか、という話です。

　前者を「卒業要件」、後者を「入学要件」と呼びます。現在該当している等級要件を満たし、今の等級を「卒業」したと判断できれば、上位等級に昇格できるというのが卒業要件です。一方、今の等級要件を満たし、さらに上位等級の要件も再現性の観点で満たしている、つまり上位等級に「入学」できていると判断できれば、上位等級に昇格できるというのが入学要件です。

　私が設計する人事制度では、入学要件を採用します。入学要件でも卒業要件でも求められる等級要件を満たすという意味では、本質的な違いはありません。ただし、「どちらの考え方なのか」が説明されていないと、人によって認識の相違が起きてしまいます。そのため、「2つの考え方があり、自社はどちらの考え方を採用しているのか」を説明できれば問題ありません。私は、これまでの経験も踏まえて入学要件の方が運用する側にとって理解しやすいと考えており、入学要件を採用しています。

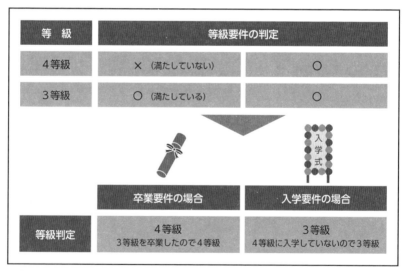

図表3-11　卒業要件と入学要件

すべての等級要件を満たすことを求める

　等級要件は、「能力」「リーダーシップ」「バリュー」「成果」という4つの項目で構成しました。さらに、その項目内にも複数の要件が定義されます。例えば図表3-6で示したように、「能力」の3等級では「自らの担当領域において、方針や決定の背景を正しく理解して自律的に業務を推進できる」と「コミュニケーションが円滑に取れる（相手に合わせて背景を伝える、自分の言葉で翻訳して伝える、わからないことを放置しない）」という2つの要件が設定されています。

　このように複数の項目があり、さらに項目内にも複数の要件が設定されている場合、「すべての要件を満たさないと昇格はできないのか？」という素朴な質問が挙がってきます。これも認識ズレを起こさないために、厳密なルールが必要です。私は、等級要件として定義した以上は、**すべてを満たすことを求めます。**

　裏を返せば、求めないことは、等級要件に一切記載しません。このルールに対してときどき、「ある領域に突出した強みがありながらも、別の領域で弱みがあると昇格できなくなってしまう」といった懸念の声が上がります。その懸念もわかりますが、**等級要件は自社の人材に期待することを選び抜いて設計しており、どれ1つ弱みとして見逃すことはできない**と考えています。「これは必要かもしれない」程度のニュアンスで、等級要件を設計することはありません。「すべてを満たす」というルールはシンプルで覚えやすく、制度の理解浸透にも役立ちます。

　なお、本書の説明では、抽象度が比較的高い「人材概要」を等級判定の項目から除きましたが、実際には等級要件の一部として等級判定の項目に含めて運用するケースもあります。

図表3-12　等級判定のイメージ図

等級	等級要件の判定				等級判定
	能力	リーダーシップ	バリュー	成果	
4等級	○ (満たしている)	○	○	× (満たしていない)	3等級 「成果」を満たせば 4等級に昇格する
3等級	○	○	○	○	

入社後すべての在籍期間を考慮する

　第4章で説明する評価制度では「**評価期間**」という設計項目があります。仮に評価期間を6カ月とした場合、6カ月間における成果や行動を評価します。1年前の成果や行動は評価に入れません。決められた評価期間が、評価対象となります。

　一方、等級制度における等級判定には「等級判定期間」という設計項目はありません。その方が入社してからの**すべての在籍期間を考慮して**等級を判定するからです。例えば、1年前に入社した方がいた場合、その1年間の成果や発揮された能力などを等級要件に照らし合わせて等級を判定します。もちろん直近の成果に影響を受ける部分が少なからずあるかもしれませんが、等級を判定する基準は「再現性」です。**直近の成果だけでなく、その前の要素も踏まえて将来に対する再現性の観点で等級を見極めること**が求められます。

等級判定シートで説明責任を果たす

　昇格や降格の対象者本人と会社に対して、等級判定の説明責任を果たすためのツールが**等級判定シート**です。等級要件を満たしている根拠をドキュメンテーションするためのツールで、Googleスプレッドシート（以下、スプレッドシート）で作成します。等級要件が職種別に設計されている場合は、職種別等級要件を使用し、そうでない場合は全社共通の等級要件を使用してください。

　等級判定シートは、メイン評価者が「昇格」または「降格」を提案する対象者だけに作成するもので、昇格も降格もしない、つまり等級が変わらない方に等級判定シートは作成しません。

　ドキュメンテーションのコツは、**事実と解釈を意識的に分けて記載すること**です。事実として、発揮された能力やリーダーシップ、実績である成果を記載します。その事実を根拠に、将来の再現性について言及することが解釈という意味です。事実だけでも解釈だけでもなく、両方をバランス良くドキュメンテーションすることを心がけましょう。

　最終的に「昇格する」「昇格しない」「保留」の3つの選択肢から提案事項を選びます。「保留」とは、「判断するためにもう少し時間がほしい」という選択肢です。保留のケースは少ないものの、運用場面で提案（依頼）されることが多いため、事前に選択肢を設けておきます。特に「成果」に関する等級要件を判定する

等級判定シート　※太線枠内が記入欄

従業員番号	氏名	等級変更前	等級変更後	メイン評価者	サブ評価者

	等級要件				
	能　力		リーダーシップ	バリュー	成　果
等級変更前の等級要件	自ら課題を発見し、方針を理解した上で主体的に業務を推進／改善できる（仕事を任せられる安心感がある）		• 他チームや他職種の決定に敬意を払い、相互理解を促進しながら業務を遂行できる • 担当領域で発生したトラブルや衝突に対して、主体的に上長や関係者に協力を仰ぎながら解決をリードできる	主体的にバリューを体現している	難易度「高」の目標を担い、期待する成果を出せる ※難易度「高」とは、「不確実性が高い、非常に複雑、ボリュームが多い、納期が短い」など
等級変更後の等級要件	• 課／部レベルの6カ月後の目標を設定し、組織づくりと仕組みづくりを担える • 課／部レベルの戦略立案／実行推進／進捗管理を担える • メンバーの強みを活かしながら、成果を上げるために必要な能力／スタンスを指導できる • 1〜5人程度のマネジメントを担える（目標設定、1on1、評価、労務管理など）	• 専門領域においてあるべき姿を定義し、その実現をリードできる • 専門領域において、プロダクトやサービス、仕組みを企画設計・提案し、着実に運用・改善できる • 専門領域において、関係するメンバーの能力向上に貢献できる	• 意見が異なる場面や利害が一部反する場面でも、ビジョン／ミッション／バリューや目標に基づいて課題解決をリードできる • 採用活動に貢献できる	主体的にバリューを体現し、一部のバリューで模範になっている	難易度「高」かつ影響度「中」の目標を担い、期待する成果を出せる ※影響度「中」とは、「部門や領域をまたぐ、中期的・不可逆性がある、事業価値に影響を及ぼす」など

	評価者コメント記入欄：上記の等級変更後の等級要件を満たしている理由を記入する				
メイン評価者					
サブ評価者					

メイン評価者判定案	
最終判定結果	

際には「今着手している仕事や目標の結果を見た上で最終判断したい」とされることがあります。

　なお、等級判定シートを通じて等級判定を実施する際には、対象者自身による自己判定は行いません。なぜなら、等級要件が比較的抽象的で判定対象とする期間も長いため、自己判定とマネージャーによる判定に差分が生じやすく、自己判定することで争いの原因になってしまうことを懸念しているからです。

飛び級はない

　飛び級とは、1つ上の等級ではなく2つ上の等級に昇格させることです。3等級から5等級に、4等級から6等級に昇格させることを意味しています。これまでの私の経験上、飛び級を制度化したり、実施したりしたことはありませんが、「飛び級はありますか?」と質問されることはありました。この質問には、制度として「飛び級はない」と伝えておくだけで十分です。そもそも、飛び級が必要になるケースは、その時点の等級判定が間違っている、もしくは等級要件の連続性が適切でないという別の問題があるかもしれないからです。

　ちなみに、飛び級を取り入れない理由をもう少し丁寧に説明すると、**飛び級にはメリット以上にデメリットが大きい**という点が挙げられます。飛び級のメリットは、相手の活躍・貢献に対して最大限の評価と報酬で報いられること、そして会社からの期待値を飛躍的に高めることで非連続なステージへとキャリアを押し上げられることだと考えています。その瞬間は、関係者の満足度も幸福度も最大化されますが、その状態が継続できるかは未知数です。

　デメリットの観点で考えてみます。3等級から5等級に飛び級する例で考えると、この方は4等級としてのパフォーマンスを評価されず、3等級としてのパフォーマンスで5等級への昇格が検討されています。しかし、現実的には**3等級の立場で期待される成果やリーダーシップと、4等級の立場で期待されるものは明確に異なります**。3等級として目立った成果を出せたとしても、それは3等級の立場ゆえに出せている成果であり、4等級でも同じように成果が出せるかどうかはわかりません。

　もし、飛び級させた結果、5等級として期待される要件を満たすことができなかった場合、飛び級を適用されるほど優秀な人材を降格対象にしなければなりません。最悪、飛び級が原因で優秀な人材の退職を引き起こすこともあり得ます。

こうしたデメリットを考えると、あえて飛び級という選択肢を選ぶのは賢明ではないでしょう。

降格の場合は６カ月前に「降格アラート」を伝える

　昇格は、これまで記した等級判定の仕方に基づいて実施しますが、降格については注意が必要です。本人のモチベーションへの影響や退職リスクは当然ながら、**報酬ダウンへの法的対応が求められる**からです。

　そのため、「降格アラート」の仕組みを設計し、昇格よりも時間をかけて慎重に進めるようにします。具体的には、降格の可能性とその理由を事前に本人に伝え、一定の猶予期間を経て降格を判断します。3-6で説明する通り、等級判定の期間は６カ月ごとに実施することを推奨するため、**降格アラートは６カ月前に伝える**流れになります。

　降格アラートを発動する際、等級判定シートについて１つカスタマイズした方が良いことがあります。それは、**等級要件に基づいて「降格回避条件」を言語化すること**です。「何ができれば降格を回避できるか」「何が改善されないと降格するか」を言語化し、本人との擦り合わせに活用します。日頃から改善事項としてフィードバックしている内容と重複しても構いません。３カ月経過したら降格の可否について中間フィードバックを行い、今のままだと降格の可能性が高いのか、それとも回避できるのか、会社と本人の認識を擦り合わせます。会社における公式なエビデンスとして記録を残しながら、６カ月後にフェアな判定ができる状態をつくることが重要です。

　降格は、マネージャーにとって想像以上に多大な負担がかかります。思考や関心の多くをもっていかれ、仕事に集中できない状態が続きます。もちろん降格対象となった本人も同じです。私の経験上、スタートアップの降格は「入社時の等級判定」がうまくできておらず、入社後に降格を判断せざるを得ないケースがほとんどです。過去の経歴や実績、報酬水準に強く影響を受けると同時に、そのタイミングでどうしても採用したい人材がオファー対象であると、良い条件を提示するために、本来よりも高い等級をつけてしまうなど、入社時の等級判定を見誤る可能性が高まります。マネージャー、本人とも降格を経験することで「学び」を得る必要は一切ありません。とにかく**降格を発生させないよう、等級判定を慎重に進めること**が何よりも大切です。

1月	2月	3月	4月	5月	6月	7月	8月	9月	10月	11月	12月
降格アラート			降格中間FB		等級判定	降格アラート			降格中間FB		等級判定

図表3-14　降格アラートの流れ

3-4 スタートアップにおける等級判定者（＝評価者）とは?

　等級判定の役割を担うのは、マネージャーです。等級を判定する人なので「**等級判定者**」と呼びます。評価制度における「**評価者**」と同じです。「等級判定者」よりも「評価者」の方が馴染みがあり、わかりやすく、呼びやすいため、人事の用語として定着しています。そのため、本書ではマネージャーとしてメンバーの等級判定・人事評価・報酬決定を実施する人を「評価者」とします。

　評価者の設計と運用は、人事制度の肝になる極めて重要なテーマです。等級要件や評価基準、目標設定の仕組みなどをロジカルかつ精緻に設計したとしても、評価者の設計・設定次第で人事制度は簡単に形骸化してしまい、納得感の低い不満だらけの人事制度になってしまいます。私の所感として、エクセレントカンパニーほど評価者の運用、特に「誰を評価者（等級判定者）にするか?」について、議論の進め方が慎重かつ丁寧です。

　基本はレポートライン上の直属のマネージャーになりますが、「○○さんも、〜の案件で関わりが大きいんじゃない」「○○さんから、〜のプロジェクトについてフィードバックしてもらいたいな」など、それ以外の人たちにも意見を求めます。等級判定や人事評価の時期になったとき、「あれ、この人じゃ等級判定できないかも」「何でAさんの評価者ってBさんなんだっけ」という事態が発生しないよう、期初に時間をかけて、評価者を検討・設定します。

　また、期中に状況が変わることもスタートアップでは日常茶飯事です。この変化に対して評価者の更新が間に合わないと、前述の「あれ、この人じゃ等級判定できないかも」が起き得ます。こうした事態を避けるためにも、**人事制度の運用担当者は組織変更のオペレーションと密に連携することが必要**です。

世間一般的な「一次評価者・二次評価者」にしない理由

　評価者の体制は、一般的に「**一次評価者・二次評価者**」と設計されます。一次評価者は直属のマネージャー、二次評価者は「直属のマネージャー」の上長が役割を担います。例えば、一次評価者に直属のマネージャーである課長、二次評価者に「課長にとってのマネージャー」である部長が設定されるイメージです。一次評価者が被評価者の等級判定や人事評価を一次対応し、二次評価者がその結果を別の一次評価者がつけた等級判定や人事評価も合わせて、キャリブレーション（確認・調整・修正）します。

　私は、この評価者体制に2つの問題を感じていました。1つ目は、普段関わりが少ない二次評価者（一次評価者の上長）が最終評価者である点です。コミュニケーションの機会が少なく、本当に自分（被評価者）のことを把握できているかわからない人が判断する等級や評価、報酬に、被評価者は納得できるのか疑問を抱いていました。

　2つ目は、等級判定や人事評価を最終的に決める場に、直属のマネージャーである一次評価者がいない点です。結果、二次評価者間で意思決定された結果が一次評価者へ伝言ゲームのように伝わります。一次評価者は、被評価者の評価結果を二次情報として把握することになり、議論の場の雰囲気、議論の背景や経緯、細かいニュアンスやテンションなどを正確につかみ取ることができません。

　この状態で一次評価者から被評価者へフィードバックしなければならないため、一次評価者・二次評価者の体制では直属のマネージャーに「人事への責任感（当事者意識）」をもたせることが難しいと考えています。「**メンバー（被評価者）に対して、どうやって等級判定や人事評価の結果とその理由を伝えるか**」という責任を直属のマネージャーがもてるような評価者体制をつくらないと、人事制度全体が形骸化するリスクがあります。

　また細かい話ですが、人事制度に慣れていないスタートアップでは、一次評価・二次評価という用語も混乱を招きます。人事制度を初めて導入する会社では従来の人事制度に関する理解がないため、「一次と二次はどう違うの？」「一次評価者と二次評価者のどちらの意見が優先される？」と素朴な疑問が飛んできます。「意見が優先されるのは二次評価者です」と答えると、「二次評価者と話す機会がほとんどないんですが、二次評価者は自分のことを見えているんですか？」「二次

評価者のキャリブレーションとは何をやるんですか?」といった率直な意見も出てきます。

杓子定規に評価者の体制を考えると一次評価者・二次評価者となりますが、本当にこの体制がベストなのか立ち止まって考えてみると、議論の余地が大いにある制度でありネーミングであると思うようになりました。

スタートアップの評価者体制は「メイン評価者・サブ評価者」

そこで一次評価者・二次評価者に代わる評価者の体制として、**メイン評価者・サブ評価者**の体制を推奨しています。「一次・二次」という誤解を招く言葉を、「メイン・サブ」という言葉に変えることで、誰もが「メイン」を主な評価者だと認識できるようになり、評価者の体制に対する印象がガラリと変わるものです。

メイン評価者は、直属のマネージャーで原則1名です。勤怠管理、等級判定（昇格・降格の提案）、期初の目標設定、メンバーとの1on1、人事評価とフィードバックなど、ピープルマネジメントにおいて一貫した役割を担います。報酬決定は組織によって違いが出ますが、基本的に責任をもつのはメイン評価者です。

サブ評価者は仕事で深く関与する人で、1名を基本に考えますが、仕事が多岐にわたる場合、2名以上のサブ評価者が置かれることもあります。メイン評価者だけでは把握しきれない活動や成果、貢献についてサブ評価者の立場から評価・フィードバックすることで、メイン評価者をサポートします。しかしながら、**最終案はメイン評価者の意見**です。会社によって、サブ評価者に被評価者との1on1を月1回程度でお願いしたり、場合によってはメイン評価者と力を合わせて目標設定に臨んだりするケースもありますが、メイン評価者の役割に比べると、サブ評価者はあくまでもサポート役になります。

一次評価者・二次評価者とメイン評価者・サブ評価者の2つの体制を比べた際、最も違う点は**直属のマネージャーの責任の重さと権限の広さ**です。それは当事者意識という言葉に置き換えることができます。一次評価者は、あくまでも二次評価者の評価を「代行」する立場であり、「責任も権限もない」とまではいいませんが、当事者意識をもって等級判定や人事評価、報酬決定を実行することが難しい立場です。一方、メイン評価者は自分で考え、判断し、フィードバックすることまで求められます。もちろん、メイン評価者の意見が承認できない場合、差し戻される可能性はありますが、基本的に尊重・信頼されるのはメイン評価者の判断

です。最も近くで被評価者を観察し、日々メンバーとの信頼関係を構築している
メイン評価者が責任をもつことにこだわるべきです。このこだわりが、人事制度
に魂を宿してくれます。

図表3-15　メイン評価者とサブ評価者の役割

役割	メイン評価者	サブ評価者
目標設定	○	△ メイン評価者のサポート（情報提供）
1on1	○ 定期的に実施（例：隔週1回／30分）	△ ※企業によって実施する場合あり
等級判定	○	△ メイン評価者のサポート（情報提供）
中間評価	○	○
期末評価	○	○
報酬決定	○ ※役職によって実施しない場合あり	×
等級判定・人事評価・報酬決定の フィードバック	○	×

評価者設定についてよく受ける質問と回答

　いざ評価者を設定しようとすると、さまざまな疑問が出てきます。例えば、「メ
ンバーである被評価者より、メイン評価者の等級が低いケースはOK？」は、必
ず質問されます。等級判定・人事評価・報酬決定の役割を担うメイン評価者の等
級は、被評価者より高いことが望ましいと考えることが当然ですが、チームに
よって、そのような体制ができあがっていないケースがあることは事実です。

　こうした場合、「当事者で考えてください」「判断は任せます」では、制度の形
骸化を助長してしまうので、丁寧なQ&Aを準備しておきましょう。次ページから
紹介するものは、Q&Aの「型」です。

Q 被評価者より等級が低いメイン評価者はOK？

A Nu

　等級は、個人に期待できることのレベル（水準）を表しています。等級要件を構成する項目にもよりますが、例えば能力やリーダーシップ、成果などで定義されている場合、その**レベルが高い方がメイン評価者であるべき**です。被評価者の人事全般に対する納得感にも強い影響を及ぼします。

　しかし、どうしてもこの体制がつくれない場合、許容できるのは**メイン評価者と被評価者が同じ等級の場合**までです。現実的には、同じ等級でも上位等級に近い方とその等級に昇格したばかりの方がいて、ある程度実力関係が見えているようであれば許容するといったニュアンスです。

　ただし、この先何期にもわたりメイン評価者と被評価者の等級が同じであることを許容するわけではないため、来期以降の評価者体制も合わせて検討します。社内の育成で間に合うのか、それとも社外から採用すべきかなど、**評価者の設定は組織づくり、特にマネージャーの人材配置を振り返り検証する格好の機会**です。

　サブ評価者についても同じ考え方です。被評価者よりも等級は高い、もしくは同等級であることが望ましいことに変わりありません。

Q サブ評価者に適した人がいない場合、設定しないのはOK？

A OK

　無理に設定する必要はありません。このルールの背景には、次のような私自身の失敗経験があります。

　以前、期初のタイミングで適切なサブ評価者がいないという声が上がっていたにもかかわらず、人事制度の公平性を重視して、無理矢理サブ評価者を設定したことがあります。結果は、期末の等級判定や人事評価のタイミングになってサブ評価者が「わからない」「自信がないのでフィードバックできない」という状態になり、サブ評価を実施できませんでした。

　これは、公平性を意識し過ぎるあまり、人事制度を一部形骸化させてしまった事例です。

　この経験を経て「**適した人がいない場合にはサブ評価者を設定しないのもOK**」ということに変更し、メイン評価者の方には単独で被評価者の人事に責任をもってもらうことを期初に認識してもらう方針にしました。

Q サブ評価者の候補が複数いる場合、複数名を設定するのはOK？
A OK

　他部門との連携が多かったり、プロジェクトやタスクフォースが数多くつくられている場合や、組織が「機能×事業」のようにマトリクス組織になっている場合は、「この人からの意見（サブ評価）もほしいし、あの人からのフィードバックもあると助かる」という声がメイン評価者から挙がります。被評価者も同じ意見で、メイン評価者が見えていない活躍や貢献をきちんと見てほしいと願っています。

　こうした状況に合致する場合、**サブ評価者を複数名設定すること**は**可能**です。一方、メイン評価者を複数名設定することはなく、原則1人の方にマネジメントの責任を担ってもらいます。

Q 入社直後の方をメイン評価者に設定するのはOK？
A 原則Noだが、そうせざるを得ないケースもあり

　一度も自社の人事制度、例えば等級判定や人事評価を経験していない方が、メイン評価者になることは**原則回避したい**と考えています。マネージャーとしての期待値で採用された方であっても、マネージャー自身が被評価者として人事制度を一度は経験しておかないと制度の考え方や背景、細部のルール・基準を自分事として理解することが難しいからです。

　ただし、入社後初めて人事制度が適用される期間でも、**メイン評価者でなくサブ評価者として評価者の役割を部分的に経験すること**はソフトランディングの観点で効果的です。サブ評価者として試験的に被評価者と1on1を実施するケースもありました。入社されるマネージャー候補の方が、これまでに十分なマネジメント経験があり、全幅の信頼がおけるケースであれば入社直後からメイン評価者をお願いすることもありますが、そうでないケースはなるべく慎重になった方が賢明です。

　しかし、組織拡張のタイミングでマネージャー採用が一斉に進む場合、やむを得ず入社後すぐにメイン評価者に配置されることはあります。これは致し方ないケースなので、**上長や周囲の先輩マネージャー、人事で評価者をフォローする体制を事前に構築しておきましょう**。相談窓口や期間限定の1on1など、相手の要望を確認の上、取組みを検討します（ちなみに人事制度を初めて導入するときは、全メンバーにとって初の制度運用となるためこの限りではありません）。

Q 期中にメイン評価者を変えることはOK？

A OK

　所属組織や担当業務の変更、入社者や退職者の関係で、メイン評価者を変えたいという声が挙がります。原則、被評価者の直属のマネージャーがメイン評価者となるため、組織などが変わった場合、期中にメイン評価者を変更することは可です。サブ評価者についても同じ考え方です。

　ただし、**期中のメイン評価者変更は引継ぎが必要であり、場合によっては変更前後の2名体制で相談しながら等級判定や人事評価を行う必要**があります。なるべく制度運用の期間が締まる節目で新体制に移ることを検討しましょう。

Q 職種（専門性）が異なる人が、メイン評価者になるのはOK？

A 原則Noだが、そうせざるを得ないケースもあり

　等級判定や人事評価、報酬決定に対する納得感を高めるには、被評価者とメイン評価者の信頼関係が必要です。社会心理学者の山岸敏夫氏の著書『信頼の構造 こころと社会の進化ゲーム』（東京大学出版会）によると、信頼関係をつくるには「能力」への信頼と「人間性」への信頼の2つの側面があります。「能力」への信頼形成には「専門性」が欠かせません。したがって、職種が同じで専門性の価値を的確に見極めることができる方がメイン評価者にふさわしいと考えています。

　ただし、スタートアップでは人事制度が導入されるタイミングで、メイン評価者の役目を果たせる専門性の高い人材を各領域（各職種）でそろえることは現実的に難しいものです。例えばデザイナー職やコーポレート職（財務、経理、法務、人事など）のような専門性も希少性も高い職種では、1人目のメイン評価者を採用することの難易度は高く、どのスタートアップでも遅れがちになります。

　こうした状況では、プロダクト部門のトップであるエンジニア職の方がデザイナー職のメイン評価者を兼任したり、コーポレート部門のトップが専門外の人事企画職の方についてメイン評価したりすることになります。コーポレート部門は、他部門に比べて人数も少ないため、専門性が異なるメンバーの活躍や貢献を評価したり、報酬を決定しなければならない場面が相対的に多いという難しさがあります。**組織づくりの過程では「致し方ない」「しょうがない」のスタンスを取り、「人間性」の側面でなるべく信頼関係をつくりながら、納得感の醸成を追求していくしかありません。**

Q メイン評価者として、お互いを評価し合う体制はOK？
A なるべく避けたい

　バッサリと「No」とは言い切れない質問です。メイン評価者も人なので感情があります。言葉尻1つとっても、相手に思った以上に響く場合があったり、評価結果にサプライズが起きれば、感情的になってしまうリスクも十分に想定されます。

　この点を考えると、双方向でメイン評価し合う体制は、リスクが大きいのは事実です。「両者とも評価者として会社から信頼されている人物なので大丈夫なのでは？」と考えたい気持ちもわかりますが、**「なるべく避けたい」ということ、その理由も率直に伝えて最終判断はメイン評価者を決めるマネージャーに任せます。**

　私の経験上、マネージャーに判断を委ね熟慮していただいた結果、「やはりお互いをメイン評価者にするのはやめよう」となるケースが多いように感じます。冷静に考えると他に妙案が浮かんでくるようです。

Q 評価者の設定について、被評価者に意見を求めるのはOK？
A OK

　被評価者の意向をそのまま反映させるという意味ではありません。会社が考えるメイン評価者・サブ評価者の体制について、一部に自信がもてなかったり、実際の組織の動きが見えにくい場合に、被評価者本人に意見を求めて参考にするという意味です。「聞いたからには意見を反映させたほうがいいのでは？」といった声もありますが、そこは事前に意図を説明し期待値を調整します。

　被評価者が「そもそも、この評価者体制に納得しているか」は重要です。評価者体制への納得感が低ければ、等級判定や人事評価の結果に関係なく、人事制度全般への不満や不信に結び付きます。**被評価者に意見を求める機会は少ないと思いますが、「これは悩ましいな……」という場合は、被評価者と話し合うのも一手**です。

メイン評価者の引継ぎを標準化する

　ここまでメイン評価者の引継ぎについて言及しました。引継ぎと一言でいっても、整理すべきことが山のようにあります。引継ぎマニュアルが準備されていない状況では、各自のやり方で引継ぎが実行され、その内容にバラツキが起きてしまうため、注意が必要です。

　本来は、タレントマネジメントなどの人事システムを使い、個々人の人材情報が蓄積される仕組みを活用しながら、スムーズな引継ぎを実現したいところですが、スタートアップではシステムを運用するリソースもコストも余裕がないのが現実です。**できる範囲でやるべきこと、やれることを整理してメイン評価者に依頼をかけていきましょう。**そこで、以下のように前任のメイン評価者、後任のメイン評価者、人事の観点で役割分担を考えてみました。

前任のメイン評価者の役割 引継ぎドキュメント

　メイン評価者同士の面談で口頭だけの引継ぎでは、右から左に情報が流れてしまうため、前任のメイン評価者には**ドキュメントの準備**をお願いしましょう。その際、人事から「引継ぎの件よろしくお願いします。できれば、ドキュメントを準備しておいてください」だけだと、メイン評価者が「何を書けばいいんだろう?」と迷ってしまいます。

　そこで、図表3-16のような**「引継ぎテーマ」を事前に準備しておきます。これだけでも、メイン評価者の不安・負担を軽減し、引継ぎ品質の安定化につながる**はずです。

　後任のメイン評価者には、バイアスになり過ぎないよう、取扱いについては人事から「あくまでも前任のメイン評価者の意見であり、これに強く引っ張られる必要はありません」などと一言添えておきます。また人事から見て、気になるコメント(これはどういうこと?　これはどんな理由でそう思うの?　など)があれば、前任のメイン評価者本人にヒアリングしておきます。

被評価者について、メイン評価者のコメントをお願いします。

1. 強み／弱み

2. 好きな仕事、得意な仕事

3. 嫌いな仕事、苦手な仕事

4. 本人が考えるキャリアプラン　※以下の観点を含む

    a. 組織ポジション、マネジメントへの興味・関心

    b. 部署異動や配置転換の意向

5. メイン評価者もしくは会社が考えるキャリアプラン

6. 働き方の意向

7. 目標設定への意識（チャレンジング？　コンサバ？）

8. 自己評価の傾向（高い？　低い？　傾向なし？）

9. 報酬への意識（自分から報酬について意見する？　あまりしない？）

10. 今後のプロモーション（昇格）の可能性と時期

11. チーム内でのポジション

12. 社内人間関係（仲の良い社員 etc.）

図表3-16　メイン評価者間の引継ぎドキュメントのテーマ

後任のメイン評価者の役割 1on1への同席

　引継ぎに時間的な余裕がある場合、前任のメイン評価者と被評価者で行っている1on1に同席する「2on1」もおすすめです。1on1は話す内容はもちろんのこと、話し方やテンション、雰囲気、時間の使い方まで人それぞれです。前任者を踏襲すべしという意味ではありませんが、**どんなふうに進めているのかを後任のメイン評価者が体験し、今後の1on1に活かせることを探す**ことができます。2on1を経験できていれば、初回の1on1の緊張もほぐれます。細部へのこだわりかもしれませんが、やっておいて損はありません。

　人事でできることは、**被評価者の人事情報を一覧化して後任のメイン評価者に共有することです**。特に、等級・評価・報酬に関する過去履歴を一覧化できると、後任のメイン評価者はたいへん助かります。過去分の評価シートを個別に確認するのは手間も時間もかかるためスルーされてしまいます。そもそもデータの置き場がわからない、閲覧権限がないなど、メイン評価者が見ようとしても見られないことがあるのです。

　報酬に関する閲覧権限は会社によって判断が分かれるところですが、過去からの年収推移（昇給の履歴）が把握できると、被評価者の報酬に対する現在の温度感の理解に役立ちます。特にイレギュラーな昇給または降給があった場合、当時の背景まで伝えておくことがベストです。たとえ議事録があったとしても、この手の話は口頭での補足でニュアンスまで伝えたいところです。

　このように考えると、人材情報を正確かつ幅広く記録する習慣は組織にとって重要だと改めて気づかされます。議事録の文化は、会社によって差が出やすいところです。そもそも議事録を取る・取らないの習慣から、議事録の正確性・わかりやすさ、アクセシビリティなど、組織の規模に応じて指数関数的に差が広がっていくため、「**ドキュメンテーションは組織の能力の1つである**」という認識の下、**ドキュメント作成の文化醸成にも取り組んでいきましょう**。

3-5 個人の等級は公開すべきか?

　人事情報に関して「どんな情報」を「誰に」公開するかは各社で対応が異なります。ほとんどの場合、個人の評価結果や報酬は非公開で意見が一致しますが、個人の等級については意見が分かれます。私のスタンスは「**個人の等級は公開すべき**」です。まずは、個人の等級を公開することのメリット・デメリットについて整理してみましょう。

個人の等級を公開するメリット・デメリット

　メリット・デメリットは以下の通りです。

個人の等級を公開するメリット

① 各等級の人材レベルを等級要件（テキスト情報）だけでなく、実在者でイメージできるため、「どうすれば自分が上位等級に昇格できるか」がわかりやすくなる
　※もちろん正当な等級決定がなされているという前提

② 等級公開による説明責任が生じるため、等級制度を運用する経営陣・マネージャー・人事が、新入社員の等級決定や既存メンバーの昇格・降格をより慎重に、かつ真剣に取り扱うようになる

③ 上位等級者への高い期待値が組織内で見える化され、本人たちに適度な緊張感を提供できる

④ 納得感のある等級決定や昇格・降格が行われた場合、決断した会社への信頼が上がる

⑤ 情報公開に対する会社のスタンス・姿勢を示すことができる

個人の等級を公開するデメリット

① 他者を知らないがゆえ、他者の等級への不満や文句が出る

② 降格者がいた場合、全社員に降格に関する情報が伝わり降格者本人が会社にいづらくなる

③ 人員構成上、下位等級者が少ない場合、「下位等級である自分は（相対的に）評価されていない」と感じてしまい、モチベーションが下がる可能性がある

④ 納得感の低い等級判定が行われた場合、決断した会社への信頼が下がる

　等級の公開は、会社からメンバーに対する公式な人材評価の公開情報であり、メッセージになります。公開するかしないかについて議論が尽くされないまま、公開・非公開が決定することもあります。しかし、**人事制度をうまく機能させるためには意図を正確に把握し、自分たち（自社）のスタンスを明らかにすること**が大切です。

■ 等級公開を通じて人事制度への納得感を高める

　私は、メリットの①と②を特に重視し個人の等級を公開することを強く推奨しています。特に人事制度の導入期では、等級要件の理解が深まっていません。人事制度がドキュメントだけで説明されても理解が深まらず、理解が浅いと納得感にもつながりません。

　けれども、このときに個人の等級が公開されていると、文章だけでつくられた等級要件が急に現実的な基準に生まれ変わります。また、各自の等級から逆算して等級要件を理解することもできるようになります。

　例えば、「○○さんは〜の役割を遂行できたり、〜の能力を発揮できているから5等級」とか「○○さんのように、ステークホルダーが複雑な〜のプロジェクトでチーム全体をリードできるようになると、この4等級の等級要件は満たしているといえる」といったように、現実の活躍や貢献になぞらえて、等級要件を理解できるようになります。

　現実・実態を見たり、経験することで人事制度の意味や本質が理解され、納得感のある制度として地位が築かれていきます。このように個人の等級公開は、人事制度への納得感に強い影響を及ぼすため、等級公開は重要な意思決定なのです。

人事制度を理解することは設計側が想像している以上の何倍も難しく、何十名、何百名といる組織のメンバー全体の理解度を高めることは至難の業です。そのため、理解促進や納得感醸成に寄与する取組みは、基本的に実施する方針で考えています。等級制度の公開は、まさにこの方針に合致する取組みです。

なお、デメリットを無視することもできません。それぞれのデメリットに対する取組みやスタンスについても説明します。

デメリット①に対して、説明責任が求められた場合は**理由を丁寧に説明して納得感を引き出すことが大切**です。既存メンバーの昇格については、後ほど説明する昇格レポートを通じて、昇格の背景を全社に共有することで理解を促します。

②に対しては、**降格の可能性を6カ月前に通知する降格アラートで、段階的に降格を検討し降格対象者との認識をそろえていきます**。また、実際に降格が決まった場合、降格者を全社に周知することはせず、本人には再び昇格できる可能性をマネージャーから直接伝え将来に向けて動機付けます。もちろん降格者本人が活躍できる環境として、自社がまったく不向きである場合には、別の会社で働くことも選択肢としてフラットに提案することはあります。

③には、等級が低いことは事実であるため濁して伝えることはできません。一時的にモチベーションが下がったとしても、**この先に「どうなれば昇格できるのか」という条件を明確にする**ことで、前向きな気持ちを醸成します。

最後の④では、**納得感の低い等級判定が実行されがちなケースを事前に周知しておき予防に努めます**。その代表的なケースは、報酬を理由に等級を上げてしまうケースです。純粋に等級判定すれば3等級だが、相手の報酬水準を考慮すると4等級の場合、4等級と判定してしまうケースがあります。自分たちでつくったルール（制度）を自分たちで破ってはいけません。人事制度への信頼と納得感を引き下げる結果となります。**どうしてもルール通りにはいけなくなったら、ルールを変えることを検討しましょう**。

等級を公開できない会社とは？

私は、個人の等級情報を公開することを強く推奨します。しかし、議論を尽くしても、最終的に等級を公開できない会社があることも事実です。

参考までに、等級を公開できない理由を共有すると、それは端的に「等級と実力が合っていないケースが多いから」です。会社が決めた個人の等級について、

会社自身も説明できない部分があったり、メンバーに公開してもおおよそ納得感は得られないだろうというケースがほとんどです。

　なぜ、このような状態になってしまったかというと、報酬と実力にミスマッチが生じているからです。高めの報酬水準で入社したものの、想定通りに活躍できないことがあります。ただし、すぐに降格させて報酬水準を下げるわけにもいかないため、報酬水準を維持することを目的に、実力に目をつむって入社時の等級を維持するのです。こうした状況は、4等級や5等級のレイヤーで多く起こる傾向があり、個々人の等級を決める経営陣も合理的な説明ができず、「等級は非公開にした方が無難」と意思決定する運びになります。

　問題の本質は、**個人の等級が実力とマッチしていない状態で制度が運用されていること**です。要するに、人事制度が一部で形骸化していることを意味しています。この状態で「等級の非公開」を選択したとしても本質的な問題解決には至らず、メンバーへ非公開にしている理由を説明しても歯切れが悪くなるため、かえって不信感を招く結果になります。

　また、もし個人の等級を非公開にしたとしても、日々の仕事やコミュニケーションの中でメンバー同士お互いの等級情報を意図せず、自然と交換し合ってしまうことになるのがオチだとも思っています。等級を非公開にする理由も伝わっていないケースでは、悪気なく等級情報を伝え合っているケースもあり、ルール上は非公開でも、多くのメンバーが把握している状態が組織として不健全に感じます。個人の等級を非公開にする選択肢はありますが、百害あって一利なしです。個人の等級は公開することを強く推奨します。

　等級判定は、「入社後すべての在籍期間を考慮する」と説明した通り、等級は直近3カ月の行動・成果だけで判定するものではなく、入社後すべての在籍期間を踏まえて判定します。では、その判定の時期（タイミング）をいつにするかについて考えてみましょう。

人事制度におけるスケジュール設計の大前提

　人事制度に関するスケジュールを設計する際には、**会社の事業年度である1年が大前提**です。そして、1年（12カ月）を6カ月で区切り、前半を上期、後半を下期としたり、3カ月で区切った場合は、第1四半期、第2四半期、第3四半期、第4四半期と呼ぶことで共通認識を図ります。この3カ月、6カ月、12カ月という節目を使って人事制度のスケジュールを考えていきます。

　本書では、この先スケジュールに関して説明する場合、わかりやすさを優先して事業年度を1月1日から12月31日とします。つまり12月決算で、1〜6月を上期、7〜12月を下期とする会社だと思って読み進めてください。

6カ月ごとに等級判定の機会をつくる

　等級判定を実施するタイミングは、**6カ月**ごとがおすすめです。端的に説明すると、3カ月では短く、12カ月だと長いという理由で、6カ月となっています。

　それぞれの観点で理由を詳しく説明します。3カ月ごとにしない理由は、1年で4回の等級判定の機会を設けると**運用の負担が重くなってしまう**からです。昇格の機会が年4回と分散することで、マネージャーが「昇格させるか否か」を考える負担が上がってしまうということです。また、等級要件の内容には「深さ」も「広さ」もあるため、3カ月間でできるようになることは想定しにくく、3カ月ごと

の判定機会は過剰であると考えています。

　一方で、12カ月ごとにした場合、昇格させるか否かを悩んだ際、多くのメイン評価者は「もし今回昇格を見送った場合、次の昇格まで1年もかかってしまう」という気持ちになります。純粋に等級要件に照らして等級判定することが大原則でありながら、**12カ月ごとという期間が等級判定の意思決定に強く影響を及ぼしてしまいます。**結果、本来であれば昇格を見送るべき状況でも「1年先まで待てない」という焦りから等級判定が甘くなり「昇格」と判定してしまうのです。

　こうした理由により、3カ月ごとでは短く、12カ月ごとだと長いと判断し、**その中間である6カ月ごとに等級判定を実施するスケジュール**としています。

目標設定の前に等級判定を実施する

　等級判定の実施時期について、具体的に説明します。事業年度が1〜12月の場合、メイン評価者はいつ等級判定を実施するのが良いでしょうか。私の考えでは、**6月と12月**です。理由は、**上期が始まる1月と下期が始まる7月のタイミングで着手する評価制度上の「目標設定」に間に合わせるため**です。

　昇格もしくは降格の瀬戸際にいる方は、自らの等級判定の結果を聞いた上で、新しい評価期間における目標を設定することが必要です。1月や7月が始まってから等級判定を実施するスケジュールでは、目標設定が間に合いません。もしくは、目標設定後に等級判定が実施され、設定された目標を再設定しなければいけません。**6月中・12月中に等級判定を完了し、自分自身の等級を把握した上で新しい期の目標設定に臨む流れが適切**と考えています。

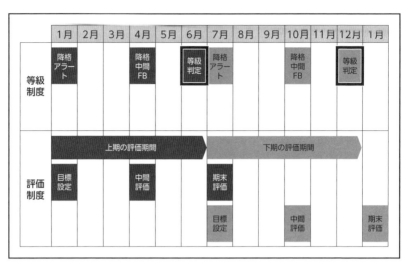

図表3-17　等級判定と目標設定のスケジュール

3-7 等級判定のプロセス

　等級判定のプロセスには、大きく2つのパターンがあります。期初のタイミングで昇格する可能性が高い方を候補者として選出する「**昇格候補者制度**」を導入する**パターンと、導入しないパターン**です。

　後者の場合は、期末に等級判定シートをメイン評価者が作成し、後ほど説明する「**等級判定会議**」で等級判定を決定するシンプルなプロセスとなります。期初にメイン評価者が昇格や降格の案を考え、メイン評価者のマネージャーとやり取り（報連相）をしながら進めていく現場主導のスタイルです。期初や期中に、メンバーに対して昇格の可能性をどうコミュニケーションするか、そもそも昇格の可能性を伝えるか否かについても現場に任せます。

　他方、前者の場合は、事前に昇格の可能性をメンバーに伝え、双方の認識と期待をそろえる仕組みです。読者の中で気づかれた方がいるかもしれませんが、先ほど説明した「**降格アラート**」の昇格バージョンと言い換えることができます。

昇格候補者制度で等級判定の精度を高める

　昇格候補者制度は、**昇格に関する等級判定を計画的かつ慎重に進めること**を目的に導入します。昇格という人事イベントを通じてメンバーのキャリアや育成について考える機会をつくると同時に、期末の昇格判定の段階で「この成果や能力発揮では、昇格に十分値すると言い切れないのでは」や、「あの人は、今回昇格させなくていいのか」などと、認識齟齬や揉め事を起こさないようにするための制度です。

　昇格候補者制度では、期初に6カ月後に昇格できる可能性がある方を「昇格候補者」として見立てますが、「昇格できる可能性がある」をより詳細に定義すると、次のようになります。

①上位の等級要件を半分以上既に満たしており、現時点で昇格する可能性が高い

②上位の等級要件を一部満たしており、現時点で昇格する可能性がある

③上位の等級要件はまだ満たしていないが、成長速度が速く、昇格する可能性がある

　期初にメイン評価者が配下のメンバーの中から昇格候補者を提案し、会議体（例：昇格候補者決定会議）を通じて最終決定します。最終決定するために必要な情報として、現時点で等級要件をどの程度満たしており、昇格するためには再現性の観点から「どのような実績が必要か」という昇格条件を、**昇格候補者別の等級判定シートに言語化します。**

　そして、正式に昇格候補者が決定したら「昇格候補者に選ばれたこと」を本人に伝え、6カ月間でやるべきことを擦り合わせていきます。昇格候補者本人も、きちんと結果を残せば昇格できると見通しが立つため、高いモチベーションをもって仕事に取り組むようになるでしょう。

　昇格候補者に選ばれたとしても昇格できないケースは、もちろんあります。昇格候補者制度について議論していると、「昇格候補者になったら、昇格はほぼ決定と考えて問題ない？」と質問されることがありますが、答えは「No」です。**あくまでも候補者であり、等級判定の結果昇格を見送ることがあります。**昇格候補者に選ばれながら昇格できない方は、幅がありますが10〜30％程度が目安です。そのため、昇格候補者以外の方には、昇格候補者が誰であるかを伝えることはしません。昇格できなかった場合の昇格候補者の方の気持ちに配慮しています。

等級判定シート　※太線枠内が記入欄

従業員番号	氏名		等級変更前	等級変更後	メイン評価者	サブ評価者

	等級要件					
	能　力			リーダーシップ	バリュー	成　果
等級変更前の等級要件	自ら課題を発見し、方針を理解した上で主体的に業務を推進／改善できる（仕事を任せられる安心感がある）			• 他チームや他職種の決定に敬意を払い、相互理解を促進しながら業務を遂行できる • 担当領域で発生したトラブルや衝突に対して、主体的に上長や関係者に協力を仰ぎながら解決をリードできる	主体的にバリューを体現している	難易度「高」の目標を担い、期待する成果を出せる ※難易度「高」とは、「不確実性が高い、非常に複雑、ボリュームが多い、納期が短い」など
等級変更後の等級要件	• 課／部レベルの6カ月後の目標を設定し、組織づくりと仕組みづくりを担える • 課／部レベルの戦略立案／実行推進／進捗管理を担える • メンバーの強みを活かしながら、成果を上げるために必要な能力／スタンスを指導できる • 1〜5人程度のマネジメントを担える（目標設定、1on1、評価、労務管理など）	• 専門領域においてあるべき姿を定義し、その実現をリードできる • 専門領域において、プロダクトやサービス、仕組みを企画設計・提案し、着実に運用・改善できる • 専門領域において、関係するメンバーの能力向上に貢献できる		• 意見が異なる場面や利害が一部反する場面でも、ビジョン／ミッション／バリューや目標に基づいて課題解決をリードできる • 採用活動に貢献できる	主体的にバリューを体現し、一部のバリューで模範になっている	難易度「高」かつ影響度「中」の目標を担い、期待する成果を出せる ※影響度「中」とは、「部門や領域をまたぐ、中期的・不可逆性がある、事業価値に影響を及ぼす」など
昇格条件						

	評価者コメント記入欄：上記の等級変更後の等級要件を満たしている理由を記入する					
メイン評価者						
サブ評価者						

メイン評価者判定案	
最終判定結果	

3カ月経過したら中間レビューを入れる

　昇格候補者制度を導入した場合、**期初から3カ月経過したところで等級判定に関する中間レビューをはさみます**。このタイミングで昇格候補者の昇格可能性について評価者間で意見と情報を共有し合ってください。個別に話し合う際、ここでも次のようにフラグ立てできると認識の擦り合わせに役立ちます。

　①昇格の可能性が高い（75％以上）
　②昇格の可能性が高いとはいえないが、可能性はある（50％以上）
　③昇格の可能性は低い（49％以下）
　④現時点では何ともいえない、わからない

　それぞれのフラグを見ながら、その理由をメイン評価者に説明してもらいます。特に③や④となった場合、期末の等級判定で昇格候補者が納得できない状態を避けなければいけません。そのためにも、説明責任に耐えうる事実と解釈が整理できているか、メイン評価者の上長や他のメイン評価者、さらに人事から客観的なフィードバックも提供します。等級判定までの残り期間、実質的には約2カ月の間で等級を見極めるためにするべきこともリスト化できると、期末に安心して等級判定に臨むことができます。

　中間レビューが終了したら、その内容を昇格候補者にフィードバックします。あくまでも現時点での見立てですが、昇格候補者との自己認識に乖離がある場合、早めに解消できるようにコミュニケーションを取ることが大切です。

　昇格候補者制度を導入していない場合でも、**期初から3カ月ほど経過した時点で、メイン評価者を集めて期末の等級判定に対する見通しを確認する機会をセッティングすることはおすすめです**。上記の昇格候補者向けのフラグを活用し、メイン評価者から配下のメンバーについて「昇格可能性」を聞き出します。

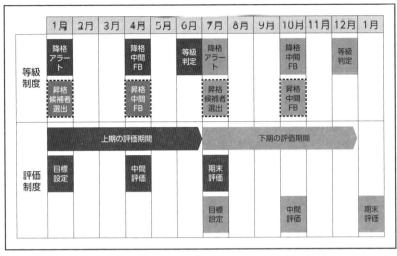

	1月	2月	3月	4月	5月	6月	7月	8月	9月	10月	11月	12月	1月
等級制度	降格アラート / 昇格候補者選出			降格中間FB / 昇格中間FB		等級判定	降格アラート / 昇格候補者選出			降格中間FB / 昇格中間FB		等級判定	
評価制度	目標設定	上期の評価期間		中間評価			期末評価 / 目標設定	下期の評価期間		中間評価			期末評価

図表3-19 昇格候補者制度のスケジュール

期末の等級判定会議で最終決定する

　等級判定は、基本的にメイン評価者の判断を信頼します。直属のマネージャーとして昇格条件を擦り合わせ、1on1、中間レビューとフィードバックを行ってきた中での判断のため、相手のことを最も深く把握しているからです。

　そのメイン評価者が集まる**等級判定会議**で昇格者が決まります。等級判定会議内で、メイン評価者が昇格条件とその結果を説明し、「昇格する」「昇格しない」「判定保留」を決めていく流れです。

　「判定保留」とは、もう少し見極めの時間が必要という意味で、判定を先延ばしすることです。等級判定会議は期末に実施するため、まだ評価期間は締まっていません。どうしても月末までの評価期間が締まるまでの実績や行動を等級判定に折り込みたいという強い希望がある場合のみ、判定保留を許可します。

　等級判定会議のアジェンダには、等級判定の最終意思決定者を定義しておきます。等級判定は重責なため、最終意思決定者が定義されていると、会議参加者の役割が明確になり議論に集中しやすくなります。基本はメイン評価者の提案を信頼する方向で検討を進めますが、最終意思決定者の判断をもって最終決定とします。以下は意思決定者に関する定義の例です。自社の実情やポリシーに合わせて定義を検討してみてください。

- 担当部門の取締役が意思決定する
- 参加する全本部長の合意をもって決定とする
- CEO判断とする
- CXOからの強い反対がなければOKとする

　会社によっては、**等級に応じて意思決定者が変わる**ケースもあります。例えば、4等級までの昇格であれば「担当部門の本部長が意思決定する」、5等級以上では「担当部門の取締役が意思決定する」や「参加する全本部長の合意をもって決定する」など、等級が上がるにつれてハードルが上がるイメージです。組織全体への影響を考慮して、意思決定者を決めます。

　また、等級判定会議を情報収集の場に活用することもあります。具体的には、等級判定会議の場で、他部門のメイン評価者から良かった点や今後期待することについて幅広く情報収集し、昇格者本人にフィードバックできるようにするのです。

　昇格は会社にとっても、昇格者本人にとっても大事な人事イベントです。**報酬にもダイレクトに影響し、モチベーションやエンゲージメントがグッと高まるタイミングのため、メイン評価者以外からのフィードバックも受け入れられやすくなります。**他のメイン評価者にドキュメントで事前準備してもらうのは手間がかかるため、**等級判定会議内で口頭で共有してもらい議事録に残す程度がバランスの良い進め方**です。

▍昇格レポートで昇格者とその理由を社内周知する

　昇格者が決まったら、**昇格レポートを作成・公開**します。各自の等級は全社に公開されており、もちろん等級要件に基づき適切な等級判定が行われていることが大前提です。レポート作成に一定の負担が生じることは間違いありません。ただし、それ以上の効果があると考えています。

　その主な効果とは、**他者の昇格に対して理解を深め、納得感をもてるようになる**ことです。自分以外の誰かが昇格した際、昇格の理由・背景が何もわからないと、「何であの人が昇格したの？」「自分はなぜ昇格できないのだろうか？」などの疑問が多少なりとも生じます。こうした疑問がたまっていき、質問しても満足な返答が得られず放置され続けると、いつの間にか人事制度に対する不満や不信に変わってしまいます。

昇格レポート

昇格者が作成する

テーマ1：現在の等級で出した成果やできるようになったこと（目安：1,000〜2,000字）

人事制度の運用を引き継ぎ、2名のメンバーをリードしながら目立ったインシデントなく確実に回したこと、そして組織拡大に合わせて人事制度を改善できたことにより、事業成長を人事の領域からサポートできたことが主な成果です。

具体的には、現場を巻き込み、営業組織における職種別等級要件を整理しました。早速、昇格候補選出や期中の採用活動で運用できており、フィードバックをいただきながら、改善にも着手しています。

また、採用チームと連携し、報酬レンジの検証と調整に向けた振り返りの仕組みを構築しました。振り返りの期限と基準を設け、本格運用しています。なお、今期中に一部報酬レンジは調整済みで、採用活動のボトルネック解消にも貢献できました。……

メイン評価者が作成する

テーマ2：昇格にあたって評価したこと（目安：500〜1,000字）

高く評価したことは、現場からの信頼感です。常に現場とのコミュニケーションを軸に進め、自ら課題を発見できるようになったことで、現場が信頼してくれるようになりました。二次情報ではなく、一次情報の大切さをきちんと理解できているため、現場の理解度が非常に高く、説明や意見に納得感があります。経営の意思も汲み取り、ブレずに現場へ発信・浸透させてくれる点がマネージャー陣からの信頼につながっています。

バリュー体現についても、この1年で大きく成長しました。人事チーム内で模範を示すことはもちろん、他チームや他職種に対しても、横断プロジェクトを通じてバリューを発揮できていたと他部署のマネージャーからもフィードバックをいただきました。……

メイン評価者が作成する

テーマ3：昇格者に対して、昇格後に期待すること（目安：500〜1,000字）

強みである現場との協業をより強化していくと同時に、自社の人事領域を事業戦略とリンクさせて、1〜3年の時間軸で組織や制度を企画していってほしいと考えています。

当社の場合、3年先はまだまだ未知の世界ですが、現場の声と経営の意思をマージさせて、経営や組織を（部分的にも）リードできる機会を提供していきます。期初に発信された事業戦略から組織戦略や人事戦略に落とし込み、現場への理解浸透を図ることが中期的なミッションです。自社だけではノウハウも少ないため、積極的に外部とも交流してほしいと考えています。

また、人事チームのリソース不足を解消するため、チーム内の採用活動に対しても私と一緒に企画段階から協力してもらおうと作戦会議中です。……

図表3-20　昇格レポートのテーマ

この状況を少しでも解決するために活用されるのが昇格レポートです。**昇格の理由や背景を昇格者とそのマネージャーである評価者が言語化し、昇格レポートとして全社に共有します**。気になる昇格者については昇格レポートを読み込めば、ある程度その理由がわかるようになります。この積み重ねが昇格、さらには人事制度に対する納得感につながります。

また、次のような副次的な効果も期待できます。被評価者にとって「誰が昇格したか」「なぜ昇格できたか」を把握できることは、「**自分もどうすれば昇格できるのか**」**を考えるキッカケとなる**のです。メイン評価者にとっては、「こういうことができれば昇格できる」「こんな成果が出せれば昇格候補に挙げられる」といったサンプルを知ることができ、**等級判定におけるコミュニケーションの引き出しを増やすことにも役立ちます**。

この昇格レポートにはテーマが必要です。テーマは各社によってカスタマイズされやすい領域ですが、前ページの図表3-20でも例示している典型的なレポートテーマを紹介します。

テーマ1 現在の等級で出した成果やできるようになったこと

- 昇格者本人が作成
- 文字数の目安は1,000〜2,000字。目安以上に書くことはOK
- 昇格の背景についてブログを1記事書くイメージ

テーマ2 昇格にあたって評価したこと

- メイン評価者が作成。会社によってはサブ評価者にも作成をお願いしても良い
- 文字数の目安は500〜1,000字。昇格者が配下に複数名いる場合もあるため、昇格者本人の文字数よりは少なめ

テーマ3 昇格者に対して、昇格後に期待すること

- 作成者、文字数の目安ともに上記 テーマ2 と同じ

昇格レポートはGoogle DocumentやMicrosoft Wordなどで作成します。作成期間は2週間程度です。期間が長過ぎると着手が遅れてダラダラと長引く傾向もあるため、2週間程度としました。昇格者が作成した昇格レポートの内容については、念のためレビューします。書き方に各自のオリジナリティがあることは問

題ありません。ただし、内容についてメイン評価者の意図と違っていると、全社に公開された際、読み手に「これで昇格できたの？」と勘違いされたり、昇格の背景が伝わらずに等級判定の目線合わせに役立ちません。経験上、メイン評価者が昇格レポートの内容を大幅に修正することはほとんどありませんが、レビューのプロセスは入れておいて損はないと思います。

3-8 新入社員の等級判定と仮等級の仕組み

　新入社員の等級判定について、オプションを1つ紹介します。「**仮等級**」と呼ぶ仕組みです。新入社員の等級判定で難しさや悩みを強く感じている場合、導入を検討してみるのも良いかもしれません。

新入社員の等級判定は難しい

　既存メンバーの紹介を通じて入社される方や一定期間業務委託契約などで一緒に働いたことがある方であれば、実際の仕事から得られた情報を活用して、適切に等級を判定することができます。しかし、まったくつながりのない方を採用プロセスだけで等級判定するには、ある程度の経験と技術が必要です。

　3-3の「降格アラート」のところで説明した通り、新入社員の等級判定がうまくできず、その後に降格につながってしまう流れがスタートアップの降格パターンになっています。新入社員の等級判定は、バイアスの宝庫です。年齢や実績に比して高めの報酬水準や輝かしい経歴がバイアスになります。また、採用活動を続けるもなかなか採用に至らなかったポジションであったり、自社の戦略や課題に照らして考えると、どうしても採用したい人材であったりすると、これもまたバイアスにつながります。

　結果として、多少気になる部分や違和感があっても見て見ぬ振りをしたり、いろいろな理由にかこつけて正当化してしまい意思決定を歪ませます。その結果、採用時の期待が一人歩きするように高まってしまい、入社後の負のギャップを生み出す要因となります。

　こうした事態を避けるために設計・導入されるのが「**仮等級**」のルールです。

入社後３カ月で等級を変更（昇格）できる余地を残す

入社時の等級について、３カ月が経過したタイミングで必要に応じて等級を変更できる余地を残しておくのが「仮等級」の制度です。３カ月経過時に決まる等級を「本等級」と呼びます。仮等級と分別する意図で本等級と呼びますが、この本等級がこれまで説明してきた「等級」と同じ意味合いです。

「３カ月」にした理由は、私がこれまで関わってきたスタートアップの大半では「試用期間」が３カ月であり、その試用期間と仮等級の仕組みを同時に運用できるようにして効率化したかったからです。試用期間が６カ月の会社の場合、仮等級の期間を６カ月にすることもあります。ただし、経験上仮等級の判定は３カ月あれば十分に足りるとの声が多数です。６カ月だと制度運用が冗長になってしまう懸念もあるため、３カ月が妥当であると考えています。

３カ月をもって等級変更できるのは、昇格のケースに限定しています。降格は報酬ダウンの可能性も考慮し、降格アラートを適用し検討を進めます。降格を判断する６カ月前のタイミングで降格の可能性を伝え、双方の認識をそろえるやり方です。**この仮等級の仕組みがあることで、入社後の働きぶりを実際に見て、入社時に決めた仮等級に違和感があった場合、早めに対応できるようになります。**

また、新入社員に「適度な」緊張感を共有することもできます。決して「過度な」緊張感ではなく、「適度な」緊張感を人事制度を通じて組織・個人に共有するのです。もし、働きぶりやパフォーマンスが入社前の期待を大きく超えており、上位の等級要件を満たしていると判断できれば、**昇格と同時に報酬水準のアップ**を検討します。

迷ったら下の等級でオファーする

先に実態を述べると、仮等級から本等級で等級が変わる（昇格する）ケースは稀で、所感では「１〜２％」程度です。つまり、100人の組織であれば、仮等級から本等級で等級が変わるのは１人か２人という意味です。実際に使われることが少ない印象をもたれたと思いますが、この仮等級の制度には別の効果も期待しています。

それは、**入社時の等級判定を「保守的」に進められるようにすることです。**例えば、「３等級か４等級かで迷ったら、３等級でオファーする」といったように

「迷ったら下の等級でオファーする」ことをやりやすくしてくれるのです。

　入社後に「想像以上に優秀」という理由で、すぐに昇格させることは容易にできたとしても、「思っていた以上にパフォーマンスが上がってこない」「周囲とうまく協力して仕事を進めることができていない」などといった理由ですぐに降格させることは、余程のケースでないと「不可能」と考えた方が無難です。

　そのため、保守的な等級判定が採用時にはマストであり、「迷ったら下の等級でオファーする」が合言葉になります。実際に、仮等級から本等級を検討するタイミングで等級が変わるのは1～2％かもしれません。ただし、仮等級の制度が「降格につながるような入社時の等級判定ミス」を防ぐことに貢献してくれると考えています。

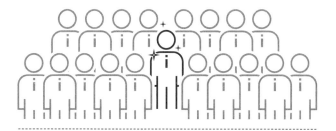

スタートアップの
評価制度

　第4章は、評価制度です。等級制度に比べて聞き慣れた言葉のため、具体的にイメージもしやすいかと思います。しかし、等級制度を知った上でいざ評価制度の設計に着手しようとすると、ふと「等級制度と評価制度の違いって何だろう」「等級制度の等級判定もある種の評価だと思うし、評価制度の人事評価とは何が違うのだろう」という疑問がわきます。

　そこで本章では、まず「等級判定と人事評価の違い」について説明します。この違いを理解した上で、評価制度の具体的な制度設計の話へと進みます。

4-1　等級判定と人事評価の違い

　私が仕事の依頼を受けるときには、「評価制度をつくってほしい」といわれることがほとんどです。「人事制度つまり等級制度・評価制度・報酬制度の3つをつくってほしい」と依頼されることはありません。「評価制度をつくってほしい」と依頼されるクライアントの方は、おそらく「人事評価を実施して個人の報酬を決定する」、この仕組みを「評価制度」と想像しているのだと思います。この認識も間違っているわけではないのですが、これだと等級制度がごっそりと抜け落ちています。

　このような依頼をされたときには、等級制度について説明すると同時に「等級判定と人事評価の違い」にまで言及するようにしています。これにより、クライアントの人事制度に対する理解が一段と深まります。等級判定と人事評価の違いを曖昧にしたまま制度設計を進めると、実際に制度を運用する過程で「そうだったの！」というサプライズが起きてしまいます。そのサプライズを避けるため、「等級判定と人事評価の違い」を図表4-1で5つの観点から整理しました。

項　目	等級判定（等級制度）	人事評価（評価制度）
①見極め対象	再現性 （将来に期待できること の実現可能性）	目標や行動に対する 過去の結果
②対象期間	入社してからすべての 期間	一定の評価期間 （例えば、6カ月など）
③報酬制度との関係	報酬レンジ（報酬の上限と 下限）を決める	報酬レンジ内の 昇降給の金額を決める
④基準の具体性	抽象的	具体的
⑤ボラティリティ （変動の度合い）	低	高

図表4-1　等級判定と人事評価の違い

等級判定は「再現性」、人事評価は「結果」を見極める

　等級要件に照らして相手のレベルを判断する等級判定は、未来志向のジャッジメントであると3-3で述べました。過去の結果を解釈しその解釈から将来に期待できることの実現可能性、つまり「再現性」を判断するのです。**過去を使って未来を見極めるのが等級判定であり、メンバーに対する最も大きな単位の「評価」** となります。

　一方、評価制度における人事評価は、等級に基づいて設定された目標とその目標を実現するための行動を評価期間における事実によって測定することを意味します。等級判定が、過去の結果を使って未来を見極めることである一方、人事評価は過去の結果の良し悪しを見極めているのです。つまり人事評価は、**過去志向のジャッジメント** となります。この関係性が見えてくると、等級判定と人事評価はまったく違うものだと理解できるはずです。

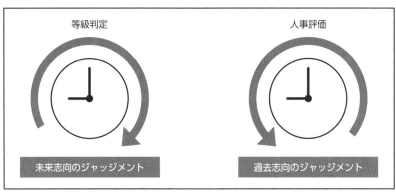

図表4-2　等級判定と人事評価の関係性

等級判定は長期の振り返り、人事評価は短期の振り返り

　等級判定の判定期間は、入社してから判定を実施するまでのすべての期間 です。例えば、3年前に入社した方であれば入社から3年間の能力、リーダーシップ、バリュー、成果を振り返り、等級を判定します。実績を残せた時期もあれば、そうでない時期もありますが、そのすべての期間を判定の材料として等級を決めます。もちろん、すべての期間を1人の同じ評価者が見ていることはないので、現実的

にはすべての期間を考慮することはできません。しかし、原理原則はすべての期間となります。

　一方、**人事評価は評価期間として定められた一定の期間**が対象です。例えば評価期間を6カ月とした場合、この限定された6カ月間の成果や行動を振り返るのが人事評価となります。

　「等級制度と評価制度って何が違うんだろう」と立ち止まって考えると、**期間の概念に大きな違いがある**ことにも気付かされます。この期間が違うことを説明できると、等級判定と人事評価の違いに関する質問は激減します。

等級判定は報酬レンジを決める、人事評価は昇降給を決める

　個人別の等級によって、**報酬制度における報酬レンジ**が決定します。例えば、3等級の方は報酬レンジ = 408〜600万円というように報酬（年収）の下限と上限が決まります。3等級であれば年収は408万円以上600万円以下に収まるというルールです。ちなみに、入社時に「この408〜600万円のどこに位置付けるのか」という質問に対して簡単に説明すると、①自社の支払い能力、②等級内における上中下の評価（「上」であればレンジの上の方の年収水準となる）、③現職の報酬水準、④社内における他メンバーとの報酬バランス、⑤他社のオファーの状況など複数の要素を踏まえて決定することになります。

　一方、評価制度はこの報酬レンジ内の報酬改定に影響を及ぼします。評価結果がA評価であれば年収12万円（月額1万円）の昇給といったように、**一定の評価期間ごとに決定する人事評価の結果を使って報酬改定を実施します。**

　「人事制度＝評価制度」とぼんやりしたイメージをもっていると、一定期間における人事評価と入社から現在に至るまでの期間を考慮する等級判定を混同してしまうため注意が必要です。

　例えば、6カ月間の人事評価を実施しているにもかかわらず、高成績を残したので等級を上げて報酬水準を上げようと判断しがちです。そして、次の6カ月間で成績が落ちると等級も報酬も下げようと考えるものの、法的なリスクやモチベーションへの配慮から下げることができず、結局「何もしない」か、とりあえず「等級は下げるけれど、報酬は維持する」という対応で制度が形骸化し始めます。

　経営陣や担当のマネージャー、人事はお金に関するネガティブな話であり、かつ自分たちの過去の判断が引き起こした問題でもあるため、具体的な対応方法に

ついて、社外はもちろん、社内でも相談しにくい気持ちになっています。人事制度の運用に負担をかけてもこんな状況になるならば「鉛筆をなめて報酬決定をした方が楽なのでは？」と思い始め、制度運用が行き詰まります。等級判定と報酬レンジ、人事評価と昇給・降給2つの関係について「違い」を理解すれば、こうした問題は起きません。

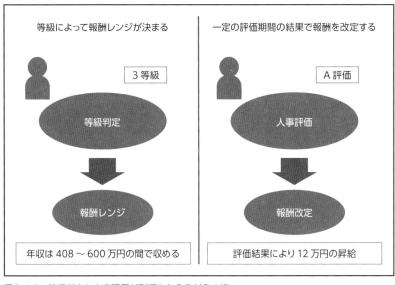

図表4-3　等級判定と人事評価が影響を与える対象の違い

等級判定の基準である等級要件は抽象的、人事評価の基準である評価基準は具体的

　等級判定に使う基準は、等級要件です。この等級要件は、人事評価における評価基準より**「抽象度」**が高くなります。主な理由は、①等級によって決まる報酬に幅（レンジ）があり、その幅を包含する人材の定義となるため、②等級判定の対象となる期間が（人事評価に比べて）長いため、③長期的なキャリアの指針として活用するためです。

　実際の運用場面では、抽象的な要件を被評価者の実際の仕事にあてはめて具体化すること、つまり**等級要件を相手に合わせて「翻訳する」ことがマネージャー（メイン評価者）**に求められます。この翻訳は人事制度の運用を左右する重要なマネジメントの1つで、翻訳が上手なメイン評価者がいる組織といない組織では、

105

人事制度の効果や信頼度が大きく変わります。

　一方、人事評価に使われる基準は、**評価基準**です。成果までのプロセスを評価する「**行動評価**」を例に取ると、メンバーに期待する判断や行動が評価基準として定義されます。評価基準は、①報酬レンジ内で昇給・降給に反映される、②（等級判定に比べて）短期の評価期間である、③日々の活動における判断や行動の具体的なあり方を示すという点で、等級要件に比べて**抽象度は低く**、**具体的**です。評価基準をそのまま伝えることが、相手にとって「**気付き**」につながるフィードバックになっていることが理想です。

等級判定はボラティリティが小さく、人事評価はボラティリティが大きい

　ボラティリティとは「**変動の度合い**」を意味します。等級制度は長期的なキャリアの指針を示しており、基準となる等級要件は抽象的です。また、**報酬レンジの下限と上限を決める制度のため**、**個人の等級に関するボラティリティは人事評価に比べて低くなります**。等級が上がったり下がったりすることが頻繁に起きることを前提にしていません。

　一方、**人事評価は前期の評価と今期の評価が大きく変わることは容易にあり得ます**。「前期は最低評価だったけど、今期は最高評価だった」ということが起き得るという意味です。なぜなら、評価期間は短期間で区切られているため、「この時期は良かったけれど、この時期は良くなかった」がそのまま結果に反映される制度だからです。等級判定は、「この時期は良かったけれど、この時期は良くなかった。すべての期間を含めて、総じて……」というロジックで考えます。

　以上、ここまで説明してきた5つの違いは、制度設計する方だけでなく、**制度運用する方や制度の対象になる方全員に知ってもらいたい内容**です。この違いを理解するだけで、人事制度における等級制度・評価制度・報酬制度のそれぞれの役割が腑に落ちます。そして、等級判定や人事評価を実際に取り扱う場面において、前提条件が擦り合うことで、大きな認識の齟齬がなくなります。こうした地道な理解活動が、人事制度を機能させる土壌をつくり、結果として制度への信頼につながっていくのです。

4-2 評価期間の設計（人事評価のスケジュール）

第3章で説明した等級判定と同様に評価制度における人事評価の期間、すなわち評価期間には基本的に3カ月、6カ月、12カ月の3つのパターンがあります。

まず評価期間を最も短い3カ月にした場合のメリットとデメリットを見ていきましょう。

メリット

- タイムリーに目標設定、人事評価、フィードバックができる
- 期間が短い分、お互いの期待値を擦り合わせやすい

デメリット

- 中長期の視点で目標設定しにくい
- 運用コストが高い

12カ月の場合は、逆のメリット・デメリットになります。さて、評価期間は何カ月が適切でしょうか。

推奨は6カ月、ただし3カ月で中間評価を実施する

スタートアップの人事制度で推奨する評価期間は、6カ月です。そして、6カ月の中間地点である**3カ月経過時**に手間はかかりますが、**中間評価の実施を推奨しています**。3カ月経過時の「中間評価」、6カ月経過時の「期末評価」です。3カ月に1回の頻度で人事評価が実施されますが、報酬改定に反映される最終的な評価は期末評価であり、6カ月に1回となります。

スタートアップの事業環境や組織・個人の成長速度を考えると、柔軟かつタイムリーに目標設定し高頻度で評価・フィードバックすることが適しています。そ

107

のため、3カ月の短期目標を設定し高速でPDCAを回すことがスタートアップの目指すべき姿なのかもしれません。しかし、3カ月ごとに公式な評価・フィードバックを行い報酬改定するとなると、想像以上に運用コストが高く、特に評価者側にかかる負担が大き過ぎます。

3カ月間の評価を2回分合計して6カ月ごとに報酬改定する方法もありますが、言葉で伝える以上に複雑です。このやり方を機能させるためには3カ月前の評価結果にアクセスできるようにして、直近の評価とマージした上で最終的な評価を算出・説明する必要があり、運用場面のコミュニケーションが複雑化します。複数の被評価者に対してこの説明責任を果たす評価者の負担を考えると、制度として推奨することはできません。直感で理解しにくい制度に対して経営陣や評価者がストレスを感じ、被評価者側も理解するのに時間がかかり評価や報酬に対する納得感を妨げる要因になってしまいます。

そのため、あえて複雑なことはせずシンプルな制度設計を目指すのであれば6カ月が適切です。ただし、「タイムリーな目標設定・人事評価・フィードバック」といった3カ月で得られるメリットも追求したいところではあります。それを実現するのが「中間評価」です。

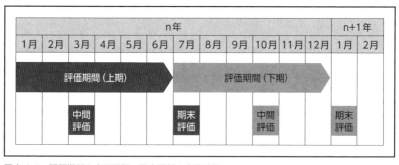

図表4-4　評価期間と中間評価・期末評価の実施時期

運用の負担はあっても中間評価を推奨したい理由

中間評価は少しマニアックなテーマですが、評価への納得感の醸成という点で非常に重要なテーマのため、詳しく説明していきます。中間評価については、「報酬改定に反映されないのに、なぜ中間の3カ月で評価するのか?」「制度運用の負

担が重くなるのでは？」という意見が出ます。6カ月に1回の評価（年2回の評価）が3カ月に1回（年4回の評価）になるため、評価シートへの記入から評価面談、評価会議、フィードバックなど、確かに負担は重くなります。中間評価の最大のデメリットは、運用負担であることに間違いはありません。

しかし、そのデメリットを上回るメリットがあると考えています。とはいえ、中間評価を運用するには評価者の能力と制度運用のリソースが必要であり、中間評価を導入したものの現実的に運用がうまくいかなかったケースがあることも事実です。この前提の下、それでも中間評価を推奨するメリットと理由について解説します。

中間評価のメリット①：評価のサプライズ防止

日々の1on1などで目標の進捗確認をしたり、気付いたことをフィードバックしていることは多いと思います。しかし、結果だけでなく仕事のプロセスを含めた総合的な観点で行う人事評価では、**メイン評価者と被評価者の間で評価に対する認識のズレが起こる可能性は十分にあります。**

期末評価のタイミングで評価のサプライズ（自己評価とメイン評価者の評価に大きなズレが生じること）が起きてしまうと、その時点で何を話し合ってもお互いに歩み寄ることはできません。メイン評価者がつけた評価よりも自己評価の方が高いケースでは自身への評価に納得できず、評価制度やメイン評価者への信頼をなくしていきます。一度傷ついた信頼関係をリカバリーするには、時間も労力もかかることはいうまでもありません。評価制度の運用を通じて最も避けなければならないことです。

この**期末評価でのサプライズを予防するのが中間評価**です。大切なことは、**最終結論が出る前のハーフタイムでお互いの認識を公式の場で擦り合わせることです。**もちろん、中間である3カ月地点でまだ成果が出ていなかったり、評価がわからないこともありますが、ありのままフィードバックする対応で構いません。「どこは期待・基準を満たしていて、どこは満たしていないのか？」、さらに「メイン評価者が見えていないことは何か？」「被評価者が伝えきれていないことは何か？」をお互いに確認できることも、中間評価の価値の1つです。

中間評価のメリット②：目標達成の確度向上

メイン評価者は、中間地点までの動きや成果を見て「残りの期間で、どのよう

に目標を達成させるか」を考えます。必要に応じて叱咤激励を行い、目標達成が厳しい場合はリカバリー方法を真剣に考える機会となります。

　また、定量化していない目標や定期的に振り返りを行っていない目標について強制的に振り返る機会にもなります。特に、成果までのプロセスを評価する行動評価では、会社が期待する判断や行動の基準を評価基準として設定していますが、この評価基準は忘れられがちです。

　自分で立てた目標であれば常に意識しているため忘れることはありませんが、会社が規定した行動評価の基準を一言一句覚えている方はいません。期末評価のタイミングで「あ、こんな評価基準だったんだ」と初めて気付く事態を避けるためにも、折を見て見返すなど、振り返るタイミングをもってほしいと考えています。行動評価基準が忘れ去られ思い出すキッカケがない状態だと、日々の行動や判断を方向付けることもできません。**中間評価は評価基準を思い出し、評価・フィードバックという振り返りを通じて実行を促す仕掛けでもあります。**

　そして、この**中間評価における振り返りのプロセスは目標変更にも役立ちます。**スタートアップの目標設定には柔軟性が求められます。期初に想定していた状況と異なる事態を許容できる制度でないと耐えられません。中間評価という節目で改めて目標を精査し、「目標がフィットしていない」「若干のチューニングが必要」「もっと筋の良さそうな目標が見えている」といった状況であれば、評価者やそのマネージャーとも相談しながら、柔軟に目標の変更を進めるべきです。

中間評価のメリット③：評価制度を早く検証できる

　スタートアップの評価制度は、改善の連続です。運用開始から一定の期間を経ると、事業や組織の変化とともに制度がフィットしなくなってきます。中間評価を実施した後、評価制度の課題や改善点を議論できると、**最終的に報酬へ反映される期末評価までに軌道修正できたり、翌期における制度運用の開始時期までに制度変更を社内に説明したり**することができます。この改善スピードは、スタートアップにとって欠かせません。

　期末評価を実施した後に制度を改善しようとすると、新しい期の運用は既に開始しているため、改善点の反映がさらに翌期に遅れてしまうことになります。特に目標設定で改善事項が出た場合、目標設定フェーズが完了した後に課題が抽出されることになり、課題を認識したまま運用を進めたり、設定された目標に修正依頼をかけるなど現場に負担を強いることは避けなければなりません。

こうした検証と改善を臨機応変に実行することは、会社が評価制度を真剣に運用していることの表明でもあり、**制度に対するメンバーの信頼感の醸成にも役立ちます。**

以上、3つのメリットを説明しましたが、中間評価の運用に負担があることは事実です。そのため、「そもそも中間評価を実施しなければならないのか」という意見や、既に中間評価を何度か経験している会社では「今後も中間評価を継続するのか」「運用負担をどう考えるべきか」といった意見が必ず出てきます。そのたびに中間評価の目的やメリット・デメリットを振り返り、廃止した場合の状況を想像しながら、議論を繰り返してきました。

私の経験上、現実的に運用リソースが足りず制度が回せなくなるケースは別として、基本的に中間評価に負担（デメリット）はあるものの、それ以上の価値（メリット）を感じて「継続」しているケースがほとんどです。もちろん負担がかかることは間違いないので、中間評価のコメント入力を一部省略したり、中間評価の評価会議を簡素化したりと、運用する中で改善を重ねています。

このようにポジティブ・ネガティブの双方に関するさまざまな意見が出てくることが予想されますが、私は中間評価を推奨するポジションを取っています。

中間評価は中間地点の期待成果に対して実施する

中間評価について、クライアントの方から「念のため、確認したいのですが……」と前置きのある質問を受けることがあります。その質問とは、「中間評価では、6カ月経過時の期末地点の期待成果に対する実績を評価しますか？　それとも、3カ月経過時の中間地点の期待成果に対する実績を評価しますか？」といった内容です。私が設計する制度では、後者の方を採用しています。

わかりやすく数字で説明します。前者のルールだと、100という定量目標を6カ月間で達成することが期待される場合、3カ月経過時の中間評価のタイミングで50を実現できていたとしても、中間評価では「達成率50%」で、「期待を下回る」評価となります。一方、後者のルールでは、100という定量目標を6カ月間で達成することが期待される成果で、かつ3カ月経過時の中間評価のタイミングで50を実現できている場合、オントラックとして「期待通り」の評価をつけます。細かいルールですが、定義されていないと出てくる評価結果の前提条件が合ってお

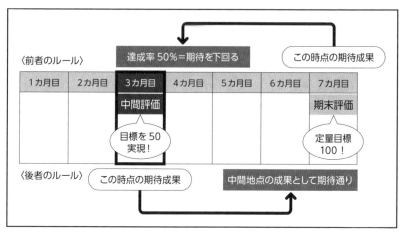

図表4-5　中間評価における期待成果の考え方

らず、全社や組織別の評価傾向を把握・分析することができなくなってしまいます。

　このように考えると、**期初には期末時点だけでなく、中間地点の期待成果を考えておくことも必要です。**細部にこだわってルールをドキュメンテーションすることは、評価制度に限らず人事制度において大事にしたい価値観です。**見落としがちな部分にまでこだわりをもって、言語化することを心がけましょう。**「念のため、確認したいのですが……」と前置きが出る質問こそ、ルール化・言語化が求められる箇所なのです。

評価期間が締まった後に人事評価を実施する

　評価期間を6カ月とした場合、**人事評価は評価期間が終了した後に実施します。**例えば、1〜6月の上期で考えた場合、人事評価は7月に実施するというイメージです。

　ここでよく受ける質問が2つあります。

　1つ目は、「新しい期の目標設定を早めたいので、人事評価も前倒して実施できないだろうか？　具体的には、1〜6月の上期であれば、期末の6月中に人事評価を実施できないか？」という内容です。期待に応えたいところですが、これには現実的な問題が立ちはだかります。

　セールス職における具体例で説明すると、評価期間の最終日まで注文書・発注書を獲得するために力を振り絞り、最終日で目標達成できることがあります。も

ちろん、セールス職など一部の職種特有の事象ではありますが、評価期間の最終日まで成果が確定しないケースがあるため、成果評価の一部や行動評価を前倒して実施できたとしても、すべての評価を期末までに完了することができません。そのため、制度上は評価期間が締まった翌月に評価することが多くなります。

2つ目の質問は、3-6で説明した等級判定との順番について、「7月の人事評価の前に、等級判定を6月に実施する？　人事評価が終わっていないが、等級判定を実施して良い？」という内容です。

私の意見は「Yes」です。理由は、**等級判定の見極めに使う期間は入社後からすべての在籍期間であり、現在進行形の人事評価の結果だけで判定するわけではないからです**。そのため、期末の人事評価は実施していない状態ではありますが、等級判定を先に実施することは問題ないと考えています。等級判定が先、人事評価が後の順番で人事制度が運用されることに当初違和感を覚える方もいますが、制度運用に慣れてくると違和感は払拭されます。

■ 6カ月の評価期間のうち3カ月以上稼働している方を「評価対象者」とする

評価期間と人事評価の実施時期が固まったら、評価対象者のルールについても合わせて設計します。6カ月の評価期間すべてに在籍していない方を、評価対象者とするか否かに関するルール設計です。期中入社者や休職者、退職者などがこれに該当します。

評価期間が1〜6月の6カ月のケースで考えてみます。1月に目標設定、4月に中間評価、6月に評価期間が締まり、7月に期末評価を実施するスケジュールです。スタートアップは中途採用が基本のため、例えば3月や5月に入社するメンバーがいます。この方たちを評価制度の対象とするか否かをあらかじめ決めておくことが必要です。

評価制度の対象になることは、つまり報酬制度の対象になることであり、昇降給の有無につながります。メンバーの関心度は高く対象者ルールに関する説明責任が強く求められます。

私の推奨案は「**入社日を基準に評価の残期間が3カ月以上ある場合、評価対象者とする**」です。評価期間の残期間を「3カ月」とする場合、評価期間を1〜6月とすると「4月1日」までに入社するメンバーが評価対象となります。4月2日以降に入社するメンバーは評価対象外です。

図表4-6　評価対象者の考え方

　この「3カ月」ルールとしたのには、2つの理由があります。1つ目は、**評価期間6カ月の半分という覚えやすさ**です。2つ目は、**一定の期間（時間）がないと評価できない**という現実的な問題があります。これまで評価対象者についてさまざまなクライアントと議論してきた中で、多くの人たちから出されたのが「成果や行動について3カ月あれば評価はできる」という意見でした。**3カ月間であれば短期的な目標も設定できるし、目標への取組みや普段の行動面に対しても評価・フィードバックできる**という考え方です。

　したがって、「評価対象者の条件は在籍3カ月以上です」と理由なく説明するのではなく、丁寧にその背景を含めて伝えることで、説明する側の理解度と説明を受ける側の納得感が変わってきます。

　なお、評価期間の残期間について、3カ月で運用を開始するものの、その後4カ月に制度変更するケースがあります。理由は、入社後1カ月目は実質的にオンボーディングや目標設定の期間として位置付けられ、**本格的に稼働し始めるのが入社後2カ月目前後になる**からです。

　こうした傾向がある中で、3カ月だと評価の根拠として使える期間が実質的に2カ月となってしまい、評価・フィードバックをするには「短い」という声が上がります。3カ月あれば評価できる点に異論はないのですが、**目標設定の関係で実質1カ月目が評価期間として機能しにくい状況だと、4カ月の期間が必要**です。

　また、傷病や育児・介護などで一定期間の休みを取る場合、評価期間の途中で休職に入るケースもあれば、逆に復帰するケースもあります。どちらのケースでも基本的には同じルールを適用し、在籍日数を計算して評価対象者を決定します。

　最後に、退職者については報酬改定の時期に在籍している場合は評価を実施しますが、報酬改定の時期に在籍しておらず、被評価者本人の強い要望がなければ、お互いに負担がかかるため評価は実施しません。

4-3 スタートアップは 相対評価か、絶対評価か?

　人事評価が機能するかしないかは、つまるところ被評価者の評価に対する納得感で決まります。どんなに精緻に制度を設計しようが、運用オペレーションを組もうが、最終的に出された評価結果に被評価者がまったく納得できないのであれば、水の泡です。この納得感を左右する制度設計のテーマとして「絶対評価か? 相対評価か?」があります。

　結論として、私は**「絶対評価」を推奨します**。ただし、本テーマを議論する際、そもそも絶対評価と相対評価の意味について共通認識をもてていない事態がしばしば起きています。特に相対評価という言葉は複数の意味があるとも解釈できるので、まずは言葉の定義が必要です。

相対評価とは強制的に評価結果を分布させること

　まず「絶対評価」から解説します。本書では「絶対評価」を「基準に照らして評価すること」と定義します。具体的には、**評価制度の枠組みの中で「期待する基準」をつくり、その基準に照らして被評価者を評価することで評価結果を決めます**。「期初に設定した目標(=期待する基準)を達成できているか」「会社が期待する行動(期待する基準)を実行できているか」など、事前に定められた基準に基づいて評価するということです。

　評価の過程で「基準に照らしてみると、AさんよりBさんの方ができている」と相対的に見ることで評価の参考情報にすることがあります。例えば、「基準に照らしてみると、AさんよりBさんの方ができている。Aさんは、この基準を確実にクリアしていると評価できる。Bさんは悩ましい。Aさんほどできているとはいえないが、ギリギリこの基準はクリアしていると評価できるかもしれない」といったケースです。比較することはあっても、あくまでも**最終的な評価は基準に照らして決定します**。これが絶対評価です。

一方，相対評価について、本書では**強制的に評価結果を分布させること**と定義しました。例えば、SABCDの5段階で最終評価を決定する場合、S（最高評価）は全体の人数のうち10％、Aは20％、Bは40％、Cは20％、Dは10％のようにランクごとに割合を決めて、評価を振り分けていきます。10人の被評価者で相対評価を実施すると、原則、Sが1名、Aは2名、Bは4名、Cは2名、Dは1名となります（相対評価の根拠となる評価点が個人別でまったく同じだった場合、人数がズレることはあります）。

絶対評価		相対評価（相対分布）	
基　準	評　価	基　準	評　価
最高水準	S（高評価）	上位10％	S（高評価）
期待を上回る	A	Sより下位の20％	A
期待通り	B	Aより下位の40％	B
期待を下回る	C	Bより下位の20％	C
最低水準	D（低評価）	Cより下位の10％	D（低評価）

図表4-7　絶対評価と相対評価（相対分布）

　認識ズレが起こりやすいのは、**相対評価で分布させる前の評価は、絶対評価でやっている点**です。少し紛らわしいのですが、まず10人の被評価者は絶対評価によって評価されます。その評価結果が、例えば点数で算出されるのなら、その点数の高い順にランクが決まります。絶対評価をした上で相対評価されるという流れです。

　「相対評価する」は別の言葉で言い換えると「相対分布させる」になります。会社が思い描く評価割合に相対分布させることで、人事評価の結果に紐付く報酬改定の総額をコントロールしたいという意図があります。つまり、相対評価の目的は**「報酬」における人件費のコントロール**になります。

　ここで考えてほしいのが、総人件費のコントロールが主要な目的である相対評価で被評価者の納得感をつくることは、現実的に可能かということです。私は「不可能」だと考えています。あるメンバーがどんなに高い成果を残したとしても「他の人の方がもっと良かったから」という理由で十分に評価されないことが起こり得ます。これを評価のベースにしてしまうと、メイン評価者は評価結果に対し

て納得のいく説明ができません。

　例えば、A部門でAさん、B部門でBさん、C部門でCさんがつけた評価を基に相対分布させるため、メイン評価者は自分の担当範囲以外の評価については詳細はわかりません。この状態で評価を進めると、被評価者にとってのメイン評価者の存在感も薄れてきます。**相対評価は、あくまでも人件費コントロールの手段として評価制度とは切り離し、報酬領域に関するテーマとして取り扱うべきだと考えています。**

全員が最高評価を目指すのがスタートアップ

　以上のことから、相対評価が人事評価において適当でない理由は理解できたとしても、絶対評価に対しても不安があります。それは、「もし全員が最高評価になってしまったら、昇給後の人件費は賄えるのか」というものです。

　絶対評価では、**全員が最高評価になる可能性もあれば全員が最低評価になる可能性もあります。** そのため、全員が最高評価を仮に取ってしまった場合、「昇給額が大きくなってしまうが、財務面は大丈夫なのか」「一度昇給すると報酬を下げることは難しいはず。絶対評価にしてしまったら不可逆なのでは」と不安が募ります。

　しかし、**全員が最高評価になることはスタートアップの理想の姿**なのではないでしょうか。全員が最高評価になっている状態は、皆が期待を超える水準でパフォーマンスを出せている状態であり、評価が間違っていなければ会社も大きく成長しているはずです。これこそ、スタートアップが目指す成長スピードであり、この成長を目指すためのベースとして絶対評価を推奨しています。リスクを取らずしてリターンはありません。

　もちろんハイリスク・ハイリターンではなく、ローリスク・ハイリターンに近付けたいところですが、リスクを極端に恐れ相対評価で「安心感」を得ても、人事評価への「納得感」は得られません。**全員が最高評価であれば、報酬でも報いるべきです。** そのため、「人への投資」を目的にした資金調達も行ってください。このようなポリシーが人事制度に組み込まれていると、メンバーも人事制度を前向きに捉えてくれるでしょう。

¦∷「納得感のある評価」と「正しい評価」は異なる

　納得感の重要性を何度も取り上げたので、納得感についての私の意見をまとめておきます。

　まず、「納得感のある評価」と「正しい評価」は違うものとして考えています。そもそも「納得感」と「正しさ」は、何を意味するのでしょうか。人事制度を設計・運用する方はもちろん、メイン評価者・サブ評価者の方にも知っておいてほしい考え方です。「納得感のある評価」とは、図表4-8のような被評価者の心の声で判断します。

図表4-8　納得感の有無による被評価者の心の声

　納得感は、**自己評価と評価者の評価の合致度で判断**できます。自己評価を意図的（戦略的）に下げる方や本音で振り返らない方もいるなど、自己評価が信頼できないケースもあるので注意が必要ですが、本質的には両者の評価の合致度で判別できます。

　これを前提とすると、評価の納得感をつくるためには評価を実施する前のコミュニケーションが重要になります。評価を伝える前、つまり日々の仕事の中で成果や行動を賞賛したり、改善事項をフィードバックしたり、ときには厳しいフィードバックも行い評価の根拠を積み重ねたりすることが、納得感の醸成につながります。**評価とは、毎日のコミュニケーションの積み重ねの結果であり、そうした積み重ねがないまま期末になっていきなり評価・フィードバックを行っても納得感は醸成されません。**仮に醸成されたとしても、それは偶然の産物に過ぎません。

　次に「正しい評価」について考えてみます。私は「正しい評価」を「**メイン評**

価者とサブ評価者、その上長にあたる**評価者や他の評価者から見て、違和感のな**い評価」と定義しています。メイン評価者がつけた評価を、それ以外の評価者が「そうだよね」「違和感なし」「同じ評価です」と同意できれば、その会社内では「正しい評価」になっていると考えています。あくまでも「その会社内」に限った話であり、社外ではその評価が正しいかどうかはわかりませんし、正しくない可能性も十分にあります。

この「正しさ」を検証する場が、メイン評価者の集まる評価会議です。キャリブレーションという工程で、メイン評価者の評価を他の評価者が確認し、気になる点があればメイン評価者に説明を依頼して疑問や違和感を解消します。多数の評価者がメイン評価者の評価に違和感を覚える場合、その評価は間違っている可能性があるため見直しを検討します。

たとえ自己評価とメイン評価者の評価が一致した「納得感のある評価」であったとしても、他の評価者から違和感が多く出るようであれば、自己評価もメイン評価も間違っている可能性があります。そのため、**評価には「納得感」と「正しさ」の両方が必要**です。もちろん、メイン評価者が日常のコミュニケーションを通じて最も近くで被評価者を観察・把握していますが、他の評価者の違和感も数の大小によっては無視できません。

「納得感」と「正しさ」の2つがそろうことで人事評価は成立します。**必要条件としての「納得感」、十分条件としての「正しさ」**と覚えておくのがわかりやすいかもしれません。

▌「この人（たち）に評価されるなら納得」の体制をつくる

評価制度における評価者については、3-4で説明した内容と同じです。要約すると以下の通りです。

〈評価者設定のポイント〉
- 一次評価者・二次評価者ではなく、メイン評価者・サブ評価者とする
- メイン評価者は、原則1名で直属のマネージャーとする
- メイン評価者が、等級判定、人事評価、報酬決定を提案する
  （会社によって報酬決定の役割を担わない場合あり）
- メイン評価者の提案内容を、会議体を通じて最終決定する

- メイン評価者は、被評価者より等級が高いことが望ましい。等級が高い方をメイン評価者にアサインできない場合、同じ等級までが許容範囲
- 可能な限りメイン評価者は被評価者と同職種とする
- メイン評価者だけでは見ることができない活動や貢献は、サブ評価者が評価する（メイン評価者の評価をサポートする）
- サブ評価者を複数名アサインすることは可。一方で適切なサブ評価者がいない場合、サブ評価者を設定しないことも可

　既に解説した通り、評価者の責任・権限周りの設計は人事評価の納得感に強く影響します。一般的な一次評価者・二次評価者の体制では、被評価者の納得感を醸成しきれません。

　クライアント企業の被評価者の方に「誰に評価されたいですか？」とヒアリングすると、皆さん一様に「自分のことを一番近くで見てくれている人」と答えます。一次評価者・二次評価者の体制で運用している場合、被評価者のことを一番近くで見ている直属のマネージャーは、人事評価に対してオーナーシップをもって取り組めているでしょうか。まずは評価者体制について振り返り、課題の有無を把握しましょう。

　経験上、評価制度がうまく機能している会社は、十分な時間をかけて評価者のアサイン（設定）を検討します。期初にスプレッドシートで作成される「評価者・被評価者一覧」で、マネージャーが被評価者ごとにメイン評価者とサブ評価者を設定し、一覧で可視化された後、議論が始まります。「このメイン評価者・サブ評価者は正しいか？」「被評価者にとって過不足なくフィードバックできるか？」「被評価者は評価結果に納得できそうか？」という観点を常に忘れません。さまざまな仮説が飛び交い、議論は白熱します。一部確固たる自信がもてない評価者設定があることもありますが、最善を尽くして検討された評価者体制が構築され、「評価者・被評価者一覧」は全社に公開されます。期初はもちろん、期中における入退社や休職・復帰、プロジェクトの組成・進捗の状況、そして急な組織変更にもタイムリーに対応していきます。

　既に人事制度を運用している場合、こうしたチューニングが今まさにできているでしょうか。**自社の評価者の体制について今の状態が最適か**、被評価者にとって「**この人に評価されるなら納得できる**」という状態になっているかを振り返ってみてください。

最後に、「メイン評価者・サブ評価者」というネーミングには、私自身強いこだわりがあります。「一次評価者・二次評価者」という名称が定着している企業では難しいかもしれませんが、これから人事制度の導入を検討する企業では、「一次評価者・二次評価者」ではなく、「メイン評価者・サブ評価者」という名称にすることを推奨します。

　「自分のことを一番近くで見てくれている人」に評価の責任意識が根付く構造を設計すべきであり、その形を表すネーミングは「メイン評価者・サブ評価者」が最適だと考えています。ネーミングにこだわりをもち設計思想を反映することで、制度や運用のあり方も自然と変わってくることが期待できます。

スタートアップにおける評価制度の構造と名称

評価制度の中心である「何をどうやって評価するのか？」について解説します。本書では、このテーマを「**評価制度の構造**」と定義しました。評価制度の構造を考えるにあたり、等級制度における等級要件で使ったビジョン・ミッション・バリューの概念を再度活用して整理していきます。

「期待される成果の創出」と「成果を生み出す価値観の体現」を評価する

ビジョン・ミッション・バリューに対して、**評価制度はビジョン・ミッションの実現度合いとバリューの体現度合いを振り返る仕組み**と位置付けられます。ミッションから導かれる「期待される成果の創出」を振り返る仕組みとして「**成果評価**」、バリューから導かれる「成果を生み出す価値観の体現」を振り返る仕組みとして「**行動評価**」を設計・運用します。

成果評価と行動評価の2軸で評価制度を整理すると、「成果は当然評価すべきだと理解できるが、行動を評価する理由は？」と質問を受けることがあります。確

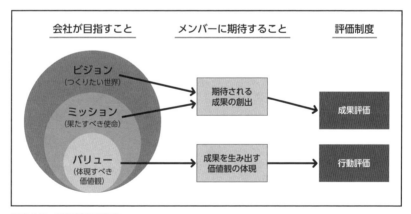

図表4-9　評価制度の構造

かに、企業が追い求めるものは成果であり、成果以外を評価対象にして組織を方向付けるには明確な理由が必要です。

❚⋮・「行動」を評価する２つの理由

この質問に対して、行動を評価すべき２つの理由を解説します。

１つ目は、行動評価が**企業の長期的な成長に貢献する**からです。もう少しかみ砕いて説明すると、行動評価を通じて、継続的かつ安定的に成果を出すための**「再現性」を強化できる**と考えているからです。行動の結果として成果が出るわけであり、原因にあたる行動を方向付け、動機付け、育成する仕組みは企業と個人の成長に欠かせません。

成果は、環境の影響を強く受けることがあります。実力や努力とまったく関係なく成果が出ることはほとんどないかもしれませんが、本人の実力・努力以上の成果が環境に引きずられて生み出されることがあります。

一方で、どんなに実力があり努力を重ねたとしても、うまくいかないことがあります。本人にとってアンコントローラブルな要素があるということです。成果だけを評価する仕組みだと結果が出せなかったから低評価となってしまいます。

しかし、結果が低評価だったからといっても、プロセスの中には評価に値する判断や行動があります。環境要因に関係なく、**会社が推奨する判断や行動を実行できていれば、プラスの評価（承認）を与えること**が再現性の観点では重要です。偶然性・偶発性を良しとする成果評価だけでは、プロセスへのフィードバックが不足しがちです。**行動評価を通じたプロセスの重視こそ、継続的かつ安定的な成果をつくる「再現性」に寄与する**と考えています。

行動を評価する２つ目の理由は、**被評価者の納得感**です。既に説明した通り、成果にはアンコントローラブルな要素が含まれています。仮に「自分にはどうしようもできなかったこと」が評価の判断材料にされ、結果として低評価になったとしましょう。「成果を残せなかったので仕方がない」と思ってくれることを期待してはいけません。理解はできても、納得はできないものです。

生き残りに必死なスタートアップの環境で、そんな甘いことをいっていて大丈夫なのかという指摘があるかもしれません。もちろん経営陣や経営に近いマネージャーは、環境要因も含めた成果で評価されるべきですが、現場の最前線で働くメンバーを同じ理論で評価してしまうと、納得感に欠ける制度になってしまい、

モチベーションにネガティブな影響をもたらしてしまいます。**納得してくれるだろうという評価者側の理想だけではなく、被評価者側の現実も踏まえて制度を考えること**が大切です。

評価制度のネーミングにこだわる

　本書では、評価制度の名称は「わかりやすさ」を重視して「成果評価」と「行動評価」としました。実際に評価制度を設計する際には、「自社で定着する名称とは何か」と各社でオリジナルのネーミングを考えてみてください。

　評価制度は全社員が定期的に活用するものであり、「評価」や「目標設定」など日常的なワードが頻繁に使用されます。「成果評価」と「行動評価」の名称は、最もシンプルで明快な表現だと思いますが、**より自社に適した表現があればこだわりをもって変えていきましょう**。参考までに、過去に使われた評価制度の名称を図表4-10に一覧化しました。

図表4-10　評価制度の名称の例

成果評価の名称の例	行動評価の名称の例
・ミッション評価 ・Mission評価 ・パフォーマンス評価 ・ミッション達成度 ・OKR ・個人OKR ・Performance ・実績評価 ・業績評価 ・目標達成度評価 ・KPI評価 ・ミッションレビュー ・Profit & KPI	・バリュー評価 ・Value評価 ・価値観行動評価 ・価値観マッチ ・Value ・Value Fit ・Contribution ・能力評価 ・プロセス評価 ・能力・姿勢評価 ・多面行動評価 ・発揮能力評価 ・バリュー体現評価

　名称を検討する際のポイントは、「○○評価」というように「評価」という表現を残すかどうかです。「あまり堅苦しい印象にしたくない」という意識や意見が強かったり、人が人を評価するという「序列感」に苦手意識を感じている場合、あえて「評価」という表現を外すことがあります。

　しかし、私は「評価」という表現を推奨します。評価制度、つまり人事制度は会社の公式なルールです。ガチガチに組織を縛るものではないものの、**組織を強**

力に方向付ける仕組みであり、最終的に個人の報酬を決定する重要なルールです。言葉から感じ取れる「緊張感」と「品格」は必要であり、そのために「評価」という表現が適していると考えています。

スタートアップにふさわしい「成果評価」とは？

　目標設定する成果評価と目標設定しない成果評価がある中で、今回は目標設定型の成果評価から説明を始めます。まず、成果評価の概要を理解できるようスタートアップに適した目標設定の特徴を世間一般の目標設定と比較しました。一般的な目標設定がスタートアップに馴染まない理由が理解できると思います。

スタートアップにおける目標設定の特徴

　スタートアップの経営環境は、一言でいうと「不確実性が高い」ということです。新しい製品を開発しゼロから市場を開拓しているため先が見えません。決まり切った仕事を「する」のではなく、決まり切った仕事を「つくっていく」ために日々試行錯誤しています。

　この環境下で目標設定型の成果評価を進めると「目標を決めきれない」「期初に目標を定めてもすぐに目標が変わる」「期中にもっと筋の良い目標が見つかった」という事態が発生します。また、期末に実績を評価しようとしたとき、「目標に設定していなかったけれど、評価に値する貢献があった場合どう取り扱うべきか？」という悩みも生じます。これがスタートアップの目標設定と成果評価の特徴です。

　一般的な目標管理制度を組み込んだ評価制度では、期初に目標を設定したら基本的に目標を変更することはイレギュラーな扱いとなります。目標変更を認めてしまうと、目標による管理・統制が取れなくなってしまうからです。目標を臨機応変に変更することを前提にしていない制度のため、期初の目標設定面談では時間をかけ精緻に目標を設計します。

　そして、目標設定の中で重視されるのが2つの観点で行われる「定量化」です。

　1つ目は**目標内容の定量化**です。目標として期待する水準を可視化し、「評価（振り返り）のしやすさ」を向上させます。世間一般の目標設定では、この「評価のしやすさ」を重視して目標を無理やりにでも定量化することにこだわります。

定量化しないと期末に公平に正しく評価ができないからです。

　一方、スタートアップでは定量化が難しい場合は無理に定量化にこだわらず、定性目標も可とします。不確実性が高い状況ゆえ、目標を定めて定量化することができなかったり、ゼロイチフェーズのため成果創出の時間軸が中長期に及ぶなど、定量化が難しい理由はさまざまです。

　そして、期末における評価の妥当性は、期初における目標の定量化ではなく、期中の1on1による進捗確認や目標の擦り合わせを通じて担保します。そのため、スタートアップで目標設定型の成果評価を実施する場合、1on1は不可欠な取組みになります。

　2つ目は、**重要度の定量化**です。「**ウエイト設定**」と呼ばれ、「売上目標：50%、業務改善目標：30%、人材育成目標：20%」のように、目標ごとに重要度をパーセンテージで設定します。最終的に、目標の達成度と重要度を掛け合わせて評価点を計算し、その評価点の合計が成果評価の結果になります。

　これが一般的な成果評価の姿ですが、スタートアップではこのやり方は機能しません。なぜなら、先が見えにくいスタートアップ環境で期中の目標変更（修正・追加・削除）を前提とせず期初の目標設定にこだわることは、**組織・個人の活動を硬直化させてしまい臨機応変に環境へ適応することを阻害してしまう**からです。端的にいうと、人事制度が成果創出を促す仕組みになっていないということです。

　特に、**目標ごとにウエイト設定する制度はスタートアップに不向き**です。ウエイト設定するには、期初のタイミングで6カ月という評価期間内の目標をすべて洗い出すことが前提となっており、先の見えないスタートアップで全メンバーに対してこの目標設定のスタイルを押し付けてしまうと、制度の形骸化を助長してしまいます。

　スタートアップの成長フェーズにおいて、6カ月先、ましてや1年先はまったく違った景色です。期初にはわからなかったさまざまな仮説や事実が期中の活動とともに見えてきます。成果を追い求めるならば期の途中でも柔軟に方向転換すべきであり、仕組みに縛られて目の前のチャンスを取り逃すことは本末転倒です。

　だからといって「期初の目標設定は手を抜いても構わない」といっているわけではありません。ここが難しいところで、**コミットすべき目標を可能な範囲で設計し、期中の1on1で定期的にモニタリングする**ことが求められます。期初にすべての目標に対してウエイト設定することはしませんが、重要な目標について被評価者と評価者で認識合わせすることが大切です。そして、目標は**必要に応じてタ**

イムリーに軌道修正しながら、**何としてでもやり切る**ということです。これがスタートアップに求められる目標設定であり、成果評価です。

　この動きを組織全体で実行できるような仕組みを成果評価に落とし込むことが制度設計の肝になります。矛盾しているように感じるかもしれませんが、この「矛盾のマネジメント」こそスタートアップの人事マネジメントにおける、乗り越えなければならない壁なのです。

項　目	世間一般の目標設定	スタートアップに適した目標設定
目標の可変性	期初に決めた目標は変えない	目標は変更できる（修正・追加・削除）
目標の定量化	定量にこだわる（無理やり定量化する）	定量化できれば良し、できない場合は定性で可
目標の重要度	評価を見据えて精緻にウエイト設定する	重要な目標について評価者と被評価者で認識がそろっていればOK

図表4-11　スタートアップにおける目標設定の特徴

スタートアップにふさわしい成果評価の枠組み

　成果評価に関する制度設計の話に進みます。「何をどうやって評価するのか」について結論を述べると、「成果に関する目標を評価尺度に基づいて定性的に評価する」となります。そして、成果評価における設計の勘所は**スタートアップの不確実性を踏まえた「柔軟性」**をもたせることです。ルールでガチガチに固めるのではなく、現場で成果を追い求めるために使いやすく振り返りもしやすい制度を目指して設計します。まずは、全体像を把握するため、図表4-12の「成果評価の枠組み」を見ながら制度の概要について見ていきましょう。

成果評価の枠組み（評価シートの記入欄のイメージ）					
目標	実績	中間評価		期末評価	
		個別評価	総合評価	個別評価	総合評価
(1)					
(2)					
(3)					
(4)					
(5)					
(6)					
(7)					
(8)					
(9)					
(10)					

図表4-12　成果評価の枠組み（評価シートの記入欄のイメージ）

〈成果評価の仕組み〉

- 目標の数やテーマに関するルールはなし（体裁上10の枠を用意）
- 目標ごとに定量的なウエイト設定は必須としない。ただし、重要な目標には **重要** とテキストでフラグを立てる
- 各目標を尺度に基づき定性的に評価する
- 各目標の評価結果を総合的に評価した結果を成果評価とする

「自由度が高い」「本当に納得感のある評価につながるのか？」と思われたかもしれませんが、心配する必要はありません。それぞれについて詳しく説明していきます。

目標の数やテーマに関してルールはつくらない

変化の激しいスタートアップでは、目標の数やテーマについて一律のルールを設けたとしても絵に描いた餅になります。この後に説明する通り、**定量的なウエイト設定を必須としない前提があるため、目標設定における目標の数やテーマ**

（例えば「業績目標」や「育成目標」など）についても一切ルールは設けません。

　評価シートには体裁として10の枠を用意していますが、設定される目標は3つであっても8つであっても構いませんし、10を超えても問題ありません。状況に応じてマネージャーが都度目標を設計することが大前提のため、その活動を邪魔しないように自由度の高い制度にしています。

▶ 重要な目標には 重要 とテキストでフラグを立てる

　先ほど説明した通り、スタートアップの目標設定に精緻なウエイト設定は不向きです。そのため、目標ごとに定量的なウエイト設定は必須とせず推奨もしません。仕事の特性上目標が固定化されておりウエイト設定がフィットする場合、ウエイト設定しても構いませんが制度化はしません。

　一方、マネージャーからすれば被評価者に期待することに濃淡・軽重があることは事実です。そこで目標を設定する際、**被評価者に期待することの濃淡・軽重を意味する「重要度」について認識を擦り合わせることを制度化**します。

　制度化といっても、やることは至極単純です。マネージャーが「重要」だと考えている目標について、評価シート上にテキストで構わないので 重要 もしくは 主要 などと目印をつけ、被評価者と認識を擦り合わせるだけです。重要な目標は1つに限定する必要はなく、2つ以上にすることも可能です。

　本来、ウエイト設定は「重要度」の認識を擦り合わせるために行います。評価期間内で「フォーカスすべきことは何か」を擦り合わせ、個人の成果を組織の成長につなげるために実施するはずでしたが、いつの間にか評価結果を算出するための「計算式」に置き換わってしまいました。ウエイト設定の本来の目的を実演するため、その本質をよりシンプルにわかりやすく落とし込んだものが「重要度」の可視化です。無理に定量化せずとも「何が重要か？」が可視化できれば十分だと考えています。

▶ 目標は尺度に基づき定性的に評価する

　スタートアップにおける目標設定は、不確実性が高いゆえに期初で目標を完全に固めることができないという特徴があります。期中に目標を追加・削除・修正するなど、目標の変更を柔軟にできるように制度設計することが大切です。そも

そも設定した目標の妥当性が見えにくい状況で、杓子定規に期初に定めた目標への達成度（達成率）を最終的な評価にしてしまうと、評価者の感覚と成果評価の結果にズレが生じます。

　また、スタートアップでは定常化されていない仕事が多くあるため、定量的に目標設定しにくいケースが数多く出てきます。無理やり定量化にこだわると、目標の本質（目的）を見失ったり、無駄な管理仕事が増えたり、被評価者の納得感を損なったりとネガティブな副作用が出てきます。そのため、**無理に定量化しようとせず定性的に評価できるような評価尺度を設計しておくことが肝心です。**

　評価尺度を使って定性的に評価するということは、**目標設定フェーズで期待水準を評価者と被評価者で擦り合わせ、生み出された成果やアウトプットを評価尺度に照らして評価すること**を意味します。定量・定性のどちらの目標であっても、どれだけの成果を残せば「期待通り」なのか、「期待を上回る」のか、もしくは「期待を下回る」のかを事前に擦り合わせておく必要があります。

　ただし、何度も強調している通り先が見えにくいのがスタートアップです。期中の1on1を通じて常に期待水準を確認しながら必要に応じてチューニングしていくことが欠かせません。最終的に目標に対する達成度を見つつも「そもそも目標が期待水準として適切であったか」を考慮しながら、成果として出てきた「実績」を評価尺度に照らして評価します。

　基本は擦り合わせていた目標・期待水準を根拠にして評価しますが、稀に目標達成度が100%であっても環境要因や成果の質・将来性を加味して「期待通り」ではなく、「期待を上回る」と評価したり、逆に「期待を下回る」と評価したりすることもあり得ます。もちろん、被評価者の納得感や他のメンバーとの公平性が担保され、経営に対してメイン評価者が説明責任を果たせることが前提条件となっています。

　説明が少し長くなりましたが、図表4-13に成果評価における評価尺度の「型」を紹介します。なお、以下の評価尺度は個別の目標に対して適用されるため、「個別評価尺度」と定義します。

図表4-13　成果評価における個別評価尺度

個別評価尺度		個別評価尺度の意味
outstanding	最高レベル	「期初にはまったく想定できなかった」または「期初にできるとはまったく思わなかった」という高い成果・アウトプットの水準 ※outstandingレベルの目標を期初に設定することは理論上不可と考える
excellent	期待を大きく上回る	期初に想定できる範囲内での最大の成果・アウトプットの水準
very good	期待を上回る	satisfactoryより複雑性や難易度・影響度が高い成果・アウトプットの水準
satisfactory	期待通り	被評価者の「等級（等級要件）」と「強み」に基づいて、期初に想定できる成果・アウトプットの水準
almost	期待を少し下回る	satisfactoryに満たないが、improvementとはいえない成果・アウトプットの水準
improvement	期待を下回る	被評価者の等級（等級要件）と強みに基づき、最低限実現（達成）可能といえる成果・アウトプットの水準
unsatisfactory	最低レベル	improvementに満たない成果・アウトプットの水準

　7段階の評価尺度について「少し多いかも」と思った方もいると思います。「期待通り」の「satisfactory」が中央に位置付くので、上位に3つ、下位に3つの計7段階となります。

　現実の話を補足すると、excellentからalmostの4段階の中に評価の8〜9割が集まります。残りの1〜2割のために、outstanding、improvement、unsatisfactoryを設計しています。最高評価の「outstanding」は、「期初から期中にかけて想定できなかった」または「できるとはまったく思わなかった」レベルなので、ほとんど出現しない前提です。しかし、スタートアップに期待される急成長が実現された「最高レベル」として上振れの余地（可能性）を示すことでメンバーの動機付けを図ります。

　一方、下位の評価についてその多くが「期待を少し下回る」レベルの「almost」に落ち着きます。ただし、場合によっては「少し」とは言い切れず、厳しいフィードバックを通じて明確に改善を求めなければならないケースが発生します。それが「improvement」です。さらに1つ下の「unsatisfactory」は採用のミスマッチが人事評価に表出してしまっているとも解釈できるため、この先も自社で働き続けるか否かを話し合うキッカケとして活用されます。unsatisfactoryが

出現する可能性は低いものの、いざこうしたネガティブケースが起きてしまった際、話し合いのキッカケがないと問題が放置されてしまうリスクがあるため、そのリスクを軽減する意図も込めて、「unsatisfactory」を設けました。

個別評価を基に総合評価も定性的に決める

　先述のようにスタートアップの成果評価は目標が変わる可能性を考慮する必要があるため、期初に精緻な目標を設定することが適していません。そして、ウエイト設定の本質である目標の優先順位付けは、評価者と被評価者で共通認識がもてるようテキストベースで **重要** と目印をつける仕組みで対応することを説明しました。

　この前提の下、成果評価の総合評価について説明します。成果評価の対象となる目標は、被評価者によって数や質が異なります。5つの目標が設定されている場合もあれば、8つの目標が設定されていることもあります。その目標をそれぞれ評価する方法が先ほど紹介した「**個別評価尺度**」に照らして**定性的に評価する方法**です。

　そして、それぞれ個別の目標に対する評価を「**個別評価**」、個別評価をまとめた評価を「**総合評価**」と定義し、この**総合評価の結果が「成果評価」の結果**となります。個別評価と総合評価で評価尺度が異なっていると制度が複雑に見えてしまい理解・定着を阻害する要因になってしまうため、総合評価も個別評価と同じ評価尺度（satisfactoryなど）を使用しています。

　総合評価の難しいところは、さまざまな個別評価のパターンがある中で納得感のある評価へ落とし込むことです。個別評価に時間をかけ適切な評価を実施したとしても、総合評価で認識ズレが起きてしまうと元も子もありません。そこで、個別評価に基づき総合評価を決定するための総合評価尺度も同時に設計していきます。

図表4-14　成果評価における総合評価尺度

総合評価尺度		総合評価尺度の意味
outstanding	最高レベル	被評価者にとって重要な目標が「outstanding」の水準で実現できており、その他の目標も（一部に不足はあったとしても）全体的に「satisfactory」以上で実現している際につける
excellent	期待を大きく上回る	被評価者にとって重要な目標が「excellent」の水準で実現できており、その他の目標も（一部に不足はあったとしても）全体的に「satisfactory」以上で実現できている際につける
very good	期待を上回る	被評価者にとって重要な目標が「very good」の水準で実現できており、その他の目標も（一部に不足はあったとしても）全体的に「satisfactory」以上で実現できている際につける
satisfactory	期待通り	被評価者にとって重要な目標が「satisfactory」の水準で実現できており、その他の目標も（一部に不足はあったとしても）全体的に「satisfactory」以上で実現できている際につける
almost	期待を少し下回る	被評価者にとって重要な目標がわずかではあるが「satisfactory」に到達しておらず、総合的にも「期待通り」とはいえない際につける
improvement	期待を下回る	被評価者にとって重要な目標が「satisfactory」の水準に明確に届いていなかった際につける。ただし、改善の兆しは見えており、翌期には改善が期待できる状態
unsatisfactory	最低レベル	全体的に目標が「satisfactory」の水準で実現できておらず、改善の兆しが見えない際につける

　個別評価から総合評価を導くにあたって、**目標の「重要度」を活用します**。スタートアップはやるべきことに対してリソースが常に不足しています。やるべきことにフォーカスし思い切ってやらないことを決めることも大切です。そんな状況下で、**重要度が高い目標に対する実績と評価を成果評価の総合評価に重く反映させることは合理的**だと考えています。「重要度」は成果評価を左右する概念になるため、期初の目標設定や期中の1on1、中間評価を通じて「被評価者にとって重要な目標は何か」を更新し続けていきましょう。

4-6 スタートアップ版 目標設定ガイドライン

　スタートアップにおける不確実性を考慮し、成果評価の制度設計では柔軟性を重視しました。ただし、この状態で運用しようとすると現場ごとの解釈が広がってしまい、思ったように制度が機能しないことがリスクです。そこで、目標設定に特化したガイドラインを作成し、目標設定の品質からコントロールしていきます。原理原則から細かい運用スケジュールまで4つの観点でガイドラインを整理しました。

目標設定で「SMART」よりも大事なこと

　目標設定型の評価を導入している多くのケースで、**SMART（スマート）の法則**を目標設定のガイドラインとして使用していることが想定されます。SMARTの法則を簡単に説明すると、図表4-15の5つの要素で目標の立て方をガイドするフレームワークです。

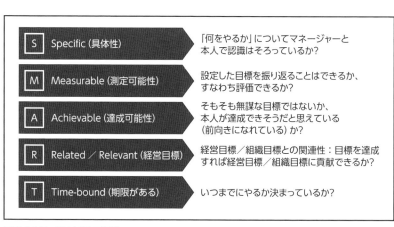

図表4-15　SMARTの法則

SMARTに基づかない目標を設定すると、次のような事態に陥ります。

- 目標が設定されていても被評価者は何をやるかわかっておらず、着手されない。着手されてもマネージャーが認識していた成果やアウトプットと異なる
- 測定できず、振り返りができない。良かったのか・ダメだったかの判断がつかず、結果に対する認識の擦り合わせ、改善に向けた対策の検討が困難
- 実現の可能性が低い目標に対して被評価者はそもそもやる気を失っており、前向きに取り組めない
- 目標は達成したが被評価者の個人的な成果（メリット）に留まり、会社やチームの成果としては貢献度が低い
- 期限が決まっておらず着手されない

SMARTの法則は目標設定の質を高めてくれる、わかりやすくて実践的なフレームワークです。ただし、目標設定をSMARTだけでガイドしてしまうと本質を見落としてしまいます。

その本質とは「**等級要件に基づいて目標設定する**」という原理原則です。この等級要件にこそ会社の「期待」が言語化されており、目標設定の基準となります。そのため、「**等級要件に基づいて目標設定する**」ことを優先し、その後に「**設定された目標をSMARTの観点で振り返る**」ことが適切な流れです。

SMARTの法則は認知度が高くわかりやすいフレームワークのため、これだけで目標設定のガイドラインとしては十分であると錯覚してしまいがちですが、人事制度の構造を本質的に考えると「等級要件に基づいて目標設定する」ことが何よりも重要なのです。

既に目標設定を運用しているケースでは、「目標設定において等級要件が基準なのは当然なので説明を省略している」といった意見が出るかもしれません。しかし、等級要件や目標設定に対する現場の理解に甘い考えは禁物です。経験上、人事制度を運用している企業で、評価制度や目標設定のベースに等級要件をきちんと接続できているケースは、そう多くはありません。**SMARTの法則で目標設定をすることに満足していないかを振り返るとともに、今一度「等級要件に基づいて目標設定する」というガイドを周知徹底することを心がけてください。**

「活動」ではなく「成果」を目標として設定する

目標設定で何よりも大事なことは、等級要件に基づいて目標設定をすることです。この原理原則を徹底すると同時に、もう1つ徹底したいことがあります。それは、「活動」ではなく「成果」を目標設定することです。

例えば、業務改善に関する目標を設定する場合、「業務を改善するために実施すること」が活動を意味します。具体的には、システムを導入する、マニュアルを作成する、既存の業務フローにおける課題を発見するなどといった「実施すること」が活動です。目標として求めたいのは、この活動の結果として生み出される「成果」です。システム導入やマニュアル作成はあくまでも手段であり、手段を意味する「活動」ではなく**目的としての「成果」を目標に設定すること**が求められます。

「活動」と「成果」の判別が難しいのは、成果として認められるか否かは相対的であるということです。ある方にとっては成果であっても、他の方にとっては成果と定義するには物足りず活動と認識されてしまうこともあります。

活動か、成果かを決める基準は個人の等級であり、**等級によって期待される成果の中身が変わります。**つまり、等級が低い人にとっては成果と認められる目標でも、等級が高い人にとっては成果と認められず活動になってしまうことがあるのです。相手に見合った「成果」を目標として設定するためにも、原理原則である「等級要件に基づいて目標設定する」ことが求められます。

「低い目標を立てれば評価は上がりますか?」に対する回答

成果評価を設計する過程もしくは運用する過程で、被評価者の方からよく「低い目標を立てれば評価は上がりますか?」と質問されることがありますが、答えは「No」です。このような質問をする方の思考プロセスをざっと整理すると、図表4-16の通りになります。

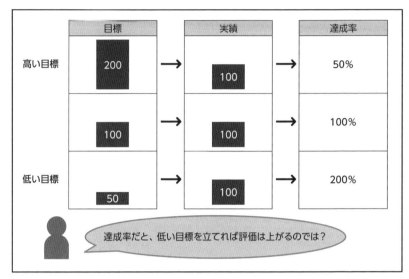

図表4-16　低い目標を立てる人の思考プロセス

　「達成率」だけで評価する制度であれば「低い目標を立てれば評価は上がります」。しかし、これまで説明してきた通り、本書で紹介している成果評価は、目標の達成率を定量的に評価して終わりではなく、期待に対する実績やアウトプットを尺度に基づき定性的に評価する制度です。そのため、低い目標に対して高い達成率だったとしても、最終的な実績やアウトプットが期待に見合っていない水準であれば、高評価は得られない仕組みになっています。

　ただし、「そもそも」の観点で考えると、このような心配は不要だと思っています。なぜなら、**目標を決めるのは被評価者ではなくマネージャー（メイン評価者）**だからです。「低い目標を立てれば評価は上がりますか？」という文脈から被評価者本人が目標を考えて決める、すなわち目標を承認する権限をもっているように読み取れます。

　しかし、原理原則として被評価者本人が目標を承認する権限をもつことはありません。マネージャーは会社全体の目標から自組織で行うべき成果が定義され、それをチームで実現していく役割を担います。したがって、**チームメンバーである被評価者の目標（指標・水準）を決めるのはマネージャー**なのです。低い目標を立てれば組織に期待される成果を残せませんし、マネージャー自身の評価も下がってしまいます。このようなマネージャーと被評価者の間で構造的対立が起こ

るので、そもそも「低い目標を立てれば」という発想は現実的には起きません。

　なかなか窮屈な論理を展開していますが、こう述べると「（メンバーである自分は）いわれたことだけをやるんですか？」と聞かれます。決して「いわれたことだけをやってください」といっているわけではありません。「目標を承認するのは被評価者ではなく、評価者であるマネージャーです」といっているのです。

　会社の目標を実現するために、マストでやらなければならないことは、マネージャーからトップダウンで降りてきます。トップダウンの目標に対して、被評価者のやる気と実現可能性を高めるのがマネージャーの仕事です。被評価者に「やりたい」や「できる」と思わせて成果を出させることが、マネージャーの役割なのです。

　一方、**被評価者には目標を実現する方法を考えて実行したり、より妥当な目標を提案する**ことが期待されます。トップダウンの目標以外に被評価者自身がやりたいこと・組織的にやっておいた方が良いと思うことは、被評価者自らが提案します。そうした提案を引き出すのもマネージャーの大事な役目です。

　トップダウンの目標だけで目標設定が硬直化すると、被評価者の「やらされ感」が強くなり自律駆動できなくなってしまいます。スタートアップにおける自律性とスピードは、組織における競争優位性として差が出やすいポイントです。**目標設定に関する「そもそも論」をきちんと押さえた上で、マネージャーによる動機付けを推進していきましょう。**

目標は「（当期の）期初」に設定するか、「（前期の）期末」に設定するか？

　最後に、目標設定の時期について補足しておきます。私が提案する「型」では、目標設定の時期は「当期の期初」です。つまり1〜6月期は1月に、7〜12月期は7月に目標設定します。

　期末から期初にかけて前期の事業計画の振り返りと人事評価を実施し、その後に6カ月間の個人目標を設定する流れです。目標設定を「当期の期初」にこだわる理由は、**振り返りの結果を個人の目標設定に反映することで目標や実行手段の精度が上がり達成確率も高まる**と考えているからです。

　一方、この流れに対して「前期の期末には翌期の目標設定をしたい」「期が始まったタイミングで目標が設定されていないことに違和感がある」といった声が上がることもあります。クライアントの意向が強い場合、目標設定の時期を1月で

なく12月に、7月でなく6月に1カ月前倒すスケジュールに変更することがあります。すが、人事評価は期が締まってからでないと実施が難しいため、目標設定の後に実施する流れとなります。

　会社全体の目標設定も個人の目標設定に先んじて設計・発信する必要があるため、全体的に前倒しで進めなければなりません。ただし、振り返りが終了する前に翌期の目標や計画を考えなければならないため、期末の繁忙度合いは想像以上です。そのため、**リソースが潤沢でなく運用に慣れていない場合、あまり無理をせず目標設定のスケジュールを「当期の期初」にしておくこと**をおすすめします。

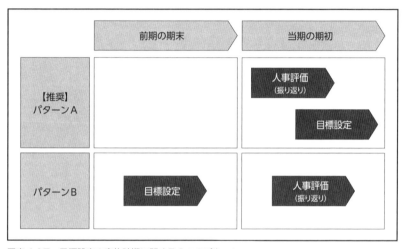

図表4-17　目標設定の実施時期に関する2つのパターン

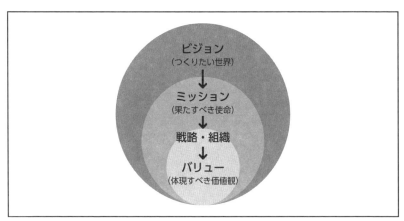

スタートアップの バリュー浸透に役立つ 「行動評価」

4-7

　行動評価は、成果を継続的かつ安定的に残すために必要とされる「再現性」の強化を目的に設計・運用されます。スタートアップでは、行動評価の評価基準に自社のバリュー（価値観）を活用するケースが増えてきました。

　バリューと評価制度の接続は、バリューの理解浸透に役立ちますが、抽象的な概念で整理されるバリューをそのまま評価制度に活用すると現場で混乱が起きてしまいます。バリューを連動させた行動評価について、事例を示しながら具体的な制度設計のポイントを解説していきます。

バリューとは何か?

　行動評価の説明に入る前に、そもそも「バリューとは何か?」について認識をそろえておきます。シンプルでわかりやすく現場で使えるように定義しました。

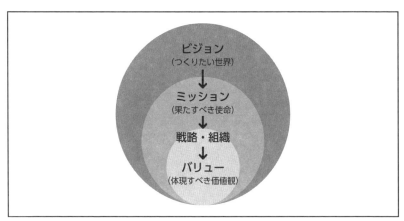

図表4-18　ビジョン・ミッション・バリューの構造

バリューとは、ビジョン・ミッションを実現するための「価値観」です。厳密には、ミッションを実現するための戦略と組織から「価値観」が導かれます。この「価値観」のことを、本書では認識・思考・判断・行動の基準と定義しました。

　例えば、「AかBか」の判断に迷った場合、判断の基準に使われるのがバリューです。あるバリューでは「A」を、別のバリューでは「B」を選択するかもしれません。つまり、バリューに絶対的な正解はなく、**ビジョン・ミッションそして戦略を実現するための判断や行動を促すことができれば、自社に適した正しい価値観**といえます。

　バリューは、ビジョン・ミッションそして戦略を実現するために最適化された「認識・思考・判断・行動の基準」です。**この基準を日々の働きぶりに照らし合わせてフィードバックし、バリューを体現できる個と組織をつくる仕組みが行動評価**なのです。

▐∷ バリューが大切な理由

　ビジョン・ミッション、戦略を実現するための判断や行動の基準として、バリューがあります。この考え方だけでもバリューが大切だとわかると思いますが、さらにスタートアップならではの次のような3つの理由があります。

①急成長が求められる

　スタートアップには「急成長」が求められます。単なる「成長」ではなく「急成長」です。この急成長を実現する圧倒的なスピードを生み出すのがバリューであり、公式な基準として認識・思考・判断・行動のスピードを上げ、トライ＆エラーを高速化します。先の見えないスタートアップでは、トライ＆エラーの高速化が組織の差別化要因になり得ます。もちろん、スタートアップらしく最後は「エイヤー！」で判断したり行動したりすることもたくさんありますが、**日々の活動がバリューに基づいて進むことでスタートアップとしての急成長を後押ししてくれます。**

②多様な人材でチームが構成される

　スタートアップは、中途採用を通じて専門性によって貢献できる即戦力人材を集めます。異なる会社で経験を積んだメンバーによって構成されるチームの多様

性は、新卒採用で構成されるチームの多様性とはまったく別物です。ポジティブな副発も期待できる一方、ネガティブな衝突も起きるため、仲間集めの基準としてバリューが必要になります。過去の経験や専門性は違っているとしても、**判断や行動などの基準となるバリューが擦り合うかどうかを見極める**必要があります。世間一般でいわれるカルチャーフィットとは価値観が合うこと、つまり結果として同じように認識・思考・判断・行動できることを意味します。

バリューが言語化されていないとこの見極めができず、入社後の協働やコミュニケーションにも時間とストレスがかかってしまいます。新卒採用で何十人、何百人と採用して新入社員研修からスタートする組織では、バリューがなくとも「同じ釜の飯を食う」ことで強固なカルチャーが醸成され、あえてバリューを強調しなくても組織は自然と「右に倣え」ができるようになります。

しかし、スタートアップはこうはいきません。**カルチャーをこれからつくっていくフェーズであり人材の多様性も高いという特徴があるため、言語化されたバリューで判断・行動の基準をきちんと示すことが必要**です。

③採用の決定打になり得る

スタートアップの人事において、最も重要な領域は採用です。ビジョン・ミッションの実現に貢献できる人材を採用するために、自社のことを的確に伝えなければいけません。この情報発信を大いに促してくれるのがバリューです。**バリューは、判断や行動の基準として「仕事の仕方」や「モノの考え方」を想起させてくれるため、バリューの発信が採用候補者の会社理解に役立ち、結果としてアトラクトにもつながります。**

スタートアップに入社（転職）する理由には、ビジョンやミッション、事業やプロダクト、人や組織、インセンティブなどがあります。「ミッションに惹かれた」「プロダクトの社会的価値が高い」「気の合いそうな人が多い」「ずばりストックオプション」などの他に、「バリューが自分の価値観とも合っていた」の威力は絶大です。

どの会社も同じような仕事が並んでいる中で、「仕事の仕方」や「モノの考え方」を強く方向付けるバリューは、転職先を自分自身に納得させるための格好の理由であり決定打となります。

急成長 多様性 採用基準

図表4-19　バリューが大切な理由

バリューを行動評価の評価基準に翻訳する

　抽象的なバリューをそのまま行動評価に組み込むと、評価者も被評価者も本質の理解に至らないまま表面的な評価に終始してしまい、バリュー体現を促す制度になりません。また、お互いのバリューに対する認識や理解も食い違う可能性があり、納得感の低い行動評価になってしまう懸念もあります。

　そこで、**抽象的な表現であるバリューをより具体化することが必要**です。これを**バリューの翻訳**と呼びます。翻訳のイメージができるように簡単な例を示します。

図表4-20　「チームワーク」に関するバリューを評価基準に翻訳した例

例 「チームワーク」に関するバリュー	
Goodな評価基準	NGな評価基準
・困っていたら助ける ・自分が困ったら遠慮せず自ら助けを求める ・失敗を責めない ・率直にフィードバックする ・先入観をもたず相手の意見に耳を傾ける ・情報の透明性を高める ・建設的に批判する	・困っていても自ら助けようとしない ・問題を1人で抱え込む ・失敗を責める ・後になって違うことをいう ・先入観をもち特定の人の意見を聞こうとしない ・情報共有が遅い（いわれてから共有する） ・感情的に非難する

　1つのバリューに対して、GoodとNGをそれぞれ5〜7つ程度設計することでバリューの理解に役立ちます。**翻訳の合言葉は「平易短文」**です。なぜなら、行動評価の基準は現実的に人を動かす文章（文字）になるからです。日々の仕事の中で「こう動いてほしい」「こう考えてほしい」「迷ったらこっち」など、個人と組織を実際に動かすテキスト情報が長くて冗長だと理解（認知）のしにくさに起

因して反発を引き起こしてしまう可能性があります。「短い」は正義です。**不要な要素をそぎ落とすことでバリューの「本質」を抽出します。**

　この評価基準の設計は、誰にでもすぐにできるほど簡単ではありません。納得のいく品質にたどり着くには一定の経験と訓練が必要です。「できない」と投げ出さずに、まずはアウトプットし何度も現場からフィードバックをもらいつつ、不要な要素は思い切って捨てて研ぎ澄ましていきましょう。このように粘り強く思考・アウトプットし続ければ、「こういうことか」という光が見えてきます。

制度導入時の評価基準は全職種・全等級同じとする

　人事制度を初めて導入するタイミングでは、**行動評価の評価基準を「全社共通」にすること**を推奨します。全社共通とは、全職種・全等級で同じ評価基準にするという意味です。エンジニア職もセールス職も人事職も、3等級も4等級も5等級も、すべて同じになります。

　理由は、2つあります。

　1つ目の理由は、**職種や等級に応じて「分ける」ことで生じる設計と運用の負担増を避けたいから**です。特に、設計の難易度が大幅に上がります。例えば、8職種（エンジニア・デザイナー・プロダクトマネージャー・カスタマーサポート・セールス・カスタマーサクセス・経理財務・人事採用）で8等級の場合、「8×8=64」の評価基準のパターンが必要です。「6等級以上は同じ」などの簡略化を行っても膨大な基準を設計しなければなりません。このバリューの翻訳文をひねり出す作業にはなかなかの労力が必要で、妥協した基準をつくると意図していない行動や間違った判断へと個人を方向付けてしまうリスクがあります。

　そもそも制度設計が完了せず、制度導入が頓挫する懸念も想定されます。また、設計自体のルールづくりも必要になり、エンジニア職やセールス職は比較的人数が多い一方、経理財務や人事採用などコーポレート職の人数は少ない傾向となる中で以下のようなコミュニケーションが都度発生します。

　　「経理財務は職種別基準をつくりますか？」
　　「いや、今1名だしつくらなくてもいいんじゃない？」
　　「人事採用はどうしましょう。今2名いますが」
　　「2名ならつくった方がいいのかな」

「でも人事採用は2人とも3等級だから、本人につくってもらうのがそもそも難しいかもしれません」

「確かに……」

　評価制度をきちんと設計・運用しようと努力する組織ほど、こうした悩みが出てくるので、**導入時は意図して全職種共通とし、こうした枝葉の悩みは先送りにするべき**だと考えています。制度導入から1年ほど経って運用が安定してきたタイミングで職種別の評価基準にアップデートしても遅くはありません。最初から100点を求めないことは大切な考え方です。

　2つ目の理由は、**評価のしやすさ**です。人事制度を導入すると、クライアントの方は必ずといっていいほど「評価制度の運用って想像以上に大変」「評価するってこんなにも時間がかかるのか」といった声を漏らします。

　人事制度を導入するタイミングでは、多くのスタートアップでマネージャー（メイン評価者）を潤沢にキープできていることはほとんどありません。そのため、マネージャー1名が評価するメンバー（被評価者）の数は自然と増えることになります。「1人のマネージャーに対してメンバーは5人」などと、スパンオブコントロールのルールを決めたとしても絵に描いた餅になりがちです。1人のマネージャーが20人を評価しているケースも実際に見たことがあります。スタートアップの当事者はこうした状況を経験することで、マネージャーの採用や育成の重要性を痛感するのです。

　話が少しそれましたが、制度導入時のマネージャーの負担は「半端じゃない」の一言です。この状況で**評価基準が職種別や等級別に分かれて定義されていると、マネージャーが許容できる範囲を超えてしまいます**。エンジニア3等級の評価基準を理解したら、次はデザイナーの4等級の基準、次はプロダクトマネージャーの5等級の基準など、評価基準が精緻に見栄え良く設計できていても運用できる状態とはいえません。

　とはいえ、なかなか受け入れられないケースもあり、「等級別につくった方がいいのでは？」「エンジニアとセールスは、同じ評価基準でいいのか？」といった声も寄せられます。しかし、実際のところ評価基準自体は同じであっても、被評価者の役割や目標、仕事が違えば評価基準が対象とする判断の質も量も変わってきます。したがって、**同じ基準で評価（振り返り）をしても、まったく同じ基準になるわけではありません**。

例えば、「いかなる場面でもやり切ることができているか」といった「コミットメント」に関するバリューを評価するとします。このバリューを3等級と5等級にあてはめて考えると、「やり切る」という評価基準は同じであっても、期待される役割や仕事が異なる3等級と5等級では「やり切る」の意味がまったく違う意味になることが想像できると思います。もちろん5等級の方に期待される「コミットメント」の方が、はるかに難易度も影響度も高くなるはずです。

同じ評価基準であっても、状況の違いを利用することで行動評価は成立しています。**制度導入時は設計と運用の負担を考慮して、評価基準は全社共通にする方式が最適**だと考えています。決して、評価基準を等級別に設計することが間違いなわけではありませんが、精緻に設計することに強い副作用が生じることは認識しておくのが良いかもしれません。

╏ 事例紹介 モノグサ社の価値観行動評価

バリューを行動評価に組み込み運用している事例として、モノグサ社を取り上げます。同社は「記憶を日常に。」をミッションに掲げ、記憶領域の課題解決に取り組む企業です。あらゆる知識を確実かつ最小限の負荷で身に付けることができる、記憶のプラットフォーム「Monoxer」の開発と運営をしており、学校や塾を中心とした教育機関をはじめとして、外国人の方の日本語習得や社会人の資格取得、研修などの幅広い分野で活用されています。

モノグサ社では、ここでいう「行動評価」を「価値観行動評価」と名付けました。人事制度設計のプロジェクトをスタートする前に、バリューとそのバリューを具体化した行動指針までができ上がっており、制度設計のタイミングで行動指針の翻訳を行い評価制度に接続しました。

本書では、4つのバリューのうち「人類への奉仕」というバリューと、そのバリューから導かれた3つの行動指針についてGood事例・NG事例を紹介します。後ほど紹介しますが、実際の人事評価では行動指針それぞれに対して定性的な尺度で評価する形式を取ります。なお、モノグサ社では、評価制度を運用する中で「Goodな評価基準」「NGな評価基準」として定義すると、解釈が多少狭くなってしまうという意見から「Good事例」「NG事例」という表現に修正しました。運用過程で自社流にカスタマイズしたケースです。

図表4-21　行動評価の評価基準　モノグサ社の価値観行動評価の事例

バリュー「人類への奉仕」

行動指針　1. 本質的インパクトに執着する

行動指針のGood事例	行動指針のNG事例
・あるべき姿、理想形を解像度高くイメージする ・常識にとらわれず何が最適か考える ・より良い結果を導くための意見の対立を歓迎する ・長期的目標が達成できるよう行動する ・常により良いやり方を考え続ける	・プロダクト全体への影響を考えないで個別の機能・施策を推進する ・長期的影響を考えない ・背景や意図を伝えずにコミュニケーションする ・顧客や他者の要望を鵜呑みにする ・事前の仮説や振り返りの場をもたない

行動指針　2. 全人類に届けるのを諦めない

行動指針のGood事例	行動指針のNG事例
・個々のユーザを解像度高く想像して取り組む ・できない理由ではなくできるやり方を探す ・スケーラブルな仕組みをつくる ・粘り強く取り組む ・組織の拡張に貢献する	・ユーザの多様性に意識を向けない ・できない理由を探す ・事業・組織拡大にネガティブな発言や行動をする ・判断や行動が遅い

行動指針　3. 無意識のバイアスを自覚する

行動指針のGood事例	行動指針のNG事例
・個人個人に人として興味をもち尊重する ・オープンで率直なコミュニケーションをする ・ファクトに基づいて会話する ・感覚よりも科学を優先して判断する ・常識や前提を疑う	・特定のバックグラウンドをもつ集団を前提として考える ・本人の責によらない属性により個人の能力を判断する ・他者理解に興味をもたない ・話を最後まで聞かない

　モノグサ社の経営陣との会議では、「本質的インパクト」「全人類」「スケーラブル」「組織拡張」「無意識のバイアス」といったワーディングがよく飛び交います。意識的に強調する場面もあれば無意識的に発している場面もあり、普段から使っていることがわかります。このことから、バリューや行動指針が自然とコミュニケーションの中で使われ、カルチャーとして定着していることを強く感じます。

■ 行動も尺度に基づき定性的に評価する

　最後に、行動評価の評価方法に関する説明です。行動評価は、バリューや行動指針を翻訳した行動評価基準に照らして、主に日々の判断や行動といった働きぶ

りを評価します。難しいのは、定性評価であること、つまり、**メンバー（被評価者）の日々の仕事ぶりやアウトプット、成果から「判断」や「行動」の質と量を観察し、バリューや行動指針の体現度合いとその再現性を非定量的に評価しなければなりません**。場面によって、完璧に実行できているケースもあれば一部で不足しているケースもあり、それらを総合的に判断するのが行動評価です。この定性評価の目線をそろえ、メンバーにフィードバックできるように設計した評価尺度を図表4-22に示します。

図表4-22　行動評価の評価尺度

評価尺度	評価尺度の意味
◎ 周囲に良い影響を与えている	「Goodな評価基準」にあたる判断・行動が日常的に行われており、周囲のメンバーの意識変化もしくは行動変容を引き起こしている
○ 自然に体現できている	「Goodな評価基準」にあたる判断・行動が日常的に行われている
△ 体現しようとしている・試みている	バリュー・行動指針の解釈の仕方や体現方法について、改善点をフィードバック・指導する機会があり、「Goodな評価基準」にあたる判断・行動が日常的に行われているとはいえない
― 体現する機会がほとんどない	バリュー・行動指針を体現する機会がほとんどなく、評価をつけることが難しい
× 「NGな評価基準」にあてはまる	「NGな評価基準」にあたる判断・行動が日常的に行われている
? わからない　※サブ評価のみ	被評価者を日常的に観察することができておらず、評価をつけることができない（評価の根拠がない）

　自己評価とメイン評価は5段階です。サブ評価者は、メイン評価者ほど関わりがないため、「? わからない」を設定することも可能です。人事評価とフィードバックでは評価尺度を使用し、バリューや行動指針を「体現する」という言葉を組織内に浸透させていきます。ただし、評価尺度の理解にズレが生じる可能性があるため、評価尺度の捉え方に関する「意味」を詳しく言語化し、評価者と被評価者の共通認識を高められるよう工夫しました。

　さらに、行動評価のつけ方を標準化する場合、図表4-23のようなフローチャート図を設計し展開することがあります。

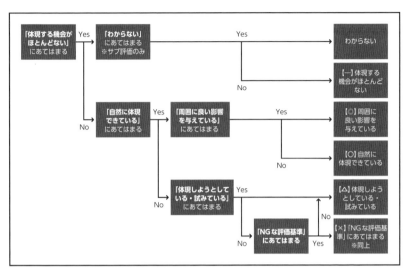

図表4-23　行動評価の評価尺度に関するフローチャート図

　行動評価は、定性情報を基に評価するため評価の目線がズレやすい、もしくは評価の観点がブレやすいという難点があります。そのズレやブレを防止したり、実際に起きた場合に「どのポイントでズレ（ブレ）たのか」をお互いに擦り合わせられるようにこのフローチャートを活用します。

　具体的には、最初にバリューを体現する機会に注目し、機会がなければ「― 体現する機会がほとんどない」と判断します。サブ評価の場合「? わからない」を検討します。機会があれば「〇 自然に体現できている」か、「〇 自然に体現できている」といえる場合、次に最高評価である「◎ 周囲に良い影響を与えている」か、「〇 自然に体現できている」といえない場合は、「△ 体現しようとしている・試みている」か否かを判断します。

　それぞれ評価尺度の意味に基づき、評価を進めてください。最後に、「△ 体現しようとしている・試みている」といえない場合で「× 『NGな評価基準』にあてはまる」のであれば最低評価となり、「× 『NGな評価基準』にあてはまる」とまでいえない場合は、「△ 体現しようとしている・試みている」と評価します。

　行動評価は構造上、評価基準が複数設定されるため（5〜7つが目安）、評価基準のうち、いくつできていたら〇と評価していいか迷うかもしれません。しかし、担当する仕事や役割によって評価基準の適合度合いは変わるため、数で割り切ることが難しいのが事実です。そのため数にこだわることはせず、**バリューや行動**

指針の体現度合いに注目して評価しましょう。

　また、行動評価を運用する過程で制度改善が提案されることがありますが、「Goodな評価基準」をチェックリスト形式にして細かく評価を積み上げる改善方法はおすすめできません。なぜなら、Goodな評価基準が強く意識付けされる一方、**上位概念としてのバリューや行動指針が**忘れられてしまうからです。

　バリューや行動指針を翻訳した評価基準は、わかりやすさを重視し本質的かつ汎用的な基準にフォーカスしているため、抜け漏れのない設計には及びません。この前提を意識せずチェックリスト形式で制度設計してしまうと、次々と評価基準を増やす方向へ制度改定が一人歩きしていきます。

　結果として、運用の負担が重くなるにつれ、行動評価への不満が増え始めます。この場合、何よりも避けたいことはバリューや行動指針に対してネガティブなイメージが植え付けられることです。チェックリスト形式は、こうしたリスクがあるため、私は推奨していません。

　行動評価は100%定性評価ゆえ評価が難しく、制度に対する疑問や改善要望が比較的多く出てきます。あくまでも、**行動評価を通じて方向付けたいのはバリューや行動指針の体現です。**この目的を常に意識しながら、必要に応じて制度の改善を図っていきましょう。

4-8

人事評価の納得感を 高めるために 評価者がやるべきこと

　ここまで成果評価と行動評価について解説してきました。この2つについて納得感の高い評価を実施するのが評価者の役割です。多くの企業では、新たにメイン評価者になった方に新任評価者研修などを行い、評価に関する知識や技術を学ぶ機会を提供していると思います。

　この中で、必ず実施しておきたいことがあります。それは、「やるべきこと」とその温度感の共有です。「どうやるか？」ではなく、「何を必ずやるか？」に力点を置きます。認識を合わせたいことは、メイン評価者になったら「できればやった方がいい」ではなく、「必ずやってもらう」という温度感です。図表4-24に挙げた3つは、メイン評価者の責務と捉えてください。

期初にやるべきこと	期中にやるべきこと	期末にやるべきこと
行動評価のテスト実施	事実と解釈の記録	バイアスに注意する

図表4-24　メイン評価者が期初・期中・期末にやるべきこと

行動評価は期初にテスト評価する

　行動評価は中間評価や期末評価の時期に行わず、**期初にテスト評価を実施します**。期初にテスト評価する目的は、**実際に評価してみることで、現在見えていないことと期中にフィードバックするポイントを把握できるようにすること**です。新任のメイン評価者はすべての被評価者に対して、既にメイン評価者の役割を

担っている方は新たに増えた被評価者に対して、簡易的なテスト評価を必ず実施しましょう。テスト評価は、自社のバリューを1つひとつ評価して、その理由を記載するところまで実施します。被評価者に対するフィードバックは実施せず、評価者自身の気付きを得ることが目的です。

中間評価や期末評価のタイミングで初めて行動評価を実施しようとすると、「早めにフィードバックしておけば良かった」と後悔することがあります。期初にテスト評価してフィードバックしておけば改善を促すことができますし、もし改善が進まなければ再度フィードバック、それでもダメなら評価結果としてフィードバックすることもできます。

評価基準についても、意味がわからないことがあれば上長にその意味を聞いたり、上長のサポートを通じて被評価者の実際の行動に評価基準をあてはめたりして、評価基準の解釈や理解を深めることもできます。これまでの自己評価で何となく評価基準の意味はわかっていたとしても、いざ自分がメイン評価者として評価・フィードバックしようとすると迷いが生じることがあるため、**行動評価について期初にテスト評価することは必ずやるべき取組みの1つです**。

事実と解釈を期中に記録する

被評価者ごとに事実と解釈を分けて記録し、都度フィードバックすることがメイン評価者の役割です。期末にゼロから評価を考え、積み上げることは困難かつ非効率であり、**期中で記録した個人別の事実と解釈をまとめる行為が評価**なのです。

このプロセスを経ることで、メイン評価者が自身が下した評価に自信をもてることにつながり、結果として被評価者の納得感を高めます。そのため、**必ず期中に記録を残す**ことが必要です。自社の新任評価者研修で記録を残すことを推奨された方もいるかもしれませんが、推奨ではなく「必ずやること」だと認識しましょう。

また、被評価者に関するメモをスプレッドシートで記録する際、縦軸に「被評価者（例：Aさん・Bさん・Cさんなど）」、横軸に「時間軸（例：1月・2月・3月など）」で整理します。すると、「Aさん（被評価者）について今月は記録が少ない」といったチーム内におけるコミュニケーションやフィードバックの偏りに客観的に気付くことができます。偏りが出てしまうことは仕方ないため、メイン評価者自身で気付ける仕掛けを構築しておくことが必要です。

記録をまとめる作業を通じて人事評価をする流れを一度経験すれば、その必要性を実感できるはずです。メモを取る負担は生じますが、これはメイン評価者に必須の仕事だと認識してください。

２つの評価バイアスを自ら振り返る

人事評価に関する書籍では、寛大化傾向、中心化傾向、ハロー効果など、多くの「評価エラー」について紹介されています。しかし、たくさんの情報を知っていても本番の評価で活用されなければ意味がなく、その使い方まで提示する必要があります。

私は評価をする際に無意識にバイアスがかかってしまうことを避けたいという意図を込めて、評価エラーではなく「評価バイアス」と定義し、次の２つの評価バイアスに絞って実際に評価後に振り返ってもらうことを推奨しています。

①ピークエンドバイアス

その名の通り、ピーク（最高もしくは最低）とエンド（評価の時期）に引っ張られないようにします。期末の評価時期における目立った成果（または失敗）にとらわれて、評価が全体的に高く（または低く）なってしまうことに注意しましょう。評価期間が６カ月であれば、その期間の成果や失敗を限なく捉えて評価します。

②セルフスタンダードバイアス

評価基準ではなく、評価者自身と比較して評価してしまうことがないように注意します。評価をつける際、「自分の５年目のときは……」などと過去の自分との相対評価で無意識的に評価することを意識的に避けるようにしましょう。

この２つについて、**中間評価または期末評価の際メイン評価者が評価をつけたときに自ら振り返ってもらう**ようにします。考え方と使い方を可能な限りシンプルに示すことによって現場で使える実践知になると考えています。

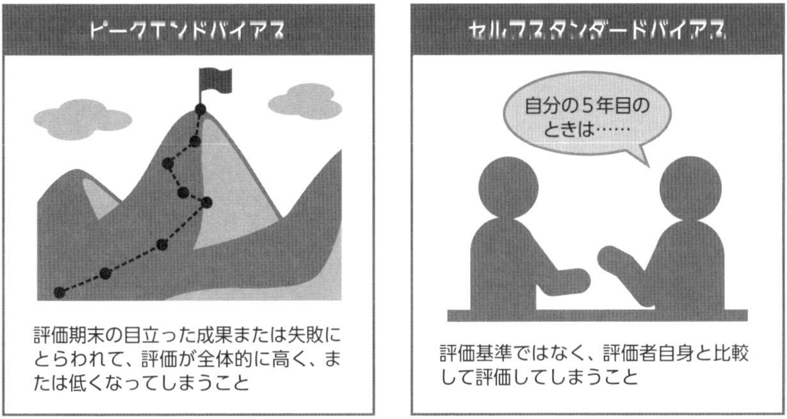

図表4-25 評価者が注意したい2つの評価バイアス

4-9 人事評価のプロセス

　成果評価と行動評価を実際に評価するプロセスについて解説します。基本的に、中間評価も期末評価も同じプロセスです。自己評価から始まり評価フィードバック面談で終わる流れはどの会社も同じだと思いますが、それまでのプロセスは会社によって違いが出ます。まずは、評価プロセスの型を紹介し、その型から派生したパターンを2つ紹介します。

　なお、人事評価システムは未導入を前提に考えます。つまり、スプレッドシートで評価シートを作成し、個人別に配布するオペレーションです。

	自己評価	メイン評価・サブ評価	擦り合わせ面談	評価ヒアリング面談	部門評価会議	全社評価会議	評価フィードバック面談※
本人（被評価者）	○			○			○
メイン評価者		○	○	○	○	○	○
サブ評価者		○	○				
経営・人事					○	○	

※評価フィードバック面談は必要に応じて実施する

図表4-26　人事評価のプロセス

①自己評価

　人事評価は、自己評価から開始します。自己評価を実施しないケースもありま

156

すが、**必ず実施するようにしてください**。理由は2つです。

1つ目は、**自己評価は被評価者の評価基準の理解を促すからです**。評価基準とは、一言でいえば「会社が期待すること（求めること）」であり、その期待を「どれだけ満たしているのか」を振り返ることで成長に向けた気付きを得られます。

2つ目の理由は、**評価者が被評価者の自己認識の状況を把握できるからです**。自己認識が正しくできていない状態だと、マネージャーが評価をフィードバックしても、被評価者にとって実効性のあるフィードバックにはなりません。自己評価とメイン評価との間にギャップがあれば、その原因を突き止め、認識の違いを埋めるプロセスが必要です。

自己評価の進捗確認やリマインドは、人事にとって労力を要する作業です。コミュニケーションツールのSlackなどで一時的な人事評価チャンネルをつくり、完了した人が抜けていくようにすると効率化できます。

②メイン評価・サブ評価

自己評価の次は、メイン評価・サブ評価です。メイン評価・サブ評価のどちらを先に始めても構いませんが、同時**並行で進めます**。大事なことは、メイン評価・サブ評価が自己評価に引っ張られないようにするため、**自己評価を見ないで評価を実施することです**。自己評価は、見るだけで強いバイアスになります。

スプレッドシートで評価シートをつくる場合、自己評価を被評価者が入力した後に評価記入欄を「黒塗り」できるボタンを用意します。メイン評価者・サブ評価者は見ようと思えば見られるのですが、性善説に基づく運用をお願いしています。自己評価用と上長評価用で評価シートを分けて運用するケースもありますが、事務局側のオペレーションに負担がかかることが難点です。無理ではありませんが、**運用負担の観点から私は黒塗りボタンの運用を提案します**。

③擦り合わせ面談

メイン評価とサブ評価が終わったら、メイン評価者とサブ評価者で面談を実施します。お互いにつけた評価を見ながら意見を擦り合わせ、メイン評価を決定する場です。サブ評価者との情報交換を経てメイン評価者が把握できていないことがあれば、サブ評価者の意見を踏まえてメイン評価を変更しても構いません。

擦り合わせが終わりメイン評価を固めたタイミングで「黒塗り」を解除し、自己評価を確認します。このとき、**自己評価とメイン評価のギャップが可視化されるので、サプライズ（自己評価と上長評価に2段階以上の差が生じている状態）の有無を確認してください。**サプライズが起きている場合、メイン評価者とサブ評価者で事前に原因を考え改善策を検討することが必要です。そして次の評価プロセスである**評価ヒアリング面談でメイン評価者からサプライズの原因や対策について被評価者へ話ができるように準備しておきましょう。**自己評価が高いサプライズは納得感の低い評価に陥ってしまうため、次回以降の評価で同じことが起きないように改善することが求められます。

　擦り合わせ面談の時間については、被評価者1名あたり短くて5〜10分、長くて15〜30分のイメージです。ただし、所要時間はあくまでも目安と受け取ってください。サプライズの有無やメイン評価とサブ評価の評価の合致度、被評価者の等級や役職、評価の経験回数（自社でこれまで何回評価を実施したか）、普段の1on1でのフィードバック度合いなどによって所要時間は変わります。

④評価ヒアリング面談

　被評価者とメイン評価者で評価ヒアリング面談を実施します。この面談は、お互いの評価を説明する場として使ってください。メイン評価者から評価結果を決定事項としてフィードバックする場ではありませんが、認識ズレが起きやすい点なので必ず面談前に全社へ周知しましょう。**評価が最終決定していない状態で被評価者の意見を聞くことが納得感の醸成につながります。**

　また、評価シートに記載されたコメントだけでは、ニュアンス・テンション・背景などわからないことがあります。実際に「これってどういう意味？」「あの話ってここで書かれていること？」などと話してみるとお互いに理解が深まることもあります。対立する意見であっても、**聞く姿勢を示すこと**、**説明を尽くすこと**、**相手の理解を引き出すこと**がメイン評価者に求められます。

⑤評価会議（部門評価会議・全社評価会議）

　メイン評価者が集まって、被評価者の評価結果を確認・決定します。経験上、評価会議内でメイン評価者が提案した評価に強い異論が出たり、評価が大幅に変

わったりすることは多くありません。基本的に、被評価者に最も近いメイン評価者が提案する評価を信頼します。部門や全社で評価結果を横串で眺めた場合に、明らかに違和感のあるケースを抽出するイメージです。評価会議の目的や進め方は次節で具体的に解説します。

■ ⑥評価フィードバック面談

　評価フィードバック面談は、評価会議で最終決定した評価を被評価者に伝える場です。ただし、評価会議で評価結果が変わらず特に意見も出なかった場合、評価ヒアリング面談で話した内容と変わらないため評価フィードバック面談をスキップすることができます。つまり、評価フィードバック面談は実施対象者が限られる面談です。**全社員を対象に必ず実施するものではなく、必要に応じて実施する面談であることを事前に説明しておきましょう。**

　もちろん、評価会議で評価結果が変わったり、追加でフィードバックしたいことが共有されたりした場合は、必ず評価フィードバック面談を実施します。また、**評価会議で評価結果が変わった場合、メイン評価者が被評価者にその結果と内容を伝えたかどうか、人事は必ずモニタリングしましょう。**「うっかり忘れてしまった」では済まない問題に発展してしまう可能性があるからです。

■ 評価プロセスのカスタマイズ

　「型」として説明した人事評価のプロセスでは、評価会議の前に被評価者とメイン評価者で「評価ヒアリング面談」を実施しています。目的は、被評価者とメイン評価者でお互いにつけた評価を擦り合わせることです。評価結果を伝える場ではなく、評価の理由・背景を説明したり共有したりする場として活用します。

　被評価者にとっては、自分の評価が最終決定する前に、自己評価とメイン評価・サブ評価を見ながら自分の意見や質問を伝えることができます。最終的には同じ評価結果であったとしても、きちんと話し合った結果か否かで、評価に対する納得感は違ってくるという考え方に依拠しています。

　このプロセスのデメリットは、**評価ヒアリング面談という負担がかかることと説明責任が生じること**です。被評価者とメイン評価者の評価にギャップが生じていた場合、「評価会議で合意した評価結果である」という印籠がない状態で、メイ

ン評価者は説明責任を果たさなければなりません。メイン評価者としての説明責任に真っ向から向き合わないといけないのです。

このため、「評価ヒアリング面談の負担が重い」という声が現場から挙がることがあります。この点を考慮してアップデートした評価プロセスが図表4-27のパターンBで、**評価ヒアリング面談を「任意」**としています。定期的に実施している1on1でお互いの評価への認識がそろっているのであれば、評価ヒアリング面談を実施する必要はありません。

ただし、お互いの認識が明らかにズレている、つまり自己評価とメイン評価で2段階以上の乖離が生じているサプライズがある場合は、評価ヒアリング面談を必ず実施してもらうようにします。さらに、サプライズの有無にかかわらず、最終決定した評価とその理由を説明する評価フィードバック面談を、評価ヒアリング面談を実施しない代わりとして実施してもらいます。

被評価者の立場で考えると、サプライズが起きていれば必ず評価ヒアリング面談で話す機会がありますが、サプライズまでではないギャップ、例えば評価が1段階ズレていた点については説明を受ける前に決定事項として評価が下りてきます。人事として、この観点に不安を覚える場合は評価フィードバック面談後に、人事評価について相談できる窓口を用意したり、アンケートを通じて「評価の納得感」を率直に聞いてみたりするなど、**納得感をモニターする仕組みを合わせて準備していくことも一手**です。

評価プロセスのカスタマイズ【パターンB】

	自己評価	メイン評価・サブ評価	擦り合わせ面談	評価ヒアリング面談	部門評価会議	全社評価会議	評価フィードバック面談
本人（被評価者）	○						○
メイン評価者		○	○		○	○	○
サブ評価者		○	○				
経営・人事					○	○	

図表4-27　人事評価のプロセスのカスタマイズ　パターンB

最後にパターンCの紹介です。既に説明した通り、メイン評価を実施する際には、自己評価を見ずに評価することを推奨しています。しかし、そもそもこの進め方がフィットせず、「どうしても自己評価とその評価の背景を被評価者本人から聞いた上で評価をつけたい」という方がいます。

私は、このプロセスを推奨しません。確かに、被評価者の評価の意図・理由を正確に把握した上でメイン評価を実施できるため、メイン評価者としてフィードバックすべきポイントが明瞭になるというメリットはあります。また、明らかに被評価者とメイン評価者で評価（認識）がズレている場合、メイン評価をつける前に、口頭ベースで擦り合わせができるため評価の期待値調整にも役立ちます。

しかし、自己評価を見ずにメイン評価を実施するというプロセスは実現できなくなり、結果として**自己評価に引っ張られてしまう**というデメリットが生じます。このデメリットは、**メイン評価者の経験やスキルに大きく左右される点**が問題だと考えています。評価の経験もスキルもある評価者であれば、被評価者の意見を聞きながら評価に対する認識をうまく方向付けたり、ときに軌道修正したりすることができますが、そうではない評価者はこうした調整がうまくできず、被評価者の声に強く影響を受けてしまうことが懸念されます。

パターンCは制度として評価の甘辛を抑止することが難しい印象があるため、評価者へのガイダンスや教育研修を通じてバイアス予防の対策をセットで考えることが必要です。

評価プロセスのカスタマイズ【パターンC】

	自己評価	評価ヒアリング面談	メイン評価・サブ評価	擦り合わせ面談	部門評価会議	全社評価会議	評価フィードバック面談
本人（被評価者）	○	○					○
メイン評価者		○	○	○	○	○	○
サブ評価者			○	○			
経営・人事					○	○	

図表4-28　人事評価のプロセスのカスタマイズ　パターンC

評価会議と
キャリブレーション

前節の人事評価のプロセスの⑤で説明した「評価会議（部門別評価会議・全社評価会議）」は、キャリブレーションと呼ばれることもあります。メイン評価者でつけた評価結果を確認・調整・最終決定する会議体です。この評価会議の目的と進め方について解説します。

▶ 評価会議の目的

評価会議の目的は、主に3つです。

1つ目は、**評価を最終決定する**ことです。メイン評価者が集まり、全評価対象者の評価結果を横並びで確認した上で最終決定します。経験上、メイン評価者がつけた評価結果が評価会議の場で変わることは稀です。変わる場合は、評価を上げる（評価が良くなる）ケースがほとんどで、辛めにつけていた評価結果について、参加している他のメイン評価者のフィードバックを受けることで評価が変わります。

2つ目は、**メイン評価者の評価の目線をそろえる**ことです。成果評価と行動評価に関して、評価の理由をバイネームでチェックし、評価の妥当性を議論します。この議論の過程で、メイン評価者の疑問や不安を解消し評価の目線をそろえていきます。この議論の中で出てきた話は今後の評価決定のガイドラインとして活用できるため、必ず議事録を取り、振り返りを実施してください。評価決定のガイドラインをイチから言語化しようとするとなかなか着手できないものですが、評価会議内の議論という自然な流れを使うと言語化しやすいことがあります。

3つ目は、**人材情報を共有する**ことです。評価の背景や理由を共有する過程で自社で高く評価されている人材とそうでない人材、つまり**活躍・貢献している人材と改善が必要な人材をバイネームで把握する**ことができます。他部門の状況が見えにくくなる組織拡張のフェーズでは、こうした人材情報が日々の仕事や組織

間の連携に役立ちます。

　目的が共有されていないと「自分に関係のない人の評価の話を聞いても意味が
ない」「他部門の評価の基準を聞いてもよくわからない」といった声が出てしまい
ます。**評価会議の冒頭で参加者と目的を共有し、全員が同じ意識で会議に臨める
ようにすること**が進め方のポイントです。

評価会議の進め方

評価会議の進め方を紹介します。まず、以下の前提を置きました。

- 部門別評価会議は開催せず全社評価会議のみを運営
- 被評価者の人数は50名以下
- 参加するメイン評価者の人数は10名以下
- 会議オーナーは人事責任者。人事責任者がいない場合はCEOやCXOが代理
  で務める

　この前提を基に、評価会議は**①ガイダンス→②評価分布の確認→③サプライズ
の確認→④個人の評価結果の確認と最終決定**、という流れで進めます。それぞれ
について詳しく見ていきましょう。

①ガイダンス

　まずガイダンスとして、評価会議の目的と時間配分、そして評価会議後のアク
ション（評価フィードバック面談のスケジュールなど）、その他事務的な連絡事項
があれば伝えます。

②評価分布の確認

　評価結果の分布状況の確認です。成果評価では「satisfactory＝50％」や
「improvement＝10％」のように、各評価結果の分布割合を、行動評価について
は評価項目（バリュー）別に各評価結果の分布を把握します。前回や前年との比
較を通じて、変化がある場合はその理由について確認が必要です。特に、高評価
（outstanding・excellent・very good）の割合が増えている場合、会社業績の
伸びと感覚としてズレていないかを確認しましょう。業績が好調であれば、高評

価の割合が高くても気にする必要はありません。しかし、業績が良いわけでもなく、それ以外の高評価の割合が高い理由も思い当たらない場合、単に「評価の甘辛」が発生している可能性があります。

全社の評価分布を確認した後、部門別、職種別、等級別、役職別、入社年次別などさまざまな属性で分布状況を見ていきます。大事なことは**属性ごとの違いに傾向を見出したり、前回比・前年比といった時間軸から浮かび上がる変化を把握したりすることです。**

私がいくつもの企業の評価会議を経験してきた中で、エンジニアやプロダクトマネージャーなどチームで仕事を計画的に進める職種の場合、評価のボラティリティ（変動度合い）は低い傾向にありました。つまり、最高評価や最低評価はほとんど出ない一方、標準評価から少し上振れのゾーンに評価が集まっています。

逆に、セールスや事業開発などの個人ごとの成果（数字）を追い求める職種の場合、評価のボラティリティが高く、最高評価も最低評価もどちらも出現しやすい傾向があります。こうした傾向は、それ自体が問題であると捉えるのではなく、自社の評価の特徴として記録を蓄積し、いざ過去の特徴と違いが出た場合に議論のベースにしたり、評価制度をアップデートしたりする際の参考情報として活用します。

補足として「中間評価」を導入している場合、中間評価は比較的「辛め（低

図表4-29　成果評価における評価分布推移の例

成果評価の 評価分布推移	2023年				2024年			
	1〜6月期		7〜12月期		1〜6月期		7〜12月期	
	中間 評価	期末 評価	中間 評価	期末 評価	中間 評価	期末 評価	中間 評価	期末 評価
評価対象者	○名	○名	○名	○名	○名	○名	○名	○名
outstanding	0%	0%	0%	4%	1%	1%	0%	1%
excellent	8%	9%	12%	15%	2%	1%	0%	5%
very good	30%	33%	24%	20%	20%	25%	14%	29%
satisfactory	55%	50%	32%	51%	60%	56%	40%	44%
almost	7%	8%	32%	10%	9%	9%	30%	10%
improvement	0%	0%	0%	0%	8%	7%	15%	10%
unsatisfactory	0%	0%	0%	0%	0%	1%	1%	0%

め）」に評価がつく傾向があります。先が見えない中で、安易に高評価をつけることは、心理的にハードルが高く残りの評価期間における叱咤激励の意味も込めて、期末評価に比べて低めの評価に分布する点は覚えておいてください。

③サプライズの確認

　自己評価とメイン評価のギャップを確認します。このとき、図表4-30のようなサプライズ表を作成すると便利です。

成果評価 サプライズ表		メイン評価						
		unsatisfactory	improvement	almost	satisfactory	very good	excellent	outstanding
自己評価	outstanding							
	excellent							
	very good			Aさん				
	satisfactory				Bさん			
	almost					Cさん		
	improvement							
	unsatisfactory							

図表4-30　成果評価におけるサプライズ表の例

　縦軸に自己評価、横軸にメイン評価を設定して、マトリクスの中にバイネームをあてはめます。自己評価とメイン評価が合致している場合は正比例、「自己評価が高い×メイン評価が低い場合」は左上のゾーン、「自己評価が低い×メイン評価が高い場合」は右下のゾーンに位置付けます。自己評価とメイン評価で2段階以上のギャップがあることを「サプライズ」と定義しました。

　図表4-30で取り上げた例では、正比例でセルの色が濃くなっているゾーンに位置付くBさんは、自己評価とメイン評価が合致していることが一目でわかります。その正比例の上下左右のゾーンは、自己評価とメイン評価が1段階ズレており、次回以降のサプライズが起きないよう注意しなければいけないゾーンを意味しています。

　図表内のAさんとCさんは自己評価とメイン評価が2段階ズレているため、サ

プライズとなります。特にAさんは自己評価が高いサプライズ、つまり自分は「very good＝期待を上回っている」と認識している一方、メイン評価者は「almost＝期待を少し下回っている」と判断しているため、**大きく認識がズレている原因について擦り合わせが不可欠**です。

　自己評価が低いCさんについても、軽視せず向き合うべき問題であると考えています。なぜなら、Cさんが評価者になった際、ストイックな特性からメンバーへの評価も辛くなってしまう可能性があるからです。自分のモノサシで自己評価するのではなく、あくまでも**会社の基準で自己評価することをフィードバックしましょう**。

　また、メイン評価より自己評価が高くならないよう意図的に自己評価を下げて、サプライズを回避しようとするケースがあります。このような場合は、メイン評価者から被評価者に「どういう状態になれば自己評価が高くなるか？」という問いを投げかけてみてください。その回答に対してメイン評価者が期待する水準を説明し、自己評価がメイン評価者の想定よりも低くなっていることを説明していきます。

④個人の評価結果の確認と最終決定

　最後に、個人別に評価結果を確認します。進め方は、AとBの大きく2つに分かれます。

　進め方Aは、**個人の評価結果を1つひとつ確認していく方法**です。具体的には、1人ひとりの評価シートを見ながらメイン評価者が自分自身のつけた評価とその理由を説明していきます。メイン評価者に説明してもらう内容の例は以下の通りです。

〈メイン評価者の説明する内容〉
- 評価結果とその理由
- もう1つ上の評価になるために必要なこと
- 評価で悩んでいること、他の評価者に相談したいこと
- 低評価の場合の改善策や被評価者の自己認識の状況
- 目標変更の必要性

個人結果の確認には時間がかかります。1人あたり5分としても、50名の被評

価者がいれば250分（4時間10分）で、休憩も考慮すると5時間弱はかかります。④の前に行う①〜③も合わせると6時間近くかかり、ほぼ丸1日を使うイメージです。

　進め方Bは、進め方Aのように個人別に評価シートを見る流れにせず、**一覧で全評価結果を確認していきます**。参加者が気になった評価やメイン評価者が他の評価者からアドバイスをもらいたい場合のみピックアップして、個人別の評価シートをチェックする進め方です。時間はだいぶ短縮できるので、50名でも60〜90分あれば完了すると思います。

　この時間に対する考え方は、会社によって異なります。「評価は人事マネジメント上で本当に大事だから、四半期に1回は十分にリソースをかけるべき」「周りの評価者の評価のつけ方や考え方を参考にして組織全体の評価スキルを上げたり、目線をそろえていきたい」といった意見もあれば、「大事なのはわかるけれど、他職種の評価は正直わからないし、意見を述べる機会も少ないのでなるべく効率化したい」「メイン評価者とサブ評価者でコミュニケーションを取っているし、必要に応じて自ら上長や関係する評価者には相談しているので、評価会議内で個人別の議論に時間をかけなくても良い」という意見も出ます。私は、制度導入時は一定のリソースをかけてでも運用に向き合い、その後必要性や効果が薄くなってきたと感じるタイミングで負担を下げていくことをすすめています。

　なぜなら、制度導入時は運用に慣れておらず、評価者は不安を抱えているため、他の評価者のやり方や考え方を学べるのは、評価者にとって結果として有意義な機会になると考えているからです。また、制度導入時であれば被評価者の人数も少ないため、致命的な負担にはならないだろうという見立てもあります。ただし、実際に参加される評価者の方たちの状況は各社各様なので、自社の評価者の意見を吸い上げながら、最適な体制・プロセスを検討してみてください。

部門別評価会議への移行

　組織規模が大きくなり被評価者の数が増えると、評価会議内で全評価対象者をチェックすることが物理的に難しくなってきます。分業（部門化）と調整（階層化）といった組織化が進み、さらに組織間連携も担当者同士からマネージャー間で行われるようになるなど、他部門の動きが見えにくくなることで評価会議にお

ける議論も停滞する時期です。

　目安として、**部門内のメイン評価者が2名以上になったら、一度立ち止まって部門別評価会議の導入を検討してみましょう。**このタイミングで、部門別評価会議と全社評価会議の役割を分けた運用がスタートする可能性があります。

　部門別評価会議では、自部門の評価分布や評価傾向を把握したり、個人評価の結果やサプライズをチェックした後に、評価を仮決定していきます。部門責任者と部門内のメイン評価者は必須で参加、他部門の責任者は任意参加です。この部門別評価会議で仮決定した評価案を全社評価会議で確認し、経営陣や各部門の責任者に違和感がなければ最終決定となります。

　一応、全社評価会議の場を最終決定機関としていますが、ほぼ部門単位へ評価権限が移譲されます。部門別評価会議を実施しない部門は、これまで通り全社評価会議の場で個人別の評価結果を確認し最終決定するという流れです。ちなみに、部門によって人数比が異なるため、比較的人数が多い開発部門や営業部門は、部門別評価会議へ移行するタイミングが早めに訪れる傾向があります。

4-11 最終評価の算出方法

　成果評価と行動評価の2軸で評価する場合、それぞれの評価結果が出ます。例えば、成果評価であれば「outstanding」や「excellent」、行動評価であれば各バリューに対して「〇 自然に体現できている」や「△ 体現しようとしている・試みている」といった結果です。

　この評価結果は、最終的に報酬制度へ接続され、報酬改定に反映されます。具体的な昇給・降給の金額イメージは次章で詳しく説明するとして、本節では最終評価の考え方と算出方法について解説します。

最終評価記号を算出するか?

　一般的な評価制度では、人事評価の最終結果を**評価記号**で定義しています。例えば、SABCDの5段階評価で高評価がSとA、標準評価がB、低評価がCとDです。成果評価と行動評価の結果を何らかの方法で合算し、評価記号に落とし込みます。これを本書では**最終評価記号**と定義しました。

　最終評価記号の利点は「わかりやすさ」で、最終的に、ある方の当該評価期間における評価が総合的に高評価だったのか、標準評価だったのか、低評価だったのかが一目瞭然です。さらに、この最終評価記号を使って報酬制度に接続する場合も、例えば「S評価なら月5万円の昇給」のように評価と報酬の対応関係が明確になることで、人事制度を理解しやすくなります。ただし、**成果評価と行動評価のそれぞれの結果を最終評価記号に変換するルールを設計すること**が必要です。

　一方、成果評価と行動評価の結果を合算せず、そのまま活用する方法もあります。例えば、「成果評価でoutstandingなら月5万円の昇給」としたり、「行動評価で1つのバリューについて『自然に体現できている』なら月2,000円の昇給」といった方法です。最終評価記号に変換するルールを設計する必要はなく、設計の手間や説明コストを省くことができます。

しかし、評価結果と報酬改定が直接的につながり過ぎていることに若干の気持ち悪さを感じてしまい、メイン評価者が評価をつける際に「昇給額が思い浮かんでしまって評価しにくい」「評価が報酬に引きずられる」という意見が出ることもあります。

私は、**最終評価記号はなくても成果評価と行動評価の結果をそれぞれ使うことで対応できる**と考えているため、最初に提案するのは最終評価記号を算出しない形式です。ただ、「わかりやすい」「慣れている」という理由で、クライアントから最終評価記号の導入を求められる場合は、その意向に沿って最終評価記号の算出方法を設計しています。

最終評価記号の算出方法

最終評価記号を算出しない場合、評価結果を報酬制度に接続するだけなので本テーマの理解は不要です。読み飛ばしていただいて問題ありません。

最終評価記号を算出しようと考えている方には、具体例を使いながら、細部にわたって最終評価記号の算出方法を紹介します。

図表4-31　最終評価記号の算出の例

評価 カテゴリー	評価結果		評価点	合計点	最終評価 記号
成果評価	very good		125点		
行動評価	バリュー① ○ 自然に体現できている		10点	180点	B+
	バリュー② ○ 自然に体現できている		10点		
	バリュー③ △ 体現しようとしている・試みている		5点		
	バリュー④ ◎ 周囲の模範・手本になっている		20点		
	バリュー⑤ ○ 自然に体現できている		10点		

前提

- 成果評価と行動評価で最終評価記号を決定する
- 行動評価の評価項目であるバリューは5つとする（5つの評価項目）

Step1 成果評価と行動評価の配点設計

　図表4-32と図表4-33のように、**成果評価と行動評価の評価尺度ごとに点数を決めます**。成果評価では、中間に位置付く評価記号である「satisfactory」を100点とし、最高評価の「outstanding」はその2倍である200点としました。行動評価では、評価項目を5つと前提を置いたため、最高点を20点とし、20点×5項目の100点としています。なお、バリューの最低評価は周囲にも悪影響を及ぼすことが懸念されるため、マイナスの配点としました。配点設計では、なるべく切りのいい数字に設計しておくことも工夫の1つです。常に覚えておいてほしい数字ではありませんが、評価の時期に振り返った際、疑問に感じないよう直感的に受け入れやすい数字にしておくことも細部へのこだわりです。

図表4-32　成果評価における評価尺度ごとの点数

成果評価の評価尺度	点　数
outstanding	200点
excellent	150点
very good	125点
satisfactory	100点
almost	75点
improvement	50点
unsatisfactory	0点

図表4-33　行動評価における評価尺度ごとの点数

行動評価の評価尺度	点　数	5つのバリューの合計点
◎ 周囲の模範・手本になっている	20点	
○ 自然に体現できている	10点	
△ 体現しようとしている・試みている	5点	-100〜100点
― 体現する機会がほとんどない	0点	
× 「NGな評価基準」にあてはまる	-20点	

Step2 最終評価記号への変換ルール

Step1で設計した点数の満点は、成果評価が200点、行動評価が100点の合計300点となります。**この点数を使って、最終評価記号を算出します。**

図表4-34　成果評価と行動評価の合計点と最終評価記号の関係

成果評価と行動評価の合計点	最終評価記号	最終評価記号の意味
280〜300点	S+	期待水準を大きく上回る
250〜279点	S	
225〜249点	A+	期待水準を上回る
200〜224点	A	
175〜199点	B+	期待水準
150〜174点	B	
125〜149点	C	期待水準を少し下回る
100〜124点	D	期待水準を下回る
50〜99点	E	期待水準を大きく下回る
〜49点	F	自社に合っていない

成果評価で「satisfactory（100点）」、行動評価で5つのバリュー（評価項目）すべてが「○ 自然に体現できている（10点×5項目=50点）」の場合、合計点は150点です。この150点をB評価として「期待水準」に設定しました。行動評価で1つでも「△ 体現しようとしている・試みている」だと、Bを下回るという考え方です。A評価の200点以上は、成果評価で「very good（125点）」と行動評価で「◎ 周囲の模範・手本になっている（20点）」が3つ、「○ 自然に体現できている（10点）」が2つの合計205点となることをイメージして設計しました。このように、具体的なモデルケースをいくつも想像し、最終評価記号を決定する合計点を考えていきます。

この最終評価記号の算出式は、**評価制度を3〜4回運用してみて、その振り返りの結果を踏まえて調整していきます。**実際の個人別の評価結果から逆算する流れで、自社に適した算出テーブルをつくるイメージです。

等級別係数で成果と行動の評価比重を変える

　既に示した具体例は、成果評価=200点、行動評価=100点と、2：1の比重となっています。つまり、成果評価を67%、行動評価を33%の割合で最終評価を決定する成果重視の評価制度です。成果重視のシンプルな制度設計を目指すなら、この配点で問題ありません。

　ただし、「経営により近くなる5等級以上はもっと成果を重視したい」や、「育成段階の2等級以下は成果よりもバリューに比重を置きたい」といったニーズが出てきます。その場合、制度は多少複雑にはなりますが、図表4-35のように「**等級別係数**」を導入します。8等級の場合における等級別係数の具体例を見てみましょう。

　図表4-36で示した等級別係数では、上位等級ほど成果評価を重視する係数を設定しており、7〜8等級で「0.8」、5〜6等級で「0.7」、4等級で「0.6」としました。3等級は、成果評価と行動評価は同じ係数である「0.5」とし、1〜2等級では成果評価よりも行動評価を重視する係数設定です。各等級における成果と行動に対する期待を検討し、その期待を反映した係数を設定します。

図表4-35　等級別係数を使った最終評価記号の算出の例

評価カテゴリー	評価結果	評価点	等級別係数	合計点	最終評価記号
成果評価	very good	125点	(4等級の場合)×0.6	119点	B+
行動評価	バリュー①○ 自然に体現できている	20点	(4等級の場合)×0.4		
	バリュー②○ 自然に体現できている	20点			
	バリュー③△ 体現しようとしている・試みている	10点			
	バリュー④◎ 周囲の模範・手本になっている	40点			
	バリュー⑤○ 自然に体現できている	20点			

図表4-36　等級別係数

等　級	成果評価の係数	行動評価の係数
8等級	0.8	0.2
7等級	0.8	0.2
6等級	0.7	0.3
5等級	0.7	0.3
4等級	0.6	0.4
3等級	0.5	0.5
2等級	0.4	0.6
1等級	0.4	0.6

図表4-37　等級別係数を使う場合の成果評価における評価尺度ごとの点数

成果評価の評価尺度	点数　※前掲と同じ
outstanding	200点
excellent	150点
very good	125点
satisfactory	100点
almost	75点
improvement	50点
unsatisfactory	0点

図表4-38　等級別係数を使う場合の行動評価における評価尺度ごとの点数

行動評価の評価尺度	点　数	5つのバリューの合計点
◎ 周囲の模範・手本になっている	40点	
○ 自然に体現できている	20点	
△ 体現しようとしている・試みている	10点	-200 ～ 200点
― 体現する機会がほとんどない	0点	
× 「NGな評価基準」にあてはまる	-40点	

　等級別係数を導入する場合、成果評価と行動評価の最高点を同じ点数にしなければならないため、成果評価は変わらず200点、行動評価は100点から200点に配点を変更しました。結果として、例えば4等級の場合、成果評価の200点に

「×　0.6」、行動評価の200点に「×　0.4」した点数の合計値で最終評価記号が算出されるようになります。

　図表4-39は、等級別係数を使って最終評価記号を算出する場合の算出式の例です。図表4-34と同じく、成果評価で「satisfactory（100点）」、行動評価で5つのバリュー（評価項目）すべてが「○　自然に体現できている（20点×5項目=100点）」の場合、「0.5：0.5」である3等級の等級別係数を基準にして考えると100点となり、この点数を「期待水準」であるB評価としました。それぞれの最終評価記号が算出される成果評価と行動評価の組み合わせと等級別係数を何度もシミュレーションして設計を進めます。

図表4-39　等級別係数を使う場合の成果評価と行動評価の合計点と最終評価記号の関係

成果評価と行動評価の合計点	最終評価記号	最終評価記号の意味
185〜200点	S+	期待水準を大きく上回る
160〜184点	S	
145〜159点	A+	期待水準を上回る
130〜144点	A	
115〜129点	B+	期待水準
100〜114点	B	
90〜99点	C	期待水準を少し下回る
70〜89点	D	期待水準を下回る
50〜69点	E	期待水準を大きく下回る
〜49点	F	自社に合っていない

　等級別係数を導入した上で最終評価記号の算出式を検証しようとすると、「合計点の幅を変えるのか」「等級別係数を変えるのか」「そもそも成果評価や行動評価の配点設計を変えるのか」とパラメータが増えるため、検証が複雑になることがわかると思います。こうしたデメリットはありますが、**等級別係数を導入することで上位等級ほど成果を重視したり、育成フェーズではバリューを重視したりするなど、評価制度に緻密な設計ポリシーを反映できる**ようになります。

検証は実際の評価データから逆算する

　既に説明した通り、最終評価記号の算出式は、実際に評価制度を運用してみて、自社における実在者の評価結果を集計・蓄積したデータを使って固めていきます。制度設計時には、数名のテスト評価を実施し、成果評価と行動評価の評価結果、最終評価記号、被評価者に対する「印象」に大きなズレがないかどうかをまず確認してください。

　そして、制度導入後は中間評価と期末評価の結果を検証材料に使いながら、配点や最終評価記号の基準点について確認を繰り返します。3カ月に1回の中間評価と6カ月に1回の期末評価を1年回してみると年4回の検証機会を得ることができるため、都度議論し配点や係数を固めていきましょう。

4-12 スプレッドシートでつくる評価シート

　評価制度における最後のテーマは、**評価シート**です。人事制度の運用の中で最も使うツールが評価シートです。人事制度を導入・運用している企業ではExcelやスプレッドシートで評価シートを作成していることが想定されます。もしくは、人事評価システムを導入しているケースもあるかもしれません。

　本書では、スタートアップが評価制度を初めて運用するにあたり、これまで説明してきた成果評価と行動評価をベースにした評価シートの「型」を紹介します。

スプレッドシートで運用した後評価システムを検討する

　私が、スタートアップで評価制度を導入する場合、評価シートはスプレッドシートで作成しています。初めから人事評価システムを導入することはほとんどありません。実際に制度を運用する中で、評価基準、評価方法、評価尺度、評価点（配点）、最終評価記号、評価シートの構成、評価コメントの記入ガイドなど、いろいろとルールや評価シート自体を変えることになるからです。

　いざ制度を回してみると「こうした方が良い」「こっちの方がうちらしい（自社らしい）」という声がたくさん出てきます。こうした声に柔軟に対応するために、制度導入直後は可変性を高めておく必要があり、そのためには柔軟性の高いスプレッドシートが最適です。もちろん、システム導入にかかる費用も考慮しています。

　評価制度を運用し改善が進んだタイミングで人事評価システムの導入を検討します。この時期は、組織の規模が拡張しメンバー数も増えてくるため、権限管理の観点からもシステム導入の必要性が高まるからです。スプレッドシートで運用する期間は経験上最短で6カ月、平均的には1年6カ月ほどで、評価期間が6カ月の場合、中間評価と期末評価を合わせて2〜6回ほど回してみて、評価システムに移行していくケースが多いと思います。

評価制度を円滑に進められる３つの評価シート

　評価制度に対応するために、私は図表4-40～図表4-42のような評価シートを活用しています。シート（タブ）は、「評価結果」「成果評価」「行動評価」の３つで構成されています。なお、これらの評価シートは本書の読者特典としてダウンロードできますので、活用してみてください（ダウンロードの方法はⅲページ参照）。

　各シートの使い方は次の通りです。

　「評価結果」シートには、被評価者の氏名や等級、メイン評価者とサブ評価者の氏名などの「基本情報」、成果評価と行動評価のそれぞれの「評価結果」が記載されます。「中間評価結果」と「期末評価結果」の欄には、「最終評価記号」の算出式が関数で組み込まれており、「成果評価」シートと「行動評価」シートを入力すると自動で最終評価記号が計算される仕様になっています。「最終評価記号」を算出しない場合は、「中間評価結果」と「期末評価結果」の欄は使わないため、削除してください。

　「評価結果」シートの右隣に「成果評価」シートが続きます。「成果評価」シートの上段に「目標」に対する「総合評価」として「中間評価」と「期末評価」を入力する欄、下段に「目標」や「実績」、「個別評価」を入力する欄を設けました。

　「成果評価」シートの上段における総合評価と下段の個別評価はメイン評価者のみが入力し、サブ評価者はコメント入力を通じてメイン評価者をサポートします。サブ評価者は、メイン評価者ほど被評価者と1on1を実施したり、普段のコミュニケーションを取ったりする機会が少ないため、成果評価についてはコメントのみで評価をサポートする形式としています。

　「成果評価」シートには、4-9で説明したように、評価結果やその理由を黒塗りするためのチェックボックスを用意しました。自己評価やメイン評価・サブ評価が完了したら、各自がチェックボックスをクリックし記入内容が他者に見えないよう黒塗りにします。これは、メイン評価者とサブ評価者が被評価者本人の自己評価に引きずられないようにすることが目的です。入力されたセルをクリックすれば内容は読めてしまいますが、それぞれの性善説に基づいた運用を前提としています。

　もう１つのチェックボックスは、「サブ評価者への入力依頼」用です。複数の目標が設定されている中で、サブ評価者に念入りに評価コメントを入力してもらい

たいところにメイン評価者がチェックを入れます。口頭でやり取りすることもできますが、少しでも効率化を目指す過程でクライアントの方と改善を加えてきた工夫の一例です。

図表4-40　評価シートにおける「評価結果」シート

基本情報			
社員番号		所属組織	
氏名（フルネーム）		メイン評価者	
等級		サブ評価者	

中間評価結果　※別シートで評価を入力すると自動的に表示される			
成果評価		行動評価	
成果評価の等級別係数		行動評価の等級別係数	
成果評価の評価点		行動評価の評価点	
合計点			
最終評価記号		最終評価記号（調整後）	

期末評価結果　※別シートで評価を入力すると自動的に表示される			
成果評価		行動評価	
成果評価の等級別係数		行動評価の等級別係数	
成果評価の評価点		行動評価の評価点	
合計点			
最終評価記号		最終評価記号（調整後）	

成果評価　※太線枠内が被評価者本人の記入欄

	総合評価　•入力したらチェックをつけて黒塗りしてください		
	自己評価と理由　☐	メイン評価と理由　☐	サブ評価者コメント　☐
中間評価 (3カ月経過後に実施する評価)	▼	▼	
	☐	☐	☐
期末評価 (6カ月経過後に実施する評価)	▼	▼	

目標 (メイン評価者が被評価者に期待するアウトプット) •1on1でメイン評価者と擦り合わせる	実績 (やり遂げたこと) •1on1、中間評価、期末評価でメイン評価者と擦り合わせる		個別評価 (実績に対する評価) •1on1、中間評価、期末評価でメイン評価者と擦り合わせる •中間評価時の入力は任意、期末評価時の入力は必須 •入力したらチェックをつけて黒塗りしてください			
			メイン評価 •目標・実績に対して、個別に評価ができない場合は、無理に評価は実施せず、空欄可	メイン評価の理由 •サブ評価者に評価理由の参考となるコメントを求める場合、右の入力依頼にチェックを入れる	入力依頼	サブ評価者コメント •メイン評価者が入力依頼にチェックした箇所は必須でコメントを入力する(それ以外の入力は任意)
	1～3カ月目に残した実績	4～6カ月目に残した実績	☐	☐		☐
			▼		☐	
			▼		☐	
			▼		☐	
			▼		☐	
			▼		☐	
			▼		☐	
			▼		☐	
			▼		☐	
			▼		☐	
			▼		☐	

行動評価 ※太線枠内が被評価者本人の記入欄

評価基準_Good	評価基準_NG	中間評価 ・入力したらチェックをつけて黒塗りしてください			期末評価 ・入力したらチェックをつけて黒塗りしてください		
		自己評価と理由 □	メイン評価と理由 ・前回のメイン評価と同じ評価の場合、メイン評価の理由は空欄可 □	サブ評価と理由 ・サブ評価の入力は必須。サブ評価の理由の入力は任意 □	自己評価と理由 □	メイン評価と理由 ・前回のメイン評価と同じ評価の場合、メイン評価の理由は空欄可 □	サブ評価と理由 ・サブ評価の入力は必須。サブ評価の理由の入力は任意 □
バリュー1. ・・・・・	・・・・・	▼	▼	▼	▼	▼	▼
バリュー2. ・・・・・	・・・・・	▼	▼	▼	▼	▼	▼
バリュー3. ・・・・・	・・・・・	▼	▼	▼	▼	▼	▼
バリュー4. ・・・・・	・・・・・	▼	▼	▼	▼	▼	▼
バリュー5. ・・・・・	・・・・・	▼	▼	▼	▼	▼	▼

　最後に「行動評価」シートです。バリューごとにGoodとNGの評価基準を作成・入力すれば、中間評価と期末評価を実施できるように構成しています。評価欄には、自己評価、メイン評価、サブ評価を設置し、成果評価と同じく「黒塗りボタン」のチェックボックスを用意しました。

　ぜひ、これらのシートを活用し、本章で述べてきた内容を実践するのに役立ててください。

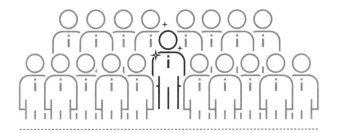

第 5 章

スタートアップの
報酬制度

　等級制度と評価制度の結果を反映する制度が報酬制度です。スタートアップのメンバーの方たちにとって、人事制度の中で最も興味・関心が高い領域であることは間違いありません。本章では、報酬水準を示す報酬レンジ、報酬改定を意味する昇給と降給、スタートアップにおけるインセンティブの考え方について解説します。

　最後に、意外と設計が難しい個人の報酬に関する情報公開についても言及します。個人の報酬は他者に非公開であることは当然ながら、評価者に対する公開範囲や報酬制度自体の公開について詳しく説明していきます。

職種グループ別に設計する報酬レンジ

多くのスタートアップが、インターネット上に公開している会社説明資料に自社の報酬レンジを載せています。これは、2018年にSmartHR社が会社紹介資料の中で報酬レンジや昇給実績を一般公開したことでトレンドができました。当時スタートアップ業界に大きな衝撃を与えたと同時に、人事制度や報酬制度、報酬レンジに対する認知度も格段に上がったと感じています。さて、この報酬レンジをスタートアップで設計するにあたって、押さえておきたい勘所とは何でしょうか。私が提案する現時点（2023年4月）における「スタートアップの報酬レンジ」、すなわち具体的な報酬水準も交えて解説を進めていきます。

報酬レンジの目的

等級別に設計される報酬レンジは、**各等級における報酬水準の上限と下限を定義**します。同じ等級であれば、一定の幅はありながらも同程度の報酬水準に収まっていきます。つまり、**等級制度を通じて定義された人材レベルと報酬水準を一致させ、社内における報酬の公平性を担保してくれる仕組み**といえます。そして、報酬レンジは自社の報酬水準を社内メンバーに伝える役目も担っています。社内で評価され等級が上がれば、報酬も上がることを示すことができるため、将来への安心感をもたらしてくれます。長く働き続ける会社としての妥当性を判断するためにも、報酬レンジは活用されるのです。

スタートアップでは、**採用活動を後押しする目的**でも報酬レンジが使われます。自社の報酬水準を社外に示すことで、報酬水準が高ければ採用における競争優位になりますし、他社と比較してひと際高い水準でなくても標準的な水準であることを示せれば、スタートアップ企業へ転職を考えている方の不安解消に寄与します。「スタートアップなので、報酬（給料）は低い」は通用せず、組織拡張していく中で必ず整備しなければならない制度です。

スタートアップにおける報酬レンジのつくり方

　新卒一括採用でジョブローテーションを通じてジェネラリスト育成を志向する企業とスタートアップでは、報酬レンジのつくり方が異なります。本書では、スタートアップにおける報酬レンジのつくり方について、4つの勘所を説明します。

勘所1 スタートアップ業界をベンチマークする

　報酬水準は大企業や中小企業を参考にするのではなく、**同じスタートアップ業界に位置付く企業を参考に検討**します。スタートアップ以外の大企業や中小企業をベンチマークにしない主な理由は、**報酬項目に違いがあるから**です。多くのスタートアップは、働く上で必要最低限の諸手当（交通費など）を除き、年収を12カ月で割った月給のみで報酬項目は構成されています。

　報酬は「労働の対価」が基本的なコンセプトです。5-4で説明する通り、スタートアップの報酬項目として、ストックオプション以外の賞与（ボーナス）や月次インセンティブはふさわしくなく、私は設置することを推奨していません。もちろんスタートアップが成長し上場するなどフェーズが変われば賞与やインセンティブを導入することはありますが、ストックオプションがインセンティブとして有効活用できている段階では不要と考えています。

　しかし、スタートアップ以外の企業における報酬項目には、人件費の変動性を目的として賞与があったり、長年の慣習に基づく諸手当（家族手当、住宅手当など）があります。一般的な年収に関する統計データには賞与が含まれていたり、一方で労働の対価ではない諸手当は含まれていなかったりと、概括的な報酬水準を把握することはできたとしても、スタートアップとしての適正な報酬水準を把握するデータとしては不適合です。特に、大企業では住宅手当としての社宅補助があり、年収データに示されない報酬として大きなインパクトを与えているケースがあります。

　そこで、スタートアップが自社の報酬水準を振り返る際に活用したいのが、**採用領域から得られる報酬に関するデータ・情報**です。各社の採用資料や会社紹介資料に掲載されている報酬レンジを活用したり、実際の採用活動から得られる報酬に関する情報やフィードバック、採用エージェントから提供される定性情報も使ったりしながら自社の報酬水準を振り返ります。

　スタートアップには、エンジニア、デザイナー、セールス、カスタマーサクセスなど多種多様な専門人材がいます。最もシンプルでわかりやすいのは、1つの報酬レンジで全職種をカバーする方法ですが、この方法では採用活動や人材リテンションを促すことができません。なぜなら、**職種によって「希少性」が異なるから**です。希少性は、需要に対して圧倒的に供給が少ない状況で生まれます。プロダクト開発を進めるために必要とされるエンジニアやデザイナー、大企業への営業を担えるコンサルティング能力の高いセールスは、あらゆるスタートアップで不足しており、どのスタートアップも採用したい人材であることは間違いありません。

　こうした人材の獲得競争は一段と激しさを増しており、報酬水準に跳ね返っています。そのため、**通常の報酬水準を反映した報酬レンジでカバーする職種グループと希少性を考慮して報酬水準を一段上げた報酬レンジでカバーする職種グループに分けて報酬レンジを設計・運用する**必要があります。人事制度を初めて導入する際に、報酬レンジを3つ以上に分けてしまうと背景説明や設計・運用のコストが高くついてしまうため、まずは2つの報酬レンジにすることを推奨しています。

勘所3 レンジ（幅）は広めに設計し重複を許容する

　スタートアップの採用は中途採用が中心です。中途採用における報酬決定（年収オファー）で難しいのは、同じ程度の実力値であっても過去に在籍した企業によって報酬水準が大きく変わるところです。例えば、新卒入社した会社が中小企業だった方といわゆるメガベンチャーだった方で経験年数が同じだった場合、仮に同じ実力値だったとしたとしても、報酬水準に違いが生じています。業績連動賞与があり、かつ業績が好調であれば、年収ベースではさらなる違いとなります。賞与への見方は各社で異なると思いますが、当人にとってはそれが自分の報酬水準であることは間違いありません。

　こうした採用環境が前提となっているスタートアップでは、採用時の報酬決定に一定の柔軟性が求められるため、**報酬レンジを少し広めにつくっておくことが**ポイントです。そうすることで、結果として下位の報酬レンジと上位の報酬レンジが重複することがあります。重複とは、例えば後述する報酬レンジにおいて、3等級と4等級で504〜600万円のゾーンが重なっていることを意味しています（職種グループAの場合）。つまり、3等級で600万円の方もいれば、4等級で600万円の方もいるということです。この**「重複」を許容する**こともスタートアップの

　理論上、等級が高い人よりも低い人の方が報酬水準が高くなってしまう逆転現象が起き得るため、重複に対して強く違和感を覚える方もいると思います。重複は度が過ぎると逆転現象が頻発してしまい、制度への不満や不信、形骸化の発端となってしまいますが、ある程度の範囲内で設計すればメリットも享受できると考えています。

　それは、スタートアップならではの採用におけるメリットです。3-8で紹介したスタートアップの採用の合言葉「迷ったら下の等級でオファーする」を実践しやすくしてくれます。例えば、3等級と4等級の報酬レンジが重複している制度で、3等級か4等級のどちらでオファーするか迷った場合、「迷ったら下」として3等級でオファーします。下の等級でオファーはしていますが、報酬レンジは一部4等級と重複している水準まで引き上げられるため、報酬の観点で少しでも採用競争力を維持することができます。そして、期待通りの活躍をすればすぐに4等級へと昇格させ、少し時間がかかりそうであれば3等級のままにできるのです。

　報酬レンジを広めに設計することは、昇給の可能性を広げることができるだけでなく、スタートアップにおける中途採用のリスクをヘッジする効果も期待できます。 過度な重複は禁物ですが、うまい塩梅で重複を有効活用できるようにすることは、スタートアップにおける報酬レンジ設計の勘所の1つです。

勘所4 　7〜8等級は下限値のみ設計する（上限値の設計は先送り）

　まだ事業や組織の規模が大きくなっていないスタートアップでは、7〜8等級の人材が少ない、もしくは存在しないため、具体的な人材像をイメージできていません。この7〜8等級について、人事制度導入時は下限値のみを決めて上限値は決めない、つまり報酬レンジの上限は「なし」という設計で問題ありません。前述の通り、対象者が限られているため、人事制度で効率化するニーズは低く、個別対応が可能です。会社として説明責任があるため、将来的には可視化することが望ましいですが、実態が見えない中で急いで設計するものではないと考えています。

　現実的に7〜8等級の人材を採用する場面では、相手の報酬水準や外部機関の報酬水準サーベイなどを参考にしながら、報酬レンジの上限を検討します。下手に低い報酬水準を提示してメンバーの夢を壊してしまったり、逆に現実離れした夢のような報酬水準にしてしまうのも問題です。「事業成長とともに、将来的にわたって考えていきます」などと説明し、戦略的に先送りしていきましょう。

報酬レンジの現在案

　本書を執筆している2023年4月現在におけるスタートアップ向けの報酬レンジを紹介します。希少性を考慮して、職種グループを図表5-1の2つに分けています。それぞれのグループについて報酬レンジは次ページの図表5-2と図表5-3のようになります。

図表5-1　職種グループの定義

職種グループA	職種グループB
職種グループBで定義されていない職種すべて ※以下は例 ・フィールドセールス ・インサイドセールス ・カスタマーサクセス ・プロジェクトマネージャー ・デザイナー ・カスタマーサポート ・コーポレート職種全般	・ソフトウェアエンジニア ・プロダクトマネージャー ・エンタープライズセールス 　（セールスコンサルタント）

　報酬水準の根拠として、各等級に期待する水準は3-2で説明した「等級要件」に基づきます。等級要件で定義した人材の報酬水準を示しているのが、この報酬レンジです。報酬水準は、これまで私が支援してきたクライアント企業での実践知をベースに設定しています。私自身のコンサルティング経験から得られた報酬レンジの仮説に、各社の採用活動で得られる定性的・定量的なフィードバック、既存メンバーのリテンション状況、公表されているスタートアップ企業の報酬レンジ、外部機関における報酬サーベイなどの情報を使って、アップデートを重ねてきたものです。

　希少性の高い職種をグルーピングした職種グループBの報酬レンジは、ここ1～2年の間上昇を続けている傾向にあり、職種グループAとの差が広がっています。

　議論のポイントになりやすいのが、**職種グループAの3等級と4等級の上限**です。スタートアップ業界の人材獲得競争が激化する中で、「3等級と4等級の上限を100～200万円程度上げたい」という声が出始めています。目先の採用を考えれば上限を上げたくなるところですが、私としては**3～4等級がスタートアップ組織の人材のボリュームゾーンになる**ことを想定しているため、**上限値の変更には慎重なスタンスを取っています**。ビジョン・ミッション、事業や組織、人材など

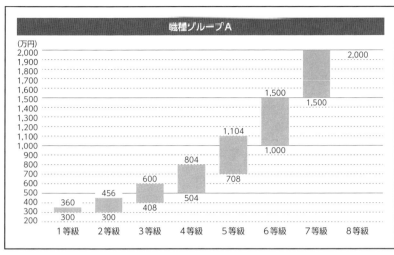

図表5-2　職種グループAの報酬レンジ

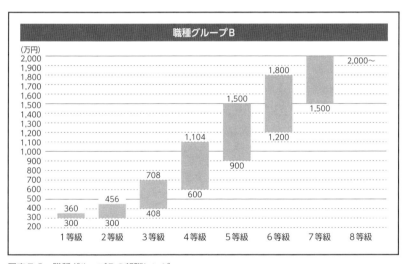

図表5-3　職種グループBの報酬レンジ

の魅力によって各社の採用力には違いがあるので、自社の状況を踏まえて報酬レンジは微調整することをおすすめします。

　なお、この報酬水準は「基本給」と「固定残業手当」を合算した月給の12カ月分です。固定残業手当はそもそも各社でルールが決まっており、おそらく20〜45時間で設定されていると思います。賞与やその他諸手当は含んでいません。

5-2 3つの昇給システム

　報酬レンジが設計できたら、昇給・降給に関する報酬改定のルール設計に進みます。まず昇給について説明します。昇給には、「**評価昇給**」「**昇格昇給**」「**昇格特別昇給**」という3つの種類があるため順番に説明していきます。

評価昇給	昇格昇給	昇格特別昇給
評価対象者に適用	**昇格者に適用**	**昇格者に適用**
・評価に応じて昇給する ・等級別の報酬レンジの上限を超えて昇給することはない	昇格後の報酬レンジの下限に満たない場合、報酬レンジの下限まで昇給する	・昇格者の昇給後の報酬について調整が必要と判断した場合に昇給する ・本人の実績や貢献度、直近の採用状況や採用市場の動向、同等級の他のメンバーの報酬などを総合的に検討して特別昇給の有無を判断する

図表5-4　3つの昇給システム

人事評価に基づく「評価昇給」

　人事評価の結果に基づいて実施される昇給を「評価昇給」と定義します。このあと説明する「昇格昇給」と「昇格特別昇給」との違いを明確にするため、昇給にも名称を設定しました。

　評価昇給は、人事評価である成果評価と行動評価の結果で、「いくら年収が上がるのか?」を設計することになります。例えば、成果評価が最高評価である「outstanding」だったら「60万円/年 (5万円/月)」、標準評価である「satisfactory」だったら「1%」などのように、具体的な数字が評価記号に対応して設定され

190

ます。

　この数字を考えるにあたって、先に検討することがあります。**昇給・降給の数字を金額で設定するか、パーセントで設定するか**ということです。私は、世の中の統計水準がパーセントで説明されていることを主な理由として**「パーセント」で設定すること**を提案するポジションを取っています。また、パーセントであれば報酬水準の高低に応じて金額が決まるため、合理的であるという考え方もあります。

　ただし、金額の方が「直感的にわかりやすい・覚えやすい」「等級によって金額を変えれば、報酬水準に応じた昇給額が設定できる（例えば、同じ評価でも3等級は月1万円、5等級は月2万円の昇給とするなど）」「パーセントは昇給後に端数が発生して処理が面倒」といった理由から金額で設定するケースもあります。

　本書ではパーセントとし、4-4で説明した成果評価と行動評価から構成される評価制度を前提条件とした場合の具体的な昇降給テーブルを図表5-5と図表5-6とともに紹介します。なお、評価制度における成果評価の評価結果は7段階、行動評価の評価結果は5段階で、5つの行動評価項目を評価する制度とします。

図表5-5　成果評価の昇降給テーブル

成果評価の昇降給テーブル	
評価結果　※（　）内は評価結果の意味	昇降給率
outstanding（最高レベル）	＋8％
Excellent（期待を大きく上回る）	＋5％
very good（期待を上回る）	＋2％
satisfactory（期待通り）	＋1％
almost（期待を少し下回る）	0％
improvement（期待を下回る）	－1％
unsatisfactory（最低レベル）	－4％

行動評価の昇降給テーブル	
評価結果　※（　）内は評価結果の意味	1つの行動評価項目に対する **昇降給率**
◎ 周囲に良い影響を与えている （「Goodな評価基準」にあたる判断・行動が日常的に行われており、周囲のメンバーの意識変化もしくは行動変容を引き起こしている）	＋0.4%
○ 自然に体現できている （「Goodな評価基準」にあたる判断・行動が日常的に行われている）	＋0.2%
△ 体現しようとしている・試みている （バリュー・行動指針の解釈の仕方や体現方法について、改善点をフィードバック・指導する機会があり、「Goodな評価基準」にあたる判断・行動が日常的に行われているとはいえない）	＋0.1%
― 体現する機会がほとんどない （バリュー・行動指針を体現する機会がほとんどなく、評価をつけることが難しい）	＋0%
✖ 「NGな評価基準」にあてはまる （「NGな評価基準」にあたる判断・行動が日常的に行われている）	－0.2%

　この昇降給テーブルは、6カ月ごとの人事評価の結果に応じて適用されるため、1年間で考えると単純に2回適用されることになります。

　数字の背景として、主に2つの観点があります。

　1つ目は**データ**です。さまざまな統計データをこれまで見てきた経験から、ベースアップや定期昇給のすべてを含めた世の中の平均的な年間昇給率はおおむね「1.8〜2.0%」と認識しています。ざっくりと半期で考えると「0.9〜1.0%」です。参考データとして、毎年実施されている労務行政研究所の「2022年度モデル賃金・年収調査」（図表5-7参照）を見ると、2022年度こそ賃上げのムードが高まって「2.29%」と上振れしていますが、それ以前の2000年以降の数値は「1.63〜2.0%」で推移しており、平均値は「1.82%」、中央値は「1.84%」となっており、この認識が間違っていないことがわかります。

　設計した昇降給テーブルでは、この平均的な昇給率の約2倍の数字を「期待通り」の評価を取得した場合の昇給率としました。半期の成果評価で「satisfactory」であれば「1.0%」、行動評価で5つの評価項目に対してすべて「自然に体現できている」であれば「5項目 × 0.2% ＝ 1.0%」となり、成果評価と行動評価の合計として、「2.0%」が半年の昇給率となります。

　2倍とした理由は、**スタートアップは急成長が求められる環境であり、その環境の中で期待を満たす評価であれば一般的な昇給額よりも高い水準であるべきだと**

考えているからです。

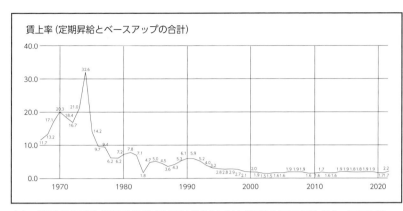

賃上率（定期昇給とベースアップの合計）

出典：労務行政研究所『労政時報 第4045号/22.11.11』「2022年度モデル賃金・年収調査」
・調査期間（2022）2022/6/20～9/7
・調査対象企業（2022）上場企業3,770社と上場企業に匹敵する非上場企業1,348社の合計
　5118社。集計対象は220社
・定義：賃上率は定期昇給とベースアップの合計
　　　　所定時間内賃金＝定期給与。通勤手当および時間外手当は除く
※元データは2001年度から小数第2位まで表示されているが、小数第2位以下は切り捨てに変更

図表5-7　賃上率の推移

　2つ目は、**実践知**です。制度設計の際、クライアントの経営陣と昇給額について議論します。その際、「最高レベル」「期待通り」「最低レベル」だった場合の昇給額について、自らの経験に基づく感覚的な議論を通じて、昇給額を検証してきました。スタートアップの経営陣は、前提として「優秀な人材」であることは間違いありません。その方たちの経験に基づく昇給なので、比較的高めの水準が提案される傾向があります。その刺激的な水準は残しながら、世間一般の統計データも考慮して設計しています。

　昇降給テーブルの設計で考慮しなければいけないことは、一度昇降給テーブルを設計・導入したら、メンバーのモチベーションと人事制度における不利益変更の観点から、簡単に昇給率を下げることができないことです。上げることはできても、下げることは現実的に難しいという下方硬直性があります。また、昇降給テーブルに問題はなくても、評価制度の運用が過度に甘かったり、辛かったりすると、その結果を受ける昇降給テーブルに問題があるように錯覚してしまう難しさもあります。本来は評価制度や運用面に難がある場合でも、数字としてわかりやすい（見えやすい）ことから昇降給テーブルの方を問題視してしまうという意

味です。

　これらの理由から、昇降給テーブルの設計は慎重にならざるを得ません。その
ため、**自力で制度設計する場合、当初は少し水準を下げて設計し、1〜2回の運用
を通じて検証した上で昇給率を上げること**も1つのやり方です。ただし、この場
合でも、初めに提案する水準が低過ぎてしまうと、昇降給テーブルに対してメン
バーの落胆や不満を引き起こしてしまうので注意が必要です。

▐▐ 昇格に基づく「昇格昇給」

　2つ目の昇給は、「昇格昇給」です。先ほど説明した評価昇給は、人事評価の対
象者すべてが昇給の対象になる一方、昇格昇給は**等級判定における「昇格者」の
みに対象が限定**されます。

　昇格昇給には具体的なテーブル、つまり昇給率や昇給額は設定されません。**等
級別に設定された報酬レンジを使って、昇給額が決まります**。具体的には、昇格
後に該当する等級の報酬レンジの下限まで自動的に昇給するルールです。例えば、
図表5-8のように3等級で年収480万円だった方が4等級に昇格した場合、4等級
の報酬レンジの下限である600万円まで一気に昇給します。昇給額にして年120
円万増、25%の年収アップです。昇格昇給は、**報酬水準が昇格前の報酬レンジ下
限に近いほど金額が増えて魅力的になります**。

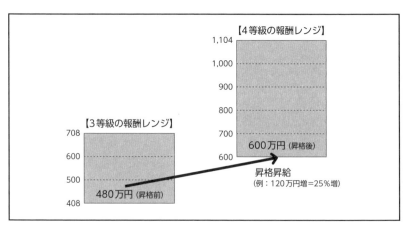

図表5-8　昇格昇給の例

　昇格昇給について、よく受ける質問が2つあります。

1つ目は、評価昇給と昇格昇給のどちらを先に実施するべきかです。人事評価に基づいて昇給した年収を昇格後の報酬レンジの下限まで上げるか、もしくは昇格後の報酬レンジの下限まで昇給した年収に人事評価に基づく昇給を追加するかという質問です。回答は前者の「**評価昇給後に昇格昇給を実施する**」となります。その理由は、評価昇給の根拠となる成果評価や行動評価は、**昇格前の等級要件に基づいた期待に沿って行われている**ため、**評価昇給も昇格前の報酬水準に適用されることが適切**と考えているからです。

　2つ目は、昇格前と昇格後の報酬レンジが重複しており、かつ昇格者の年収水準が重複している部分に位置付く場合、昇格後の報酬レンジの下限まで報酬が下がってしまうかという質問です。もちろん、回答は「No」で、報酬は下がることはなく、**年収水準を維持したまま昇格後の報酬レンジにスライドします**。

　意外にも2つ目の質問を頻繁に受けます。皆さん「念のため」という気持ちで聞いていると思うので、設計する側から事前に一言伝えておくと親切です。

昇格者に対する個別対応としての「昇格特別昇給」

　最後は「昇格特別昇給」です。「昇格者に対する特別措置としての昇給」の略称で、対象は**昇格昇給と同じ「昇格者のみ」**です。

　昇格特別昇給の目的は主に2つあります。

　1つ目の目的は、**昇格のタイミングを使って報酬水準を適正値に調整すること**です。昇格のタイミングでは、昇格昇給で昇格後の報酬レンジの下限まで昇給する場合もあれば、報酬レンジが重複している部分に年収が位置付いており、昇格したとしても年収水準が変わらない場合もあります。

　どちらの場合についても、改めて本人の実力や貢献度を踏まえて、昇格後の年収が社外（市場）や社内の他メンバーと比べて適正かどうかを判断し、**必要に応じて特別措置としての昇給を実施する**というのが昇格特別昇給です。図表5-9では、3等級から4等級に昇格したことで4等級の下限（600万円）まで120万円の昇格昇給を決定し、さらに昇格特別昇給として60万円がアドオンされています。

　特に成長が著しいスタートアップでは、報酬について悩ましい事態が発生します。それは、創業初期メンバーほど入社時の報酬水準が低く、企業が成長し認知度が上がってきた後に入社するメンバーほど入社時の報酬水準が高くなる傾向がある点です。認知度が上がれば、それだけ優秀な人材も入社する流れができてき

て、オファー時の報酬水準も跳ね上がります。こうした事態に対して、創業初期メンバーの報酬水準を実態に合わせて調整することが必要です。

　その際に活用したいのが、この昇格特別昇給です。**本人の成長分を反映した昇格昇給と、ある意味会社の成長分を反映した昇格特別昇給の2つの昇給によって、後から入社してきたメンバーと報酬水準のバランスが取れるように調整します。**昇格のタイミングが合わない場合、イレギュラー扱いで既存メンバー、特に創業間もない頃に入社したメンバーの報酬調整を実施することもありますが、なるべく昇格特別昇給で調整することをおすすめしています。報酬については、ルール外のイレギュラー対応をしたくない気持ちが強いからです。

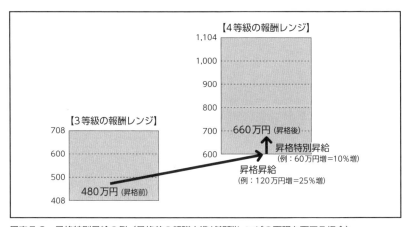

図表5-9　昇格特別昇給の例（昇格前の報酬水準が報酬レンジの下限を下回る場合）

　昇格特別昇給の2つ目の目的は、**「昇格したけれど昇給なし」に対応すること**です。先ほど説明した通り、報酬レンジの重複部分に年収が位置付いている方が昇格した場合、昇格したとしても年収は変わらずステイです。この場合、本人は人事制度として理解できたとしても、感情面で納得することができません。例えば、図表5-10では、昇格前の年収が624万円であり、昇格後の4等級の下限（600万円）を超えているため、昇格昇給はありません。ただし、昇格者の実力や市場価値、他の4等級メンバーとのバランスを考慮した結果、96万円の昇給を決定し、720万円まで年収を引き上げています。これも昇格特別昇給の一例です。

　この納得感への配慮が、人事制度では大切です。説明責任を果たすマネージャーも「昇格したけれど昇給なし」はつらいものです。そこで、昇格した場合に限り、実態や状況に応じて柔軟に報酬を調整できる余地を制度として残してお

き、事前に社内説明した上で調整できるようにしておくことが誠実な対応だと考えています。

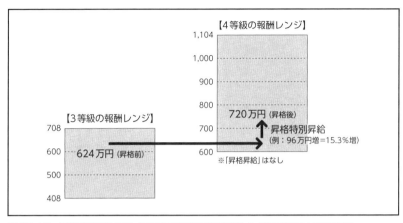

図表5-10　昇格特別昇給の例（昇格前の報酬水準が報酬レンジの下限を上回る場合）

　昇格特別昇給の2つの目的から推察できる通り、昇格特別昇給には昇給テーブルとしてのパーセントや金額のデフォルト設定はなく、**対象者それぞれについて検討します**。大幅に昇給を実施するケースもあれば、昇格前の年収水準が高く、昇格によってやっと追いついたという理由から昇格特別昇給を「0％（0円）」とするケースもあり、一律のテーブル設定がフィットしないという実態があります。デフォルトがないと、現場のマネージャーから「どうすればいいのかわからない」といった声が出てきますが、それを判断するのはマネージャーの役割です。事前に役割として認識してもらえるように昇格特別昇給について人事からマネージャーへ説明しておきましょう。

5-3 2つの降給システムと調整措置

昇給に合わせて降給のルールを設計します。降給の種類は2つで**評価降給**と**降格降給**です。降給は実際の運用場面では対象者が少ないものの、負のインパクトが非常に大きいため**調整措置（救済措置）**も含めて設計します。

評価降給	降格降給	降格降給に対する調整措置
評価対象者に適用	降格者に適用	降格者に適用
・評価に応じて降給する ・等級別の報酬レンジの下限を超えて降給することはない	降格した場合、年収を見直す（降格後の等級に対する報酬レンジ内で年収を再設定する）	見直し後の年収が評価降給前の水準から10％を超えて降給する場合、10％を超える降給分に対して6カ月間の調整給を支給する

図表5-11　2つの降給システムと調整措置

人事評価に基づく「評価降給」

前節の評価昇給のところで昇降給テーブルを紹介しましたが、期待を下回る評価を受けた場合、降給とするルールにしています。降給を設定している理由は、昇給を魅力ある水準に設定し活躍・貢献できたらきちんと昇給する一方、**活躍・貢献が期待を下回るようであれば降給する**というフェアな報酬制度を目指しているからです。成果評価と行動評価のそれぞれで最低評価であれば、**最大で5％降給**するテーブル設計にしています（成果評価の「unsatisfactory」が「−4％」、行動評価の「×「NG」にあてはまる」が「−0.2％」、行動評価は仮に5つの評価項目があるとして「−0.2％」×5項目で、最大「−1.0％」とする）。最高評価時の昇給率が10％のため、その半分である5％を降給率として設定しました。

本書で紹介している昇降給テーブルにおける降給率			
評価制度	評価結果	降給率		合計値
成果評価	unsatisfactory	− 4%		
行動評価	× 「NGな評価基準」に あてはまる	− 0.2%	− 1.0% 仮に評価項目が 5つだとして 「− 0.2%×5項目」	− 5%

　人事制度を運用する中で1つ注意深くモニターしてほしいことがあります。それは**成果評価における「improvement」の取り扱い**です。昇降給テーブルでは「improvement」の場合、「−1%」の降給扱いとなります。この「−1%」を採用した場合、この降給が現場の評価を歪めてしまう可能性があります。というのは、成果が期待通りに残せず「improvement」とメイン評価者が評価しようとした際、「成果評価はimprovementが適切だが、1%の降給は本人のモチベーションを考えると避けたい。成果評価をalmostに1ランク上げるか」としてしまうケースがあるからです。

　こういうケースが増え始めると、「improvement」が極端に少なく、「almost」の割合が増える傾向になります。降給が現場の評価を歪めているかもしれないと気になるのなら、「almost」となった被評価者を一覧にして観察しながら、活躍・貢献の濃淡をチェックしたり、メイン評価者に「improvement」で降給することが成果評価に影響を与えているかどうかについてヒアリングしてみてください。

　もし、降給の存在が人事評価を歪めてしまっているようであれば、昇降給テーブルの修正を検討しましょう。具体的には、「improvement」を「−1%」ではなく「0%」、つまり降給しないルールに変更するのです。この修正によって、昇降給テーブルが評価を歪ませる問題を解消できるようになります。一方、降給の選択肢が減ることになるため、降給を実施する場合は「降格降給」で対応する方針とします。**毎期の人事評価で降給する可能性が減る代わりに、降格降給で適正な報酬水準へと是正する**ようにします。

降格に基づく「降格降給」と「調整措置」

　本人の実力と等級が見合っておらず降格となった場合、「降格降給」を実施しま

す。「昇格昇給」と「昇格特別昇給」の反対に位置付くルールで、降格後の報酬レンジ内で降格者の報酬をゼロベースで見直します。例えば、図表5-13のように4等級から3等級に降格した場合、現在の報酬水準から何%降給するかを考えるのではなく、3等級の報酬レンジ内で降格する方の報酬水準を改めて決める流れとなります。本人の実力はもちろん、社内における他メンバーとのバランス、社外における報酬水準データや人材市場の動きを考慮して、降格後の報酬水準を決定します。

なお、降格降給については救済目的の「調整措置」を設けます。具体的には、「評価降給と降格降給の合計額が評価降給と降格降給を実施する前の年収水準の5%を超える場合、6カ月間の調整給を支給する」という調整措置です。つまり、**評価降給と降格降給によって年収が下がる場合、一度に下がる幅は最大でも5%となり、それ以上の降給は6カ月後に実行されます。**

1回の下げ幅の最大値を5%にした背景は、評価降給の最大値が5%だからです。つまり、評価によって最大5%の降給可能性がある制度のため、降格降給でも5%は降給する設計としています。

また、調整給とは、基本給と別に独立させた報酬項目で、一時的に支給される報酬です。調整給または調整手当と定義しても問題ありません。要は、**基本給とは別物であること、6カ月後になくなる一時的な報酬であること**が表現できていればOKです。

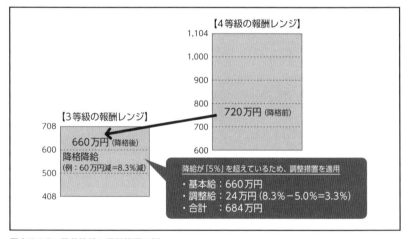

図表5-13　降格降給と調整措置の例

降格降給の時間軸について図表5-14とともに整理します。そもそも降格を実行する場合、等級制度で説明した「降格アラート」があります。6カ月前に降格の可能性を通知する仕組みです。降格アラートが発生しその6カ月後に実際に降格した場合、その時点で降格降給が実施されますが、この降格降給のタイミングで降給幅が5%を超える場合は6カ月間の調整給が支給されます。要するに、**降格アラートを通知してから実際に降格し年収見直しという降格降給が完全に反映されるまでには、12カ月の期間をかけて進めます。**

　本制度では、降格によって会社が適正だと考える年収水準に近づけるためには、1年の期間を要すると認識しておいてください。それだけ降格による降給（年収の見直し）は慎重にやるべきであり、そもそも**降格や降格降給が起きないように等級判定することが何よりも大事である**と改めて言及しておきます。

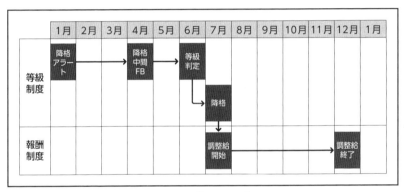

図表5-14　降格アラートから降格降給と調整措置のスケジュール

ストックオプション以外の
インセンティブは必要か?

スタートアップのインセンティブについて説明します。一般的な企業では、インセンティブというと、まず賞与が思い浮かぶと思います。セールスカルチャーの強いケースであれば、営業成績に応じた月次のセールスインセンティブがあったり、特殊なケースとして、人事評価に応じて月給の一部を変動させる報酬改定ルール(洗い替え方式)を採用しているかもしれません。これらのインセンティブの目的は、主に「報酬による動機付け」と「人件費の変動費化」の2つです。

結論として、私はこれらのインセンティブの仕組みをスタートアップで設計・導入することはしていません。効果が薄いのではなく、ネガティブな副作用を強くもたらし、むしろデメリットになってしまうからです。スタートアップのインセンティブは**ストックオプション一択で問題ない**と考えています。本書では、ストックオプションに関する詳細な説明は割愛しますが、企業成長を全員で追い求めるスタートアップにとってはストックオプションが最適です。

セールスインセンティブを推奨しない理由

セールスメンバーの動機付けに役立てようと、セールスインセンティブの導入を検討するケースがあります。創業者自身がセールス職出身でインセンティブがモチベーションの一部になっていたり、前職でインセンティブ制度のあったセールス職の新入社員から「インセンティブはないんですか?」と問われたことをキッカケに検討が始まるようです。

しかし、私はセールスインセンティブの導入に反対する立場を取っています。主な理由は3つです。

理由① 運用コストが高い

導入時は、何となく「MRR (Monthly Recurring Revenue/月次経常収益)

やARR（Annual Recurring Revenue／年次経常収益）が〇〇だったら、〇〇万円ぐらいを還元しよう」と考えます。セールスメンバーも自分にとって短期的にはメリットになる施策のためポジティブに受け取ります。

その後、導入して6カ月ほど経ち事業が成長してきた時期に「MRRやARRの基準を上げよう」という経営側の意見が出てきます。その際、「Churn Rate（解約率）は？」「顧客満足は？」など、お金に直接的に関係するルールのため考慮したい指標も増えて複雑性が高まります。一方、セールス以外の他職種のメンバーとのバランスもあるため、インセンティブの金額を上げることもそう簡単に決定できません。

そのような状態では、セールスメンバーにとって「求められる成果は上がる一方、インセンティブ額は上がらない」となり、制度に対して不満が募るようになります。そして、このやり取りは導入してから半年ぐらいを目途に発生します。インセンティブ制度の改修検討と説明コストなどの負担が重くなり、説明する側である経営のマインドシェアが奪われ、仕事や事業に集中しにくい状態になってしまいます。これは避けたい状態です。

理由② 理解できても納得できない

セールス以外の他職種のメンバーは、セールスインセンティブについて「理解」はしてくれます。セールス職は成果が見えやすいこと、セールス職へのインセンティブは世の中でもイレギュラーではないことなどを理由に、まったく背景や制度が理解されないということはありません。

ただし、金銭面については「論理」ではなく「感情」で受け取られるため、頭では理解できても心では納得してくれません。「言っていることはわかるけれど、自分たちにはそういうインセンティブはないのか」と思うのです。

報酬制度の難しいところは、この**「理解できるけれど納得できない」が容易に発生する**ことです。本人はそのモヤモヤを面と向かって発言しにくく、発言したとしても、否定（説得）されることは何となくわかるし、お金のことで自分が意見していると見られたくないという気持ちもあります。小骨が喉に刺さっていると、本来は気にしないような些細なことも気になり始め、自分の意見を主張しないと「自分が損するのでは？」と不安に駆られます。こうしたやり取りが積み重なると、お互いの信頼関係に溝が生まれ、重箱の隅をつつくようなコミュニケーションが始まります。これも避けたい状態です。

　最後に、セールスインセンティブはセールスチームのチームワークを簡単に壊してしまいます。チームで協力し助け合って成果を積み上げることが難しい状況に陥ります。セールスメンバー同士で協力し合わない雰囲気をつくってしまうだけでなく、セールスアシスタントの協力意識も低下させてしまう懸念があります。

　というのは、最終的な営業責任を担うわけではないため、セールスインセンティブの対象にセールスアシスタントが入ることはありません。これも論理的には間違っていない正論なのですが、セールスアシスタントのサポートがあって成果が成り立っている部分もあることは事実です。こういうチームの前提をセールスインセンティブは雑に扱ってしまう制度であり、細かな配慮がしにくい制度でもあります。「セールスチーム向けのインセンティブをつくって、アシスタントにも一部還元できるようにしては？」という声も上がりますが、スタートアップはセールスインセンティブを設計し配布するために組成された組織ではありません。事業・顧客・製品に集中すべきです。

　以上3つの理由から、私は明確にセールスインセンティブの導入に反対するポジションを取っています。

賞与もスタートアップには不向き

　セールスインセンティブと同様、私は**スタートアップに賞与は不向き**だと考えており、制度導入時に賞与を設計することはおすすめしていません。実際、私が関わった人事制度プロジェクトでは、既に運用されていた賞与を廃止するケースもありました（賞与分は月給に移行させます）。

　スタートアップで見かける賞与の特徴は、「**金額が少ないこと**」です。年2回の支給として月数換算すると年間2カ月、つまり半期の賞与は1カ月分程度の印象です。

　スタートアップでは、この賞与があることによって悩みが生じます。

　1つ目は、**中途採用に有利に働かないこと**です。賞与を運用している会社は、思いのほか気付かないのですが、同じ年収水準でも**賞与があると月給が下がって**しまいます。

　例えば、年収420万円の場合、賞与を年間2カ月とすると月給は「30万円」

（420万円÷14カ月）です。賞与がない場合は「35万円」（420万円÷12カ月）です。この5万円の差がスタートアップにおける中途採用では不利に働きます。「月給は低いが年収は同じです」は通用しません。

　また、「賞与って業績や評価によって減額される可能性がありますよね？」という質問に対して、「絶対にないです」とは言い切れません。そのため採用競争が激化しているスタートアップ環境の中では、賞与が採用の足を引っ張る可能性があるのです。

　賞与を原因とする悩みの2つ目は、**「賞与なのに金額が少ない」という不満が出てくること**です。賞与は、前職や世間水準と比較しやすい特徴があります。「今年の冬のボーナスは平均で……」といったニュースは毎年のように耳にします。先ほど述べた通り、お金は「論理」ではなく「感情」で処理されるため、こうした断片的な情報が不満や文句を引き起こしてしまうのです。

　また、会社全体の賞与原資も少ないため、人事評価に応じて変動させようとしても限界があります。そもそも賞与は、業績や評価によって増減することをねらいとしたインセンティブですが、**変動の度合いが小さいと逆効果に働いてしまう**ことがあります。「評価が良かったので賞与が増える」と思っていても増え幅は微々たるものとなり、この増え幅に高評価者がガッカリしてしまうのです。「少しでも増えれば嬉しい」と思う方ももちろんいるとは思いますが、スタートアップに入社するような方はどちらかというと「期待外れ」に感じてしまうタイプが多いように思います。

　こうした悩みがある場合、**思い切って賞与をやめること**をおすすめしています。「やめる」というのは、**賞与分を月給に移行すること**を意味します。年収は変わらず月給が増えて賞与がなくなります。先ほどの例でいえば、「年収は420万円で変わらないものの、賞与をなくした上で月給30万円を35万円に変更する」ということです。これで悩みは解消できます。

　「賞与がないことで採用力が落ちる」という声も出ますが、スタートアップに賞与を求める方はそもそもスタートアップの環境に合わないことが多いです。スタートアップにおけるインセンティブは、やはりストックオプションが基本なのです。

5-5 報酬制度における情報公開ガイドライン

　3-5で個人の等級を公開することをおすすめしました。報酬レンジや昇降給テーブルなどの報酬制度の公開、さらには個人別の年収情報の共有についてもガイドラインが必要です。

情報公開する目的

　基本的に、スタートアップは情報公開を前向きに考えます。なぜなら、スタートアップは意思決定や実行のスピードが経営の生命線だからです。大きな課題を解決するために意思決定を実行し、振り返りと改善を高速で回し、事業を成長させていきます。

　このスピードに勢いをつけるのは、「**人材レベル**」と「**情報共有**」です。良い人材を採用すること、必要な情報を共有して各自が自律的にやり切ることがスタートアップの成長には欠かせません。情報の非対称性が高いと、説明コストがかかり意思決定や実行のスピードが落ちてしまいます。また、腹落ちせず実行することになり、やり切る組織へとなりきれません。スタートアップにおける組織運営の鉄則は、**有機的かつ自律的な組織を目指すために、可能な限り情報をオープンにして組織内における情報の非対称性をなくすこと**です。

　そしてもうひとつ大事な観点があります。スタートアップにおける人事制度の目的である「**仕事に集中できる環境をつくること**」です。不安、不満、怒り、しがらみ、嫉妬など、仕事への集中を阻害する要因が組織内にはたくさんあります。こうした要因を可能な限り排除して、自分の仕事や会社の成長に集中して取り組める状態をつくることが大切です。報酬制度の公開は、この仕事への集中を促す役割を果たしてくれます。スタートアップに適さない人事制度が設計・公開されれば仕事どころではなくなってしまいますが、スタートアップらしい人事制度が設計・公開できれば安心して仕事に向き合える状態へと組織を方向付けてくれます。

報酬レンジや昇降給テーブルなどの報酬制度は、情報の非対称性をなくし仕事に集中できる環境をつくるためにも、公開することをおすすめします。報酬レンジや昇降給テーブルは、隠されれば隠されるほど以下のような疑問や不安をメンバーは抱きます。

- なぜ会社は報酬レンジを公開しないのか？
- 自社は報酬水準が低いのでは？
- キャリアアップしても将来的に年収が上がらない可能性がある？
- 高評価でも昇給しない可能性がある？
- 低評価の場合は降給するのだろうか？
- 経営陣だけ報酬水準が高いのでは？
- 会社は最近の市場報酬水準を把握しているのか？

年1〜2回の報酬改定のタイミングでこういった不安な気持ちをあおることは、仕事への集中を阻害する要因になります。また、マネージャーからメンバーへの報酬フィードバックの中で、報酬について個別に質問されて対応することになります。報酬制度が公開されておらず、情報の非対称性がある中で、このやり取りの時間は会社の成長に貢献しているとは思えません。ましてや、お互いの関係性を悪化させてしまう可能性もあります。

　一方で、以下のように「公開しない派」の意見もあります。

- 一度公開してしまうと非公開にできないのでは？
- 公開した後に報酬水準や昇降給テーブルの数字を変える場合に説明責任が伴ってしまうのでは？
- 報酬レンジや昇降給テーブルをメンバーが見てその金額に納得してもらえるかわからない（または自信がない）

確かにその通りだと思います。ただし、スタートアップとして会社を急成長させるには、**メンバーにストレッチした期待を示し自律的な課題解決を求めなければ実現できません。**そのためにも、情報の非対称性を解消し、何事にも説明責任

5

スタートアップの報酬制度

207

を果たすことは必要不可欠です。

　結局、非公開にしても常に情報が漏れるリスクがあり、実際に報酬レンジや昇降給テーブルについて断片的に情報が漏れていきます。「自分はA評価で月給が3万円上がった」「○○さんが給料が下がったといっていた」「3等級の上限は、おそらく年収が600万円ぐらい」「部長の年収水準はだいたい1,200万円前後みたい」など、人事制度の情報は一人歩きしやすく噂となってしまうことを過去に何度も見てきました。こうした断片的な情報がときに間違った情報として伝わることは避けたいものです。

個人の年収情報は誰に共有するか？

　報酬に関する情報公開で難しいのが、個人の年収情報を誰まで共有するかです。個人ごとの年収水準や組織の規模、上長であるマネージャーの力量など、さまざまな要因によって意思決定が左右されますが、本書では汎用的に使える情報共有の考え方を解説します。

　まず前提として、組織構造は**本部・部・課の3階層**とします。それぞれに本部長・部長・課長を配置し、メイン評価者の役割を担います。本部長は**経営層として本部だけでなく全社を見る立場**、部長は**複数のチームで構成される部を見る立場**、課長は**単一のチームである課を見る立場**を役職者としてイメージしてください。

　私が推奨するのは、「**上長であるメイン評価者が報酬決定の責任を担う。そのために必要な個人の年収情報は共有する**」という考え方です。課長は課のメンバーの報酬決定を担うため、配下のメンバーの年収情報を把握します。部長も同様に配下の課長と課のメンバーの年収情報を把握します。本部長は、「経営層として本部だけでなく全社を見る立場」を理由に、他部門を含む部以下の全メンバー（部長を含む）の年収情報を見られるようにします。同じ階層の方、例えば本部長同士や部長同士は、お互いの年収情報を知らないことになります。シンプルな形であり、組織構造さえ決めればルールは一目瞭然です。

　メイン評価者に、配下のメンバーに関する報酬決定の役割を担ってもらいたいと考える背景には、主に2つの観点があります。

　1つ目は、本書で何度も強調している**メンバー本人の納得感**です。等級判定、目標設定、1on1、人事評価など、最も身近で被評価者であるメンバーを見ている直属のマネージャー（メイン評価者）が報酬を決める方が納得感につながると考

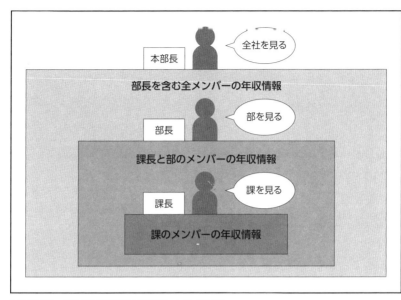

図表5-15　個人の年収情報を共有するメイン評価者

えています。等級判定、目標設定、人事評価の結果として報酬決定があるわけで
あり、一気通貫した役割を担った方が説明の一貫性も担保できます。

　2つ目は、**報酬決定（正確には報酬改定の提案）に関するマネージャーのスキ
ルアップ**です。報酬決定はマネージャーにとって重要な役割ですが、丁寧な教育
や研修の場が提供されることは少なく、実践の中でやり方や相場観を理解してい
きます。そして、相手に「どう伝えれば納得してもらえるか？」を考えながら、
自ら学んでいくのです。

　この報酬決定の技術と知識は、実践からでないと学べません。逆にいうと、**一
定の実践を経て経験を積めばある程度高められる技術と知識**でもあります。その
ため、メイン評価者になったら、報酬決定の役割も担った方が良いと考えています。

　なお、参考までに意思決定のプロセスとして避けたい事例を紹介します。個人
の年収情報の共有について制度設計をしているとき、「メイン評価者である課長よ
りも年収水準が高いメンバー」がいることを理由に、課長階層に配下のメンバー
の年収情報を共有しないと意思決定することがあります。

　これは、個別の事情によって制度全体を歪めてしまっているケースであり、メ
イン評価者やメンバーに対して背景を正確に伝えることができません。メンバー

の年収水準が高い場合、合理的な理由があればそれをメイン評価者に説明し、たとえマネージャーである自分の方が年収水準として低かったとしても説明を尽くして理解してもらえるようにしましょう。納得してくれることは難しいかもしれませんが、こうした1つの個別事情を制度全体の意思決定の理由にすることは、スケーラブルな意思決定プロセスとは程遠いので注意が必要です。

╏ ‥「処遇条件通知書」で自分の報酬を正しく把握する

　報酬改定の対象者に次ページの図表5-16のような「**処遇条件通知書**」を配布することをおすすめしています。処遇条件通知書とは、報酬改定前と改定後の年収と昇降給の内訳を記載した個人別のドキュメントで、報酬情報を正確に伝えるためのツールです。新旧の違いと昇降給の内訳を把握できる点が給与明細と異なります。

　処遇条件通知書は、メイン評価者が報酬改定の結果を正確に伝えることをサポートしてくれるツールです。年収に不満がなくとも昇降給の実態が見えてこないことを理由に、人事制度に対して不信感をもってしまうことがあるため、報酬改定の説明責任を仕組みで果たせるようにしておくことは重要なことです。

　特に昇格昇給がなく評価昇給だけの場合、評価結果に応じて昇給しているものの各種税金や社会保険料の天引き、経費精算などによって手取り額から昇給額を正確に読み取ることはできません。昇降給の実態を把握するためには、給与明細ではなく処遇条件通知書が必要なのです。

　また、昇格した場合評価昇給、昇格昇給、昇格特別昇給の3つの昇給が実施される可能性があるため、内訳を伝えることも重要です。内訳を正確に伝えておかないと、次回以降の昇給で本人が勘違いしてしまうリスクもあります。昇格昇給と昇格特別昇給はまさに特別な昇給であり、昇格に基づいた今回限りの昇給であるからです。機会は少ないものの評価降給や降格降給についても、コミュニケーションのプロセスを記録することができます。

　後になって「聞いていない」や「いったいわない」の言い争いになることを避けるためにも、ドキュメントに残しておくことは効果的です。報酬改定の対象者全員へ配布するためオペレーションの負担はありますが、自動化や人事システムを活用して効率化できる領域です。人事として現場の納得感を醸成するためにぜひ取り組みたい施策の1つです。

従業員番号		20●/●/●

＿＿＿＿＿＿＿＿殿

株式会社●●●●
代表取締役●●●●

処遇条件通知書

変更前の等級と給与

等級	3等級
年収 (基本給＋固定残業手当×12カ月)	¥4,800,000
基本給＋固定残業手当	¥400,000

変更後の等級と給与

等級	3等級
年収 (基本給＋固定残業手当×12カ月)	¥5,040,000
基本給＋固定残業手当	¥420,000

年収の変更内訳

評価昇降給 (金額・%)	¥240,000	5,00%
昇格昇給／降格降給 (金額・%)		
昇格特別昇給 (金額・%)		
調整給 (金額・%)		

【特記事項】
・給与の詳細については、別に定める就業規則に従います
・「評価昇降／評価降給」は、6カ月間の人事評価の結果に基づき実施します
・「昇格昇給／降格降給」は、等級判定の結果に基づき実施します
・「昇格特別昇給」は、昇格者に追加の特別昇給が必要な場合、個別検討の上、実施します
・「調整給」は、5%を超える降給に対して6カ月間限定で支給されます
・1 ～ 6月期は2月末日支給、7 ～ 12月期は8月末日の給与より変更します

図表5-16　処遇条件通知書の例

第 6 章

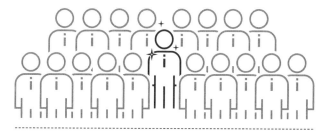

スタートアップへの
人事制度導入

　第3~5章で、具体的な制度設計について説明してきました。本章では、設計した人事制度を導入するプロセスについて解説します。

　魅力的な人事制度を設計できたとしても、導入に失敗すれば、それまでの努力が水の泡となります。それどころか、「人事制度を導入しなかった方が良かった……」という声まで聞こえてきてしまいます。

　本章では、人事制度の導入プロセスを「トライアル運用」「仮等級判定」「人事制度説明会」の3つに絞って解説を進めていきます。

6-1 人事制度のトライアル運用

トライアル運用とは、人事制度を導入してから1サイクルを試験的に回してみることです。1サイクルとは評価期間を意味しており、本書で説明してきた人事制度であれば「6カ月」を意味します。なぜ本番運用からスタートせず、トライアル運用の期間をあえて設定するのか、その背景から確認していきましょう。

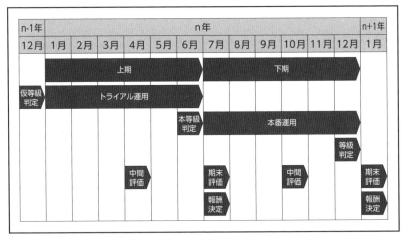

図表6-1　人事制度の導入スケジュール

トライアル運用期間で仮等級を検証する

トライアル運用を設ける理由は、人事制度導入時の「仮等級」の妥当性を検証するためです。妥当性の検証には、2つの観点があります。**等級要件に関する妥当性**と**個人別に判定された仮等級に対する妥当性の検証**です。つまり、メンバーの等級を的確に判定できる基準になっているかどうか、そして判定結果であるメンバー各自の等級が正しいかどうかをトライアル運用の期間で見極めます。

なぜ仮等級の検証をここまで丁寧に進めるのかというと、等級が人事制度の根幹であるからです。報酬レンジや人事評価のベースとなる目標設定も等級に基づいて決定されます。この等級の基準や各自が認識している自身の等級に落ち度があると、そもそも人事制度として成立していないことになります。

　そこで、**等級要件と仮等級の妥当性を6カ月間かけて丁寧に検証し、必要に応じて等級要件をチューニングした上で本等級を決定し、本番運用へと入っていきます**。

　なお、**トライアル運用と本番運用で人事制度の運用プロセスに違いはありません**。トライアル運用であっても、等級に基づき目標設定を行い、中間評価、本等級判定（等級判定）、期末評価を経て報酬決定まで実施されます。目標設定や中間評価のフローも本番運用とまったく同じです。

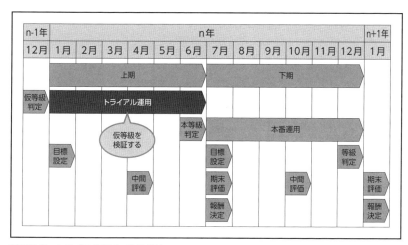

図表6-2　トライアル運用の位置付け

トライアル運用期間終了後に報酬レンジを適用する

　トライアル運用について、人事制度の適用対象になる方すべての認識をそろえなければいけないことがあります。それは、人事制度に基づき報酬改定されるタイミング、すなわち**人事制度の報酬レンジが適用されるタイミング**です。

　そのタイミングとは、「**トライアル運用が終了し仮等級が本等級に変わって本番運用に入るタイミング**」です。

スタートアップへの人事制度導入

6

215

なぜ、トライアル運用の開始時期に報酬レンジが適用されないのかというと、**トライアル運用の開始時期はあくまでも仮等級だからです**。仮の等級で妥当性が検証されていないため、等級に紐付く報酬レンジへの適用はまだ早いのです。トライアル運用における妥当性の検証を経て、本等級が決まった後、報酬レンジを適用し、人事制度上で報酬決定される流れとなります。

　ちなみに、トライアル運用を開始する際、導入される人事制度に関係なく、過去のルールに基づき、報酬改定することは問題ありません。

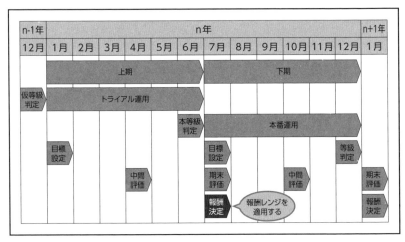

図表6-3　報酬レンジを適用し始める「報酬決定」

人事制度導入時の報酬改定プロセスを設計する

　トライアル運用を経て、本番運用に入る際の報酬改定を詳しく説明します。

　まず、トライアル運用の6カ月間の検証を経て、各自の本等級を決定します。次に、この6カ月間の人事評価を行い、評価結果に基づいた評価昇給を実行します。評価昇給は、報酬制度で設計した昇降給テーブルに基づいて昇給させてください。この昇降給後の報酬水準を報酬レンジにあてはめると、個人の報酬水準が決定します。

　もし、報酬レンジの下限を下回っている場合、報酬レンジの下限まで自動的に昇給させます。そして、最後に**「昇格特別昇給」**を検討します。仮等級から本等級で昇格した場合、昇格後の報酬レンジ内で追加の昇給を検討するルールです。

社内の同等級のメンバーや直近の採用応募者、内定者の状況を踏まえて、適正水準を検討し追加の昇給を決定します。

通常の人事制度における昇給の運用であれば、これで終了です。ただし、**人事制度の本番運用の開始時期では、これらの昇給運用に加え、全メンバーの報酬水準を検証し必要に応じて昇給を検討する場合があります。**

これは、本番運用の開始時期限定の対応です。人事制度の導入前の報酬水準が現時点で考えると適正値とはいえず、だからといって今回「昇格」することはなかった場合への特別調整となります。人事制度導入前の報酬決定に問題がなければ、特別調整する必要はありません。

図表6-4　人事制度導入時の報酬改定プロセス

報酬レンジの上限を超えてしまった場合にはどう対応するか？

人事制度導入時における報酬決定の際、報酬レンジの上限を超えてしまう場合があります。例えば、以下のケースです。

〈報酬レンジの上限を超えるケース〉
- 個人の報酬水準は660万円
- 仮等級も本等級も3等級
- 報酬レンジは職種グループAで、3等級の上限は600万円
- 660万円 - 600万円 = 60万円が上限を超えている

この場合、600万円を基本給とし60万円を調整給とします。そして、調整給は期間限定として、例えば6カ月などと設定します。こうしたケースは、事前の対応が肝になります。つまり、トライアル運用を開始する際にこのリスクを事前に整理して本人に伝えておくということです。

217

次ページの図表6-5とともに具体的に見ていきましょう。1～12月期で1～6月がトライアル運用、7月から本番運用を開始するケースで考えます。この場合、トライアル運用を開始する1月に本人へ仮等級を伝える際のメッセージは、次のようになります。

〈仮等級を伝える際のメッセージ〉

- 仮等級は3等級です
- しかし、現在の報酬水準（660万円）は人事制度上だと4等級の報酬レンジに該当します
- トライアル運用期間を経て4等級に昇格できるようにやっていきましょう
- もしトライアル運用期間を経て3等級のままだった場合、60万円が3等級の報酬レンジの上限を超えてしまいます
- ただし、すぐに報酬を下げることはしません。6カ月間の調整給を支給します。この期間も含めて4等級に昇格できれば、今の報酬水準は維持できます
- 報酬に焦点をあてて話すと、今から1年間で4等級を目指していきましょう
- 4等級に昇格するために必要なことは……

仮等級を通知する面談でマネージャーから、この内容を伝えます。事実として、仮等級の結果、報酬水準が報酬レンジの上限を超えてしまったこと、4等級に昇格しないと報酬ダウンの可能性があること、1年間で昇格を目指すことを明確にメッセージングするのです。もちろん、調整給の期間を6カ月ではなく1年に延ばしたり、そもそも報酬レンジの上限が上がる可能性もありますが、**トライアル運用の開始時期で想定でき得ることをすべて伝えて相手との認識をそろえておきます**。

等級は3等級でありながらも、報酬は4等級の水準になっているギャップをなくし、他のメンバーとの公平性を担保することがこの対応の背景にあります。降給には労務リスクが内在するため、**社内の法務メンバーや外部の弁護士・社労士の方とも連携して進めることが必要です**。

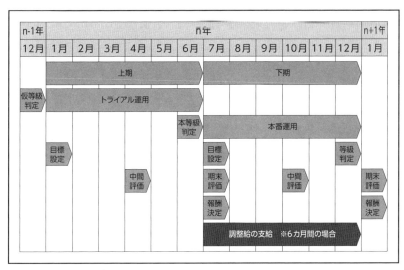

図表6-5　調整給の支給

就業規則・諸規程も忘れずに対応する

　トライアル運用を開始する前に**就業規則や諸規程の改定**も忘れずに対応してください。会社の正式なルールとして施行するためには、就業規則・諸規程への反映が必須です。

　特に、揉め事の原因となる「降格」や「降給」、「調整給」の記述については、正確性や整合性、抜け漏れの観点で外部の弁護士・社労士の方と連携できるとベストです。従業員代表の方とのコミュニケーションやメンバーへの周知など、トライアル運用の開始前にすべて対応し万全の状態をつくりましょう。

仮等級判定と本等級判定

前節では、トライアル運用は仮等級の妥当性を検証するフェーズであると述べました。トライアル運用で、個人別の等級判定の結果を検証するのが「**人事制度導入時の仮等級判定**」と「**トライアル運用期間の期末に実施される本等級判定**」です。人事制度導入時の等級は「仮」の等級、つまり「仮等級」であり、トライアル運用の1サイクルを経て検証された個人別の等級を「本当（本来）」の等級である本等級とします。

どちらも大事な等級判定のプロセスですが、**最重要は仮等級判定です**。なぜなら、制度導入時の仮等級判定で納得感のないサプライズが起きてしまうと、人事制度に対する期待が失望に変わってしまい、本等級判定でリカバリーすることが極めて困難だからです。人事の観点で、一度崩れた信頼関係を修復することは簡単ではないと肝に銘じなければなりません。不可逆性の高い領域です。

全メンバー分の「等級判定シート」をつくり 仮等級判定の説明責任を果たす

仮等級の判定とメンバーへの通知・説明について解説します。まず、制度設計フェーズで等級制度・報酬制度が設計し終わったら、メイン評価者へ制度を説明し、各自の配下にいるメンバーについて「仮等級判定」をお願いします。経営陣以外にメイン評価者がいない場合、全メンバーの仮等級を判定するのが経営陣の役割となります。

具体的な進め方は、3-3で紹介した「**等級判定シート**」を人事がメンバー別に用意し、メイン評価者が仮等級の判定結果とその理由をドキュメンテーションします。記入した等級判定シートを各自が持ち寄り、仮等級判定会議を通じて、全メンバーの仮等級を経営陣が確認します。メイン評価者の提案に異論がなければ、仮等級は決定です。少しでも違和感がある場合、議論を避けてはいけません。本人は納得できるか、周囲のメンバーは納得できるか、石橋が壊れる寸前まで叩く

かのように、慎重に検討しましょう。

　前節で解説した「トライアル運用」の位置付けを人事制度説明会で説明した後、メイン評価者とメンバーの間で行われる1on1（仮等級通知面談）を通じて、仮等級が通知・説明されます。**必ず事前に作成した「等級判定シート」に基づいて説明してください。**面談内でメンバーの意見を聞き入れるなどして、仮等級の結果を変更することは一切ありません。変わる場合は、本等級を決めるタイミングです。

仮等級が全メンバーに公開されても本当に大丈夫か？

　忘れてはいけないことがあります。**各メンバーに仮等級が通知・説明された後、仮等級は全社に公開される**ということです。このとき、自分と他者との相対的な評価が公式な基準で「見える化」されます。同時に報酬レンジも公開されるため、各メンバーのおおよその報酬水準（報酬の上限と下限）も把握できるようになります。

　もちろん、報酬レンジが適用されるのはトライアル運用から本番運用に切り替わるタイミングのため、報酬レンジ内に収まっているというロジックが完全に成立しているわけではありません。ただし、その多くは**レンジ内に収まっていることが想定される**ため、**各メンバーのおおよその報酬水準は把握できる**ようになります。

　仮等級が公開されることで、ネガティブな意味での「サプライズ」が組織内に広がると想像以上の大惨事に至る可能性があります。ここでいう「サプライズ」とは、「なんで、自分よりあの人の方が等級が高いんだろう」「この人ってあんなに活躍しているのに、3等級なんだ」という驚きです。

　仮等級判定でこのレベルのサプライズを引き起こしてしまうと、「会社は現場をわかっていない」「経営陣は人を正しく見極めることができていない」「メイン評価者はマネージャーとしてのスキルや資質がない」といった意見が一人歩きします。最悪の場合、「この会社にいても（このメイン評価者の下にいても）、自分は適正に評価されないのでは？」「この会社でキャリアを築くより早めに転職した方がいいのでは？」と悪い方へと考えが飛躍し、「サプライズ」から「不満」、そして「不安」へと変わっていってしまいます。

　こういった心の声は**経営陣にフィードバックされません。**声がない状況に対し

て、経営陣側が「人事制度の導入はひとまず大丈夫かな」と一安心していると、しばらくすると突然メンバーから退職の話が挙がってきます。退職する方はそれまでにもさまざまな不満や不安があった中、今回の仮等級判定のサプライズが引き金になってしまったということです。

　もちろん、退職する方は「仮等級判定が原因で辞めます」とはいいません。経営陣やメイン評価者は、「仮等級判定に問題があったかもしれない」と考えながらも、明確な根拠や自信もないため問題に気付くことが遅れてしまいます。退職者が1名ではなく複数名に膨らむと、さすがに経営陣は「何かがおかしい」と察知し、残ったメンバーから退職者の退職原因として「仮等級判定の影響が大きかった」と聞くことになります。ここに至ってようやく事の重大さに気付くことになりますが、公開されている全メンバーの仮等級を今さら再検討することは難しく途方に暮れます。

　このような状況に陥った場合、まずは**公開されている仮等級の判定結果について、退職者（退職予定）の方も含めて改めて振り返りを行います**。検証の結果、多くのメンバーの仮等級判定に対して妥当性が乏しいと判断された場合、経営者としての「非」を認め**早急に「仮等級判定」をやり直さなければなりません**。このとき、仮等級判定以外の仕事が止まることは気にせず、再判定に注力してください。また、再判定が済むまでにはさらなる退職者の発生や組織的なモチベーション、コミットメントの低下、経営に対する信頼の低下も避けては通れません。

　こうした事態を引き起こさないためにも、仮等級判定は絶対に失敗ができないことなのです。

仮等級判定で失敗する原因は報酬と経験に引きずられること

　そもそも仮等級判定でサプライズを引き起こしてしまう原因は何なのでしょうか。2つの主な原因について解説します。

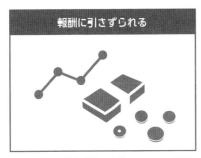

図表6-6　仮等級判定で失敗する2つの原因

　1つ目は、**等級判定が「報酬」に引きずられてしまう**ことです。仮等級判定の失敗の多くはこれが原因です。等級要件に照らして判定すると、実力的には3等級だけれども年収水準が4等級の報酬レンジに該当するため、4等級にしてしまうのです。

　「これではマズい」と客観的にはわかるのですが、いざ当事者で議論を進めると「では、年収を下げるのか？」「報酬レンジを超えたらダメなんだよね」と議論が堂々巡りしてしまい、最終的に「今は実力不足だけれど、4等級にふさわしい実力を発揮するよう頑張ってキャッチアップしてもらおう」という淡い期待を理由に間違った等級判定が正当化されてしまいます。本人は、「3等級」の実力でありながら「4等級」と認識してしまうので、将来的にキャッチアップすることが困難です。メイン評価者は、目標設定などの期待値調整で苦労し続ける結果となります。

　2つ目は、**等級判定が「メイン評価者の経験や価値観」に引きずられてしまう**ことです。つまり、自社の等級要件に基づいて等級判定されずに、メイン評価者自身の経験や価値観に基づく暗黙の等級要件によって等級判定されてしまうということです。「自分はこうやって成果を出してきた。Aさんはそれができている」「自分の経験上、Bさんのやり方ではダメだ」と、会社の等級要件が無視（もしくは軽視）され、別の基準で等級が決まってしまいます。

　経営層に、その専門領域がわかる方がいない場合、この問題が起きがちです。等級要件にある「リーダーシップ」や「バリュー体現」への言及が曖昧なまま、専門領域における技術面の話に特化して等級判定が行われていたり、成果一辺倒で等級判定が行われていたりする場合は注意が必要です。

調整給と職種別等級要件を活用する

　先ほど説明した仮等級判定で失敗してしまう原因への対策です。2つの原因に対して、それぞれ紹介します。

　1つ目の等級判定が「報酬」に引きずられることに対しては「トライアル運用」や「降格降給」でも説明した「調整給」を活用します。等級判定の基準は等級要件であり、報酬とは切り離して考えるべきテーマです。そこで、**等級要件に照らしてピュアに判定した結果、報酬レンジと個人の年収水準にギャップが生じてしまった場合、調整給で期間を定めて補填します。**

　2つ目の等級判定がメイン評価者の経験や価値観に引きずられることに対しては、技術面では**職種別等級要件を設計して仮等級判定に活用すること**、精神面では**メイン評価者が行う仮等級判定を経営陣は信頼する一方で、絶対に丸投げしないこと**です。

　前者の技術面では、職種別等級要件を設計することで等級判定の基準をより具体化できます。結果、メイン評価者が自身の経験や価値観で等級判定をしてしまった際、「そうではなくて」と合理的に説明できるようになります。また、職種別等級要件を設計するとなると、その専門領域のメイン評価者を巻き込んで設計することになります。すると、**等級判定を実施するメイン評価者自身が等級要件をつくる立場になるため、等級要件への理解やコミットメントが高まります。**こうなれば、自身の経験や価値観で等級判定するのではなく、等級要件に基づいて等級判定する方向へ強く方向付けることもできます。

　後者の精神面では、そもそも仮等級判定は配下のメンバー全員分の等級、すなわち人材レベルを言語化しなければならないため、実施する側に非常に負担がかかります。できれば避けたい仕事ですが、この仕事の責任は担当するメイン評価者にあるものの、究極的にはスタートアップの経営者もしくは経営陣にあり、この意識を強くもってほしいと思っています。なぜなら、**仮等級判定に失敗すると組織全体に影響が及び、事業成長を阻害する要因になるからです。**担当するのは、直属のマネージャーであるメイン評価者かもしれませんが、だからといって丸投げしてはいけません。経営陣は、メイン評価者を信頼して仮等級判定の役割を渡す一方、完全に任せるスタンスは取らず、**自らすべての仮等級判定に目を通して最終確認するようにしてください。**仮等級判定の通知が終わった後に「間違っていました」では取り返しがつかないことを重々認識しておきましょう。

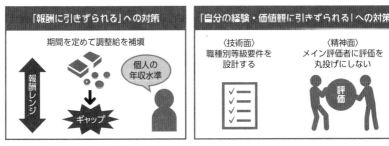

図表6-7　仮等級判定失敗への対策

❖「トライアル運用期間は仮等級を全社に公開しない」は是か？

　ここまでの説明を踏まえて、「トライアル運用期間は仮等級を公開せず、本等級が決まったときに等級を公開するのはありか？」という質問を受けることがあります。「**あり**」ではあるものの「**推奨はしない**」というのが私のポジションです。

　理由は、意図的か否かは抜きにして仮等級判定の結果が**情報として漏れやすい**ということです。よくあるのはマネージャーが等級別に期待することを共有する中で目標を何らかの形で公開してしまい、各自の等級が逆算されてしまうということです。評価シートは公開されていなくとも、チーム単位の会議で個別の目標が語られる場面で、暗黙的に漏れてしまうこともあります。

　また、経営陣が仮等級を「公開しない」と判断する場合、「**等級と報酬のギャップ」のある人について説明がしきれないという経営陣の不安**があります。4等級の報酬水準でありながら、仮等級の判定結果が3等級である場合、今まで「4等級相当」の接し方・見せ方をしてきたため説明がつかなくなることに不安を感じているのです。そこで、トライアル運用中の仮等級は非公開として「4等級」で本人に通知、そして6カ月間で「4等級」にふさわしい状態になってもらうのがお互いにとって最も穏便な方法ではないかと考えてしまいます。

　しかし、この理想は現実になり得ません。「3等級」の実力である方に「4等級」にするけれど「4等級」としては不足しているところがあるのでキャッチアップしてほしい」という支離滅裂なメッセージを伝えることになるからです。その結果、本人は危機感をもつことができず、6カ月経っても経営陣の期待通りに成長していることはありません。

　最後に、私は「仮等級を公開しない」ことには反対ではあるものの、公開しな

かったケースも見てきました。そのほとんどの場合、本等級が決まった後の本番運用になっても「等級は公開しない」と判断されており、問題の先送りが続く結果になっています。そうなってしまう理由はシンプルで、上記の通り、等級と報酬のギャップが本人へ正直にフィードバックされていないため、問題が解消されないからです。

　そして、「本等級が決まったら公開する」と周知していたのに、非公開が継続されることにメンバーは不信感を抱きます。しかも、経営として「非公開」の背景を合理的に説明することができず、人事制度を形骸化に導く発端となり、経営に対する信頼も揺らいでしまいます。このような事態を避けるためにも、私は「仮等級を公開しない」ことには反対するポジションを取っているのです。

人事制度説明会の企画・実施・フォロー

人事制度説明会の3つの観点、説明会のプランニング、説明会資料（コンテンツ）、アフターフォローについて説明します。

人事制度説明会はスタートアップのメンバーが集まる場としては、比較的緊張感に包まれています。普段の真剣な中にも遊び心がある空気と違って、個人のキャリアや評価、そして報酬に関わるため、いたって真面目な雰囲気になります。違和感はあるかもしれませんが、いつもと違う感覚であると腹をくくって、場づくりを心がけましょう。

一方で、参加者であるメンバーが不安になり過ぎることも良くありません。そこで、**説明会の主旨については説明会の周知と一緒にアナウンスしたり、説明会の冒頭でも丁寧に伝えたりする**ようにしてください。スタートアップは、基本的に人件費抑制を目的に人事制度を導入・改定するわけではなく、**フェアな報酬決定を通じて「仕事に集中できる環境をつくる」**ことがその目的となっています。この目的に対する共通認識を早めに図り、不要な不安を取り除いて説明会に臨めるようにすることも大事なコミュニケーションの1つです。

事前に実施した仮等級判定の結果から、不利益変更の可能性、つまり現在の年収が報酬レンジを超えてしまっているケースは想像がついているため、その可能性の有無や、程度に応じてコミュニケーションのスタンスを決めると良いでしょう。

人事制度説明会は前半・後半の2回に分けて実施する

実施概要を以下のように箇条書きで整理しました。

〈人事制度説明会の実施概要〉

- 説明会1回あたりの参加人数の目安は50名以下
- 役職者（メイン評価者）と非役職者（被評価者）で実施を分けることは可

227

- 1カ月前にはスケジュールを告知しておく
- 60分の説明会を前後半2回に分けて実施
- オンライン実施可
- 説明会の動画撮影を忘れないようにする
- スピーカーは人事担当役員またはCEO（人事担当メンバーではない）

　人事制度を導入する際のメンバー数に応じて、実施回数を検討します。**説明会1回あたりの参加人数は、目安として50名以下です**。50名までであれば、一度に全メンバーを集めて説明会を実施し、50名を超える場合は何回かに分けて実施するようにします。

　大人数で実施しないのは、人数が多いとQ&Aで質問する際に躊躇（ちゅうちょ）してしまう、1人あたりの質問できる時間が短い、スケジュールが合わずに参加できない方が出るなどの問題が生じやすいからです。「50名以上の場合、説明会は絶対に2回以上に分けなければならない」という強い意見ではありませんが、できれば**時間をつくって丁寧に進めること**をおすすめします。

　また、参加者の人数が多い場合、**役職者（メイン評価者）と非役職者（被評価者）に分けて説明会を実施する**こともあります。評価者目線での質問や意見が実際にあるため、それぞれの立場の方を集めて実施した方が参加する側の理解促進の面でもプラスに働くという理由からです。

　スケジュールの告知は、なるべく早めに行います。**遅くとも1カ月前には告知しておきましょう**。欠席をなくし、全メンバーに参加してもらうためです。制度設計には数カ月の期間を要しますし、事業年度に基づく上半期・下半期に連動させて人事制度を運用するため、制度導入と説明会の時期は比較的早いタイミングで見立てることができます。早めに伝えてスケジュールを押さえてもらえるよう抜かりなく準備しましょう。

　実施時間は、**聞き手の集中力を考慮して60分**とします。ただし、60分で、等級制度・評価制度・報酬制度のすべてを説明することと、さらにはQ&Aの時間まで取ることは難しいため、**前半と後半の2回に分けて実施すること**をおすすめします。前半に等級制度と報酬制度、後半に評価制度について説明し、それぞれにQ&Aを設け60分ずつで実施します。

　また、オフライン実施にこだわる必要はありません。1週間または1カ月に1回などの頻度で全メンバーが集まるオフラインの全社会議がある場合、その機会を

活用する選択肢もありますが、オンライン実施でも問題ありません。

　ただし、私の経験上できれば避けたいのは、オフライン組とオンライン組が別れて同時に説明会に参加することです。例えば、50名のうちオンラインで20名、オフラインで30名が参加するようなイメージです。スピーカーがオフラインの場合、どうしてもオンライン組の「観客」感が強くなってしまい、逆にスピーカーがオンラインだとオフライン組の緊張感が薄まってしまうなど、オンラインとオフラインで温度差が生じてしまいます。そのため、私がこだわりたい点としては**全員オフラインか、全員オンライン、どちらかに統一する**ということです。

　なお、**説明会は録画する**ことを忘れないでください。説明会の内容について再び確認できるようにすることは当然ですが、急用や体調不良などから欠席した人向けや、今後の新入社員向けの説明コンテンツとしても活用できます。**人事メンバーのリソースが恒常的に不足しているスタートアップでは、体制が整うまでの一時的な対応策として動画は有効です。**本来は、その都度説明の機会を設けてリアルで対応したい気持ちもありますが、リソースを踏まえて判断してください。

　最後にスピーカーについてです。人事制度は会社のルールブックであり、人・組織に対する経営陣からのメッセージです。決して、人事担当者に丸投げしてはいけません。**人事を管掌する役員、もしくはCEOが率先して説明すべきです。**スタートアップでは、人事領域のプロが社内にいないこともめずらしくありません。この状態で人事制度を導入する場合、人事制度をリードするのは経営陣の役割です。やるからには方針や考え方だけでなく、**制度・運用の細部まで理解し背景と具体的な内容まで説明できるように準備しましょう。**

人事制度説明会の資料は標準化できる

　人事制度説明会で使用する資料は、次のように6つのパートで構成されます。

1. はじめに
2. 人事制度サマリー
3. 等級制度
4. 報酬制度
5. 評価制度
6. おわりに

スライドで作成する場合の目次案を紹介します。スライドによる説明では、報酬レンジや昇降給テーブル、等級要件、評価基準、制度運用のスケジュールやプロセスなど、具体的なHowやWhatに説明が終始してしまう傾向があります。リード文でWhyをコンパクトに説明するものの、すべてを言語化して記載することはできません。そこでおすすめしたいのが、**スライド資料とは別にWhyを丁寧に言語化したドキュメントを作成しておくこと**です。

Whyを文書化する目的は、人事制度に対する納得感の醸成です。人事制度を説明する場合、思いのほかWhyが抜けがちで、制度の中身（WhatやHow）に終始してしまう傾向があります。しかし、納得感はWhatやHowではなく、Whyから生まれるものです。「なぜ人事制度を導入し運用しているのか？」「なぜ等級は8段階なのか？」「なぜ成果評価と行動評価の2つなのか？」「なぜ報酬レンジは2つの職種グループに分けて設計しているのか？」など、背景の説明を通じて次第に納得するのです。

また、話は変わりますが、将来的に人事制度を改定する際、現行制度の背景がわからないと改定の議論が進まないという問題も生じます。人事制度の改定は結局のところ「なぜ変えるのか」が論点であり、新旧のWhyが議論のベースになるからです。

誰が人事制度を説明しても、誰が人事制度の資料を読んでもその背景までわかるよう、ドキュメントを標準化しておくことが大切です。

次に、説明会資料の目次を紹介します。実施概要でも説明した通り、説明会は「前半パート」と「後半パート」の2パートに分けて実施するため、図表6-8のように2パートに分けて作成します。

説明会資料で工夫した点をお伝えします。「 **前半パート** 等級制度・報酬制度」の「1. はじめに」で、人事制度は「永遠のβ版」であること、つまり**今後も変化していくことを強調し、その前提を擦り合わせた上で説明を聞いてもらうように**します。実際、説明会の6カ月後あたりで等級判定や人事評価、報酬決定を運用して振り返りのプロセスを経た後に改善されていきます。この際、「もう変わるの？」ではなく、「早速改善されている」という気持ちになってもらうためには、**導入説明会のタイミングできちんと認識を合わせておくことが大切です。**

前半パート 等級制度・報酬制度

1. はじめに

- スケジュール
- トライアル運用について
- 説明を始める前に

2. 人事制度サマリー

- 人事制度を導入する目的
- 人事制度とは？
- 等級と人材概要
- 報酬レンジ
  - 職種グループA
  - 職種グループB
- 評価制度の全体像
- メイン評価者の役割
- 評価昇給　昇降給テーブル

3. 等級制度

- 等級制度と評価制度の違い
- 等級要件
- 等級判定
  - 判定方法
  - 等級判定シート
  - スケジュール
  - 降格アラート
- 等級公開

4. 報酬制度

- 職種グループの定義
- 報酬レンジ
  - 職種グループA
  - 職種グループB
- 昇給
  - 評価昇給_昇降給テーブル
  - 昇格昇給
  - 昇格特別昇給
- 降給
  - 評価降給
  - 降格降給
  - 調整給

5. おわりに

- 説明会後のアクション
- FAQ
- Q&A

6

スタートアップへの人事制度導入

後半パート 評価制度

【再掲】1. はじめに

- スケジュール
- トライアル運用について
- 説明を始める前に

【再掲】2. 人事制度サマリー

- 人事制度を導入する目的
- 人事制度とは？
- 等級と人材概要
- 報酬レンジ
  - 職種グループＡ
  - 職種グループＢ
- 評価制度の全体像
- メイン評価者の役割
- 評価昇給　昇降給テーブル

3. 評価制度

- 人事評価
  - 成果評価と行動評価
  - スケジュール
  - 評価フロー
  - 評価シート
  - サンプル公開（3種類）
- 成果評価
  - 進め方
  - 目標設定ガイドライン
  - 評価方法
  - 評価尺度
- 行動評価
  - 評価基準
  - 評価尺度

4. おわりに

- FAQ
- Q&A

組織拡大に向けて、早めに人事制度を運用・改善できるように、人事制度の設計・導入に着手しました。

　　基本的に人事制度は「**永遠のβ版**」であると考えています。

　　事業と組織の成長に合わせて制度の設計・運用を繰り返し、常に進化させる必要があるためです。そこで、人事制度の内容をオープンにすることはもちろん、きちんと背景まで皆さんに共有していきます。

　　まずは、企業の成長に応じてカイゼンを加えていく心構え（前提）であることをご理解の上、説明をお聞きください。

図表6-9　「説明を始める前に」の具体例

　「2.人事制度サマリー」では、まず**人事制度の目的と全体像を共有します**。木を見て森を見ずにならないよう目的を把握した上で、全体像を理解できるようにします。細部にこだわることは大事ですが、こだわり過ぎるとそもそもの背景が理解されないまま「面倒なことが増えた」というネガティブな印象だけが残ってしまいます。

　人事制度は、メンバーを細かく管理することを目的とした仕組みではなく、会社とメンバーの双方が仕事に集中し、事業成長を促すことを目的に導入する仕組みです。フェアさを重視して設計した人事制度をオープンに共有するプロセスで、この人事制度の目的を理解できるようにすることも、説明会の「つかみ」で意識したいことです。

　また、聞き手からすると人事制度で最も興味・関心が高い領域はやはり報酬制度です。この**「知りたい」と思っている情報については序盤で伝えておくと、聞き手にストレスを与えません**。こうした一連の体験は、人事制度に対する見方をポジティブにしてくれます。スタートアップのメンバーは人事制度説明会に対して、高い期待をもって参加してくれます。その期待に応えるためにも、参加者の感情に寄り沿った展開をつくることを心がけましょう。

　なお、このサマリーパートは**人事制度の大枠をつかむための重要コンテンツ**です。採用プロセスでアトラクト用の資料として使ったり、内定者向けの簡易的な人事制度の紹介にも活用できます。そのため、**情報量は等級制度・報酬制度・評**

価制度におけるコアな部分に絞り切っています。

「3. 等級制度」では、最初に「等級制度と評価制度の違い」を説明できるようにしました。この2つの制度の違いは、人事制度の中で意識的に理解しようとしなければ正しく把握することが難しく、理解が乏しいまま制度運用に入ってしまうことも多々あります。そうすると、気付かないうちに等級判定と人事評価がごちゃまぜになってしまい、意思決定を誤ったり、メンバーに質問されても答えられない事態となってしまいます。こうしたことを避けるためにも、**等級制度の詳細説明に入る前に評価制度との違いの観点から制度の概要をつかんでもらうこと**が理解を深めるポイントです。

「4. 報酬制度」では、現時点における報酬水準（報酬レンジ）であることを強調し、記憶に残るようにします。企業が成長しフェーズが変われば報酬水準は上がっていくことを前提としている旨を伝え、今後の成長に向けて組織を方向付けていくのです。同時に、昇降給テーブルも今後変わる可能性が十分にあることを伝え布石を打っておきます。もちろん、等級制度や評価制度も時間の経過とともに変化していくことを前提としていますが、**特に報酬制度には制度改定に紐付く不利益変更というリスクがあるため、事前の期待値調整が大切になります。**

「5. おわりに」で説明会後に実施する予定の仮等級通知の進め方を説明し、運用フェーズへと入っていきます。そして、このタイミングで**仮等級が公開される**ことも改めて念押ししてください。後で公開されることを把握していなかった、という認識齟齬が生じないように説明を繰り返します。

「 後半パート 評価制度」では、「 再掲 1. はじめに」と「 再掲 2. 人事制度サマリー」を再掲し、前半パートで説明した等級制度と報酬制度を振り返りながら理解を深めます。

そして、本題である「3. 評価制度」では、成果評価と行動評価のそれぞれについて、目標設定ガイドラインや評価方法、さらに評価シートといった運用ツールも使いながら具体的なイメージを喚起していきます。その際、**目標設定や評価コメントについてサンプルを示すことがポイントです。**実物を見ることで、自分自身の目標設定や人事評価の場面を想像することができます。プロジェクトメンバーに入っているメイン評価者にサンプルを事前に作成してもらえるよう人事で手配します。サンプルは、例えばエンジニア職・セールス職・コーポレート職などのように、職種別に3種類程度用意すると良いでしょう。

⠿ FAQの準備

　説明会のコンテンツとして、**FAQ** (Frequently Asked Questions) を必ず用意しておきましょう。説明会では、もちろんQ&Aの時間は設けますがなかなか質問が出てきません。そもそも、人事制度の内容を理解することは難しく、説明を聞きながら即興で質問を考えることは比較的難易度が高いのです。

　また、忘れてはいけないことは人の心理です。「そんなこともわからないの?」「それ聞くの?」と思われたくない心理や、報酬制度について聞きたいけれどお金の話だけに注目しているように見られたくないといった心理も強く働き、質問するのをためらう要因になります。

　例えば、「報酬レンジの上限を超えて昇給することはありませんか?」という質問です。報酬レンジの目的を考えれば、疑問に思う余地はないはずですが、意外と説明会の中で質問を受けたり後になって確認されたりします。

　説明する側からすれば、当然のことと思うかもしれませんが、そのレベルからFAQを用意しておくことで、**理解が深まるだけでなく質問が出やすい雰囲気をつくることもできます**。以下にFAQの例を挙げておきますのでぜひ参考にしてください。

Ｑ 個人の等級は公開されますか?
Ａ 公開されます

　等級や等級要件の理解を促すためには、実態を知ることが最も効果的です。各等級の方の実際の働きぶりを見ることで、各等級の要件がクリアになるからです。会社が実施する等級判定に対して全社員が自然とチェックするため、ガバナンスの効果も期待できます。また、非公開にしても、個人の等級情報は漏れやすいという背景もあります。

Ｑ 項目別の等級要件をすべて満たす必要がありますか?
Ａ すべて満たす必要があります

　「能力」「リーダーシップ」「バリュー」「成果」の4つで定義される等級要件は、すべて満たすことを求められます。自社にとって必要な要素を選び抜いて設計しているため、不要な要素はないという前提です。

6

スタートアップへの人事制度導入

Q 昇格するには上位の等級要件をすべて満たす必要がありますか？
A すべて満たす必要があります

例えば、3等級から4等級に昇格する場合、3等級の等級要件をすべて満たし（厳密には3等級以下の1～2等級の等級要件も）、かつ4等級の等級要件をすべて満たすことが求められます。3等級の等級要件をすべて満たせば4等級に昇格できるというルールではありません。

Q 何に基づいて目標設定すればいいですか？
A 等級要件、会社の目標、本人の強みとやりたいことに基づき目標設定します

will／can／mustで整理すると、等級要件と会社の目標がmust、本人の強みがcan、本人のやりたいことがwillです。VisionやMissionをmustと捉えることもできますが、抽象度が高いため、毎期定められる全社目標や部門目標を使います。

Q 自己評価は実施しますか？
A 自己評価は実施します

会社が期待する成果や行動に対して、自ら振り返りを行い、期待の理解や自身の成長を促すことを目的に自己評価を実施します。

Q メイン評価者が人事評価を最終決定しますか？
A メイン評価者が最終決定するわけではありません。評価会議において合議で最終決定します

メイン評価者は、被評価者の評価を提案する役割を担っています。提案された評価を最終決定する場が評価会議です。担当取締役が最終決定することもあれば、全メイン評価者の合議で決定することもあります。メイン評価者のみで最終決定はしませんが、会社としては一番近くで被評価者を見ているメイン評価者の評価が最も信頼できると考えています。

Q 中間評価は報酬決定に反映されますか？
A 反映されません

報酬決定は、期末評価の結果を用いて実施します。中間評価は、評価期間の半

分が過ぎたタイミングで実施する評価で、期末評価の際に自己評価とメイン評価に乖離が起きないようにするために行います。できている部分と足りていない部分をフィードバックしてお互いの認識を合わせ、残りの期間で期待を果たせるようにしていきましょう。

Q 評価結果に納得できない場合はどうすればいいですか？

A メイン評価者と話し合い、それでも納得できない場合は人事に相談してください

　基本は、メイン評価者との評価面談でお互いに意見交換をしてください。相手からのフィードバックを感謝して受け入れ、その上で自分の意見を述べます。それでも納得できない場合は人事に相談してください。人事からメイン評価者にヒアリングした上で、ネクストアクションを検討します。

Q 年収が報酬レンジの上限に達している場合、上限以上に昇給しますか？

A 上限以上には昇給しません

　上限で昇給は止まります。原則、上限以上に報酬（年収）が上がることはありません。上位等級に昇格して、報酬レンジの上限が上がれば再び昇給の可能性が出ます。

Q 報酬レンジが上位等級と下位等級で重なっている（重複している）理由は何ですか？

A 中途採用がメインのスタートアップにおいて、重複させることのメリットが大きいと考え意図的に重複させました

主な理由は3つです。

- スタートアップは中途採用が中心で、同じ実力でも前職によって報酬水準が異なる可能性が高く、その水準差を吸収できるようにしたため
- 入社時の等級決定に迷うことを想定し、年収は高くても下位の等級でオファーできるようにしたため。例えば、年収600万円で3等級もしくは4等級で迷う場合、3等級でオファーする
- 入社後の昇給の余地をもたせるため

Q 昇格特別昇給の昇給率（パーセント）、または昇給額は決まっていますか？

A 決まっていません

　本人の実績や貢献度、同等級の他メンバーの年収水準や直近の採用状況、採用市場の動向などを踏まえて、総合的に判断します。必要に応じて外部機関の報酬水準調査も実施し、客観的なデータも参考にします。

Q 報酬レンジを変更する場合、全社員の年収も同時に見直しますか？

A 全社員の年収は見直しません

　ただし、報酬レンジの下限を上げる場合、年収が下限を下回る方は下限まで年収を無条件で昇給させます。上限を上げる場合の対応はありません。

Q 報酬レンジや昇降給テーブルを変更する場合、社内にはいつ周知されますか？

A 報酬制度が反映される人事評価期間が始まる前に周知したいと考えています

　できれば人事評価が始まる期初の前月、遅くとも期初（評価期間の1カ月目）には全社員に変更内容と背景を説明したいと考えています。ただし、検討状況に応じて、若干スケジュールが前後する可能性があります。

Q&Aのテキスト進行が説明会を活性化させる

　多くのスタートアップがさまざまなコミュニケーションの場面で実践していると思いますが、チャットツールを活用してQ&Aにおける質問や感想を活性化させるのは効果的な手法です。説明会の際チャットのスレッドを立てて、そこに質問や感想を何でも書いてもらいましょう。説明を聞いている最中に思ったことを忘れないようすぐにメモできるのも利点です。また、区切りの良いところでスレッドを確認しながらQ&Aを進めていくと説明の途中でも理解が深まります。

　Q&Aの目的は、リアルタイムで不明点を解消したり、知りたいことの理解をより深めることです。人事制度に関する説明会では、**より聞き手の気持ちに立ってコミュニケーションプランを設計することが大切**になります。

アフターフォローまで企画・実行する

Q&Aを経て説明会が終了したら、「そこで終わり」ではありません。次に挙げる3つのアフターフォローを忘れずに実行しましょう。

①参加者にアンケートを取る

アフターフォローの1つ目は、参加者にアンケートを取ることです。理解度を定量的に把握し追加で質問を受け付けます。以下は、アンケートのサンプルです。

人事制度説明会アンケート　前半パート：等級制度・報酬制度

(1)　人事制度説明会の内容は理解できましたか。

- ・よく理解できた
- ・おおよそ理解できた
- ・どちらともいえない
- ・あまり理解できなかった
- ・まったく理解できなかった

(2)　人事制度導入の目的について、よくわからなかった点・もう一度説明してほしい箇所がある場合、その内容を記載してください（任意回答）。

(3)　等級制度について、内容や背景でよくわからなかった点・もう一度説明してほしい箇所がある場合、その内容を記載してください（任意回答）。

(4)　報酬制度について、内容や背景でよくわからなかった点・もう一度説明してほしい箇所がある場合、その内容を記載してください（任意回答）。

(5)　その他、ご意見やご質問などがあればその内容を記載してください（任意回答）。

図表6-10　人事制度説明会アンケート_前半パートの例

アンケートは、説明会終了直後に全社へ依頼し、回答結果は人事にてすぐに集計・確認します。回答期限は間延びさせず、「翌日中」がスタートアップらしいでしょう。なお、図表6-10は前半パート（等級制度・報酬制度）の説明会実施後に配布するアンケートのサンプルです。後日実施する説明会の後半パート（評価制度）では、（3）と（4）の質問文を以下の通り修正の上、再度アンケートを実施します。

（3）　評価制度について、内容や背景でよくわからなかった点・もう一度説明してほしい箇所がある場合、その内容を記載してください（任意回答）。

（4）　前半パートの等級制度と報酬制度について、改めて内容や背景でよくわからなかった点・もう一度説明してほしい箇所がある場合、その内容を記載してください（任意回答）。

アンケート回収後のネクストアクションを3つ紹介します。

1つ目のネクストアクションは、アンケートの（1）の単純集計結果を全メンバーに共有すると同時に、アンケートの（2）〜（5）までについて、同じ内容の疑問・質問に関するフリーコメントがあれば、全メンバーが集まる全社会議などの機会を使って改めてフォロー説明することです。「鉄は熱いうちに打て」という通り、認識のズレはできるだけ早く解消しておきましょう。

2つ目のネクストアクションは、アンケートの（1）で、「あまり理解できなかった」や「まったく理解できなかった」と回答した方に対して、**人事から個別に連絡して回答の理由を確認すること**です。理解できていない状態を放置したまま制度運用を開始しても、自然と改善されることはありません。原因をヒアリングして、建設的に話し合い改善に取り組みます。

ネクストアクションの3つ目は、アンケートに記載されているコメントから**早速改善に使えそうな内容や人事として深掘りしておきたい内容がある場合、本人にその意図や背景を確認した上で改善に役立てる**ということです。設計側で見えていなかったことや考慮できていなかったことがあれば、前向きにコメントを活かすことが大切であり、結果としてアンケートから改善に向かえばメンバーの声の重要性も示すことができます。もちろん、無理やり意見を反映する必要はありませんが、「なるほど」と気付きがあった意見には素直に向き合いましょう。

②マネージャーに1on1での個別フォローを依頼する

　アフターフォローの2つ目は、マネージャーに1on1での個別フォローを依頼することです。メンバーとの定期的な1on1の中で、「人事制度についてわからなかったことはありますか?」や「人事制度について、不安に感じていることはありますか?」と、マネージャーからヒアリングしてもらいます。人事や他のマネージャーにもヒアリング内容を共有できるよう、意見集約用のスプレッドシートを人事が準備しておきましょう。

③スピーカーと人事関係者で説明内容について振り返る

　アフターフォローの3つ目は、スピーカーと人事関係者で説明内容について振り返ることです。正確に伝わっていないかもしれない点や、改めて説明会で聞いたときに違和感のあった点を洗い出します。この振り返りは、**記憶が鮮明なときになるべく早めに実施する**ことが大切です。必要に応じて、撮影した動画を見ながら振り返ることもできます。アフターフォローを通じて、改善の一歩目に着手しましょう。

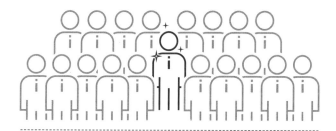

第 7 章

スタートアップの人事制度
の運用ノウハウ

　導入した人事制度がうまく運用できないケースがたくさんあります。どれほど人事制度をつくり込んでも、運用されなければ意味がありません。この状態が続くと人事制度が形骸化してしまい、その状況を放置している経営陣に矛先が向くことも想定されます。形骸化は、絶対に避けなければなりません。

　運用に手こずる原因はさまざまですが、スタートアップが特に注意したい点について解説します。

スタートアップの 人事制度「運用」に対する 正しい認識

皆さんは人事制度を運用することについて、どのようなイメージをもっているでしょうか。個人別の評価シートを作成・配布し、入力依頼からリマインド、期限までに集計・分析し、評価会議をファシリテートすること、決定した評価結果を使って個人の報酬を決定するために計算シートをつくること、最終的な報酬金額を処遇条件通知書に反映しマネージャーに説明依頼をかけることなどでしょうか。基本的に設計された制度に基づきコツコツと単純作業を繰り返したり、現場に依頼をかけ実行をサポート・管理したりすることをイメージされるかもしれません。しかし、実態はそうではないのです。

スタートアップにおける人事制度の運用は簡単な仕事ではない

私は、人事制度の運用は簡単な仕事ではなく、**専門性の高い難しい仕事である**と考えています。「本当にそうなの？」と思われるかもしれませんし、「簡単な仕事ではない」という点に同意してもらえるとしても「難しい仕事である」ことには納得してもらえないかもしれません。

しかし、「人事制度がうまく運用できていますか？」と問われたとき、自信をもって「Yes」と回答できる方は少ないのではないでしょうか。「簡単な仕事」だと認識している一方で、人事制度がうまく機能しているようには感じられないという、このギャップの原因はどこにあるでしょうか。

それは、**スタートアップにおける人事制度の「運用」には、常に改善が伴い「設計」を同時に行っていること**が背景にあります。スタートアップではない一般的な企業であれば、人事制度を導入してから3年程度は同じ運用スタイルで進むところが、スタートアップの場合、事業や組織の成長度合いが早いため1年ももたずにアップデートが必要になるのです。

勢いのあるスタートアップであれば、50名以下だった組織が100名へ、100名

だった組織が300名へと1年で成長していきます。その変化に合わせて組織構造が変わり、結果としてメイン評価者も増えます。組織構造やメイン評価者が変わることで、例えば報酬閲覧権限など人事情報の取扱いを変更したり、評価会議や等級判定会議といった会議体の進め方や参加者も変えなければなりません。

さらに、メンバーが増える過程で人事制度のコアである等級要件や報酬レンジも更新する必要があります。組織拡張に合わせて人事制度と運用スタイルを最適化させていくことには、クリエイティブな脳の使い方も求められます。人事制度を設計・導入したら、「後は人事に運用を任せて」で終わりではないのです。

▐▪ イレギュラーなケースに対応し続けなければならない

人事制度の運用は簡単な仕事ではないと述べました。ここからは、スタートアップで人事制度を運用していれば必ず経験するであろう事例を紹介します。

人事制度の導入後、採用活動におけるオファーの前に「等級判定」が必要になります。判定された等級に基づき報酬レンジが決まり、オファーできる報酬水準の上限が決まりますが、必ずイレギュラーなケースが発生します。それは、「報酬レンジが合わない」ケースです。

具体的にいうと、職種グループAの方で現在の報酬水準は630万円、本人の希望は最低でも現在の報酬水準を維持したい、また他社からは630〜650万円でオファーされている、という状況でありながら、自社における等級判定の結果は報酬レンジの上限が600万円の「3等級」になってしまうケースです。

人事制度を導入してすぐの頃であれば、現場のマネージャーから「最低でも630万円でオファーしたい。650万円の可能性ももたせておきたい」という声が出ます。上限が600万円であることを把握していないこともあります。さて、この状況で人事制度の運用主体者はどのように考えるべきでしょうか。

まず、選択肢を整理します。大きな方向性として、**オファー額をどうするか**です。

A：630万円　　　B：650万円　　　C：600万円

AとBは上限を超えたオファーを許容する案、Cは上限に留める案です。私は、1人の採用のために会社全体の人事制度を無視することは人事制度の形骸化を招

スタートアップの人事制度の運用ノウハウ

くことから、Cを提案します。ただし、ここで終わりではなく、さらに次のような
オプションを検討します。

① 報酬レンジの変更を検討する
② 3等級ではなく4等級でのオファーの可能性を探る
③ サインアップボーナス（入社一時金）として不足分の30〜50万円を入社時
　に一時金で支給する
④ 調整給として不足分の30〜50万円を入社後の基本給に1年間限定で付加する

　①について、もし、この状況が何度も続き報酬水準が採用活動のボトルネックになっていると判断できる場合は、**3等級の上限について報酬レンジの変更を検討します**。ただし、3等級の上限を変えるということは、4等級の下限や上限にも連動する話のため、報酬レンジを全体的に精査することになります。

　次の②について、そもそも3等級ではなく4等級としてオファーできるのであれば報酬レンジの問題はなくなります。4等級としてオファーできない理由を現場と擦り合わせながら4等級の可能性も模索します。注意したいことは、**報酬水準「だけ」を理由に4等級にすることはできない**ということです。これをやってしまうと、等級判定に対する信頼性がなくなり制度の形骸化を助長することになります。

　選択肢の③と④は、報酬に関する一時的な補填施策です。私の推奨は④ではなく③です。③のサインアップボーナスも誰にでも適用すべきとは考えておらず、採用における「緊急度×重要度」がどちらも高い場合に検討すべき領域であると考えています。また、一般的な人事制度に関する書籍には、「調整給」としてこの手の報酬ギャップを埋める手法が紹介されています。私も本書を通じて、降格降給や仮等級判定時の報酬ギャップに対して調整給の使い方を紹介してきました。ただし、**これは既存メンバーの降給に対する激変緩和措置であり、新入社員の採用オファー時に適用すべき施策ではありません**。

　④を推奨しない理由は、管理が手間であること、スタートアップにおける1年先はまったく別世界であること、1年後に揉める可能性があることの3点からです。「管理が手間」というのは個別対応する手間はもちろん、「誰にまで共有すべき情報か」を決めることや、1年後に対応しなければならないことを記録して覚えておかないといけないこともあるなど、想像以上にストレスフルで面倒な作業になります。議事録やメモを残しておいたとしても、1年後に対応事項の背景や詳細

を忘れてしまうことは容易に想像できます。

また、スタートアップの1年は変化が激しいものです。1年後には等級制度や報酬制度が変わっているかもしれません。期待する等級レベルが変わっている場合、この調整給はどう扱われるのでしょうか。

結果として1年後に調整給がなくなるタイミングでは揉め事の原因にもなり得ます。こうしたリスクは「まったくない」とは断言できません。私の経験では、調整給扱いで採用し、後になって「調整給で対応しておいて良かった」という声は聞いたことがありません。

個人的に思うことは、**目先の採用という短期的な利益のために払う代償として、採用オファー時の「調整給」はバランスが悪い**ということです。これまで人事制度を運用する中で調整給に問題を感じているのなら今すぐにやめるべきです。また、これから人事制度を導入・運用する企業では調整給を使った採用は避けましょう。

既存の制度を続けるべきか、やめるべきか？

報酬レンジの上限を超えた採用オファーに関する事例は、人事制度を導入した直後から発生する可能性があります。こうした制度運用と改善活動が常に続くのがスタートアップにおける人事制度の運用です。さらに、人事制度を運用していくと「既存の制度を続けるべきか、やめるべきか」という課題にも直面します。これも、よくある事例を紹介します。

ニッチなテーマですが**昇格レポート**です。3-7で説明した通り、昇格の理由を丁寧に社内周知するために昇格者とメイン評価者が昇格レポートを作成します。この昇格レポートについて、組織の規模が拡張すると「昇格レポートって何のために書くんだっけ？」「メンバーが多くなってくると、メイン評価者の昇格レポートの負担が大きい」という声が上がり、「昇格レポートはやめませんか」という流れになってしまいます。

先に私の経験を話すと、このようなときに**やめたケースもあれば継続したケースもどちらもあります**。正解はないため各社で判断が異なりますが、参考までに継続賛成派と反対派の意見を箇条書きでまとめておきます。

- 負担はあるが効果もあると思う。けっこうみんな読んでくれていて、自分に近しい他者の昇格理由を知ることで、昇格を自分事に置き換えて考える契機になる
- 昇格の節目として、昇格者の意識付けに効果があると感じている。レポートを書くことでメンバーの振り返りにもなり、コミュニケーションのキッカケにもなっている
- いろいろな昇格のケースや背景を知ることで、昇格の基準を感じ取ることができている。他チームの昇格基準を自チームでそのまま活用することはできないが、共通点を参考情報として活用できている
- 普段、関与が少ない方でも昇格レポートを読むことで、どんなことをやっているのか、どんな成果を残したのかがわかるのは良い

- 配下のメンバーで昇格者が複数名に及ぶと、メイン評価者のレポート作成の負担が大きい
- 組織も大きくなり、昇格者の理由を周知しても相手にとっては「わからない」となっているように感じる。本来の目的を果たせていないように思う
- そもそも自分自身があまり他者の昇格レポートを読んでおらず、他の方も読んでいないと思っている。そうであれば作成コストもかかるのでやめてしまうのもありなのでは？
- 人事として現場に昇格レポートを依頼して、完了から社内発信までのプロセスに手間がかかっている。期限通りに作成できていないケースも目立ってきており、忙しい相手にリマインドするのも気が引けて……

　こうした意見が集まったとき、どう判断すべきでしょうか。制度を継続するにしても、やめるにしてもどちらが正解とは言い切れません。

　検討プロセスとしては、まず**昇格レポートの目的を振り返り、その目的の達成度と妥当性を議論**します。設計当時はフィットしていた目的でも今の組織にはフィットしていないこともあるでしょう。継続を前提に考えることはせず、フラットに現状を分析し、反対意見が出てくる背景を入念にリサーチします。オペレーションの改善やレポートテーマの変更で問題解決ができれば継続ですし、そもそも目的に対するニーズや捉え方が変わっている場合は、思い切って廃止すること

も必要です。

　事業や組織の変化、さらに人事制度が適用されるマネージャーやメンバーの価値観・実力によっても、人事制度の改善に関わる意思決定は変わってきます。人事制度運用の責任者には、自社の成長を促す制度にするべく最適な判断を下せるように運用をリードしなければなりません。

■:・ 人事制度の運用がうまくいかない本質的な原因はリソース不足

　ここまで人事制度の運用は比較的、難易度の高い仕事であることを具体例を交えて説明してきました。こうした背景がありながらも、多くのスタートアップでは人事制度の運用を、採用担当者やコーポレート部門のメンバーが兼務で対応しています。結果、人事制度の運用が回らないという問題に直面します。

　人事制度の運用がうまくいかない本質的な原因は、**リソース不足**です。そもそも、人事制度の運用業務に対する認識が実態と乖離しているため、リソース配分の必要性をもてずにいます。スタートアップは、どの部門であってもリソースが十分なことはなく、会社として推進しようとしていることに対して、恒常的にリソース不足が続きます。しかし、人事制度を導入すると決めたら人事制度の運用に「投資」することが必要です。

　では、具体的にどれくらいのリソースをあてるべきかというと、私は**社員数の「5%」**と考えています。100名の組織であれば、人事チームは5名必要です。50名の組織であれば2〜3名、300名の組織であれば15名となります。もちろん、これは運用業務だけでなく、人事企画から労務、人材開発、組織開発、採用企画を含めた数字です。なお、採用領域のオペレーション人員は、採用への力の入れ具合に大きく左右されるため、ここでは人員数にカウントしていません。

　スタートアップでは兼任や兼務が多く、人数が少ないときはなおさらその傾向が強まります。ただし、この5%のリソースはコーポレートに関する業務を一部サポートすることがあったとしても、兼任や兼務ではなく**人事領域を専任・主務とするリソースであるべき**と考えています。

　一見、兼務でも回っていると思う方がいるかもしれませんが、表面的に仕事が回っているだけで問題だらけになっていることがあります。人事制度に対する不満が放置されていたり、制度や運用の改善が進んでいなかったり、新たに入社した方のオンボーディングが間に合っていなかったりなど、表面的にはできている

ように見えて、実は問題だらけになっている状態です。

　人事領域の専門人材を採用できないという背景はあるものの、人事リソースを「5％」でそろえようと考えているスタートアップは少ないかもしれません。しかし、きめ細かく人・組織に対応しようとすると、一定のリソースが必要になります。そして、「5％」のリソースについて人材レベルも考慮しなければなりません。100名組織の場合、図表7-1の体制を組織づくりの目安にしてください。

図表7-1　100名組織の場合の人事体制の目安

　この5名体制です。100名規模の組織であれば、改善サイクルを確実に回すためにも、経営陣の一角として意思決定できる人事マネージャーが不可欠です。そして、**メンバーは3等級以上でオペレーションだけを担うのではなく、振り返りから改善企画、制度設計まで担えるチームづくりを目指しましょう。**

7-2 「スタートアップらしさ」が詰まった人事制度の運用ツール

人事制度を運用するには、人事制度の設計書や等級判定シート・評価シートなどが必要です。これらの運用ツールは、人事制度を運用しながらその都度、修正を加えて完成度を上げていくため、導入当初は可変性が高いスプレッドシートやドキュメントツールで作成していくことを推奨しています。制度運用が安定してきたら、効率性や安全性をより高めていくために、人事システムを導入し、標準化・自動化を進めていきましょう。

運用ツールを連携させて半自動化を目指す

これまでの制度設計の説明の中で、運用ツールの一部を紹介しました。**等級判定シート**と**評価シート**です。等級判定シートは、人事制度導入時のトライアル運用では全メンバーを対象に作成・運用します。本番運用後の定常運用では、昇格または降格の対象者向けに、評価シートは各評価期間における評価対象者向けに作成・運用するシートです。このシート類は最終的に報酬を決定するためのツールなので、すべて人事が責任をもって準備します。図表7-2はツールの全体像を描いたものです。

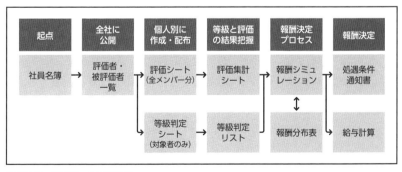

図表7-2　運用ツールの連携図

個人別の等級判定シート内に記録された判定結果を一覧化した「**等級判定リスト**」、個人別の評価シート内で算出された評価結果を一覧化した「**評価集計シート**」の2つの結果を「**報酬シミュレーション**」に連携し、等級判定と人事評価の結果を昇降給に変換して年収に反映させます。

　年収や昇降給に関する数字を縦と横で比較しやすく可視化した「**報酬分布表**」を、メイン評価者や経営陣向けに作成し、報酬決定を人事がリードします。報酬が決定したら、最終的な年収情報は給与計算を担当する方へ情報が流れると同時に、年収と昇降給の内訳を記した「**処遇条件通知書**」へと連携されます。これが**運用ツールを介した報酬決定プロセス**です。

▼氏名（新等級／新年収）評価昇降給額／昇格降格昇降額／特別調整額　※万円単位
※「★」は昇格／降格者を意味する

年収（万）		ソフトウェアエンジニア	プロダクトマネージャー	フィールドセールス	カスタマーサクセス	コーポレート
	840					
	830	Aさん (4/830.4)18/0/0				
	820					
	810					
800	800					
	790					
	780			Eさん (4/783.6)9.6/0/0		
	770					Iさん (4/772.8)0/0/0
	760					
	750		Cさん (4/753.6)12/0/0			
	740					
	730					
	720		Dさん (4/723.6)25.2/0/0			
	710					
700	700				★Gさん (4/700.8)19.5/88.4/40	
	690					
	680					
	670					
	660					
	650				Hさん (4/656.4)4.8/0/0	
	640					Jさん (4/636) 14.4/0/0
	630					
	620			Fさん (4/626.4)8.4/0/19.4		
	610					
600	600	★Bさん (4/600)12/100.8/0				

図表7-3　報酬分布表

　私は、これらのツールをすべてスプレッドシートで作成しています。**スプレッドシート間の情報は「IMPORTRANGE関数」で連携させることができる**ため大変便利です。例えば、個人別の評価シートから必要な情報（評価結果）を「評価集計シート」にインポートして一覧化することができます。「評価集計シート」のフォーマットを一度作成すれば、元データとなる評価シートのURLを更新することで、翌期の評価結果を取りまとめた「評価集計シート」が完成します。一覧化だけでなく**評価結果の集計からサプライズ分析まで幅広く半自動化できる**ため、

集計作業を効率化することができています。

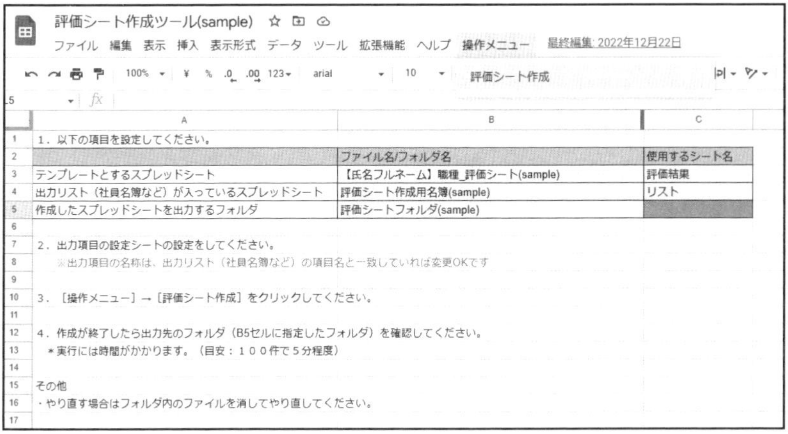

図表7-4　シート間の情報を連携できるスプレッドシート

　また、個人別の評価シートは人数分の作成が必要ですが、手動で対応すると繰り返し作業の負担がかかるだけでなく、作業事故のリスクも高まるため、GAS（Google Apps Script）を使って自動化しています。個人別に評価シートが作成され、等級や評価者に関する基本情報の入力、編集権限の設定、フォルダ作成と該当フォルダへの保存までが自動化されています。評価シートだけでなく、等級判定シートや処遇条件通知書などフォーマット化できていればGASによる自動化が可能です。

　この運用プロセスを安定的に回すことは簡単ではありません。新入社員が増え続ける中で等級判定から報酬決定まで間違えることなく推進することがいかに難易度の高い仕事であり、そしていかにリソースを必要とするかが見えてくると思います。

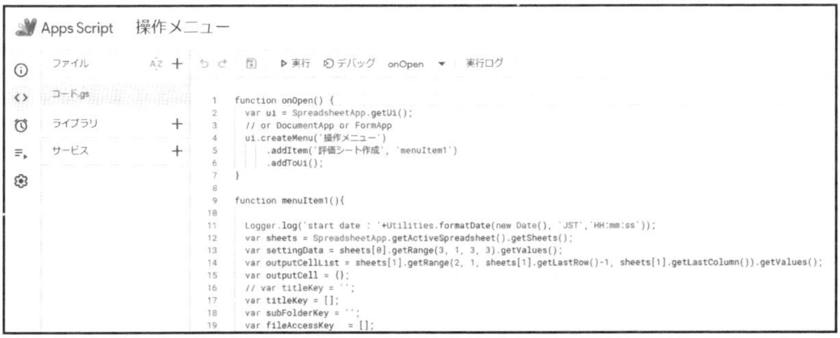

図表7-5　評価シートを自動作成できるGAS（Google Apps Script）

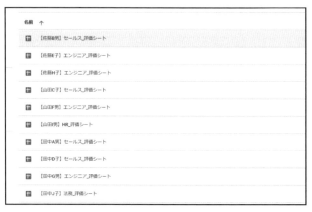

図表7-6　フォルダ作成・保存を自動でできるGAS（Google Apps Script）

ドキュメンテーションを怠ってはいけない

　人事制度の運用、例えば等級判定や人事評価は、実施月が決まっている定常的な人事イベントです。繰り返しのオペレーションが求められる一方、改善の頻度が高く、取扱いに手間取る仕事であることを述べました。

　この状況で、人事制度を運用する担当者・事務局は、人事制度に関するドキュメント（ハンドブック、マニュアル、デザインドックなど）の更新を怠ってしまうことがあります。人事制度や運用プロセスが定着したときに、時間をかけてドキュメンテーションしようという慣性が働くのです。

　しかし、安定化するまでに何度も更新がかかるため、多くの場合、最新版のドキュメントへの更新対応が遅れてしまいます。一度遅れるとキャッチアップするのも大変です。そのため手間はかかりますが、ドキュメンテーションの更新は後でまとめて実施しようとせず、**変更があったらすぐに着手し仕掛り案件をなくす**ことがポイントです。

　ドキュメンテーションする際のコツは、**人事制度の背景や改定の背景など「Why」に関する記述を忘れない**ことです。人事制度には、絶対的な正解がないため、「これが正しいかどうかわからないけれど、これが自社には合っていそう」という「共感」が求められます。その「共感」をつくり出すために必要なのが、「なぜこういう人事制度なのか？」という「Why」に関する説明です。

　続々とジョインする新入社員や新たに任命されるマネージャーに対して、人事

制度に関する理解活動を実践しようとすると、情報が膨大かつ複雑であり、組織と個人を現実的に言葉で動かさないといけない理由から、どうしても制度自体の説明に終始してしまう傾向が出ます。しかし、**組織と個人を動かすために必要な情報は、「共感」を生み出す「Why」であること**を忘れてはいけません。

　また、「Why」をドキュメンテーションすると、アウトプットされた一語一句を通じて客観視することができ、「Why」の合理性を検証することにも大いに役立ちます。口頭ではなく文字で確認することで、的確な気付きを与えてくれます。これもドキュメンテーションの効果です。こうした運用プロセスを整備するためにも、人事リソースの拡充は避けては通れません。

7-3 スタートアップの人事制度運用に必要不可欠な1on1

　スタートアップでは、マネージャーとメンバー間で行われる一般的な面談スタイルとして、1on1が定着しています。1on1に関する解説書も数多く出版され、人事テーマの1つとして確立しました。本書は、1on1の専門書ではありませんが、人事制度を運用する上で1on1は重要なピースであるため、私なりの1on1論をポイントを絞って紹介します。

1on1は「結果」に対して「納得感」を生み出すコミュニケーション

　人事制度の観点を抜きにすると、マネージャーとメンバーのそれぞれの時間を使って仕事について話し合う1on1の機会は、もちろん最終的には成果を出すために行われます。成果につながるコミュニケーションの仕組み化が1on1です。この1on1を、人事制度の観点から語ると、その目的は**人事制度の運用と結果に対する納得感の醸成**となります。本書で一貫してその重要性を強調している納得感が、1on1には必要不可欠なのです。

　人事制度の運用と結果に対する納得感に1on1がなぜ必要なのかというと、納得感を生み出すにはマネージャーとメンバーによる1対1の良質なコミュニケーションが欠かせず、その**コミュニケーションの「量」と「質」を組織的に安定化させる取組み**が1on1であると考えているからです。

　1on1の具体的な枠組みについて紹介する前に、1on1を効果的に進める上でのノウハウを解説します。それは、**いかにオープンに話せる環境をつくるか**です。後ほど紹介する通り、1on1に慣れていないケースではトークスクリプトを活用し、コミュニケーションの流れをサポートします。しかし、問いかけを標準化してもメンバー側が「コミュニケーションを取りたい」と思わなければ、1on1は成立しません。そこで、オープンに会話できる関係性をつくる必要があります。この関係性をつくるために実践的な2つのノウハウを紹介します。

1つ目は、**マネージャー自らメンバーにフィードバックを求め、その意見を必ず受け入れること**です。ポイントは、内容がマネージャーにとって納得し難いことや耳の痛いことであっても、「メンバーは、そのように感じている」という事実を尊重し相手の意見を受け入れることです。この姿勢を示すことで、メンバーは「マネージャーは意見を受け入れてくれる」ことを体感します。たとえ間違ったことをいおうが、受け止めてもらえるとメンバーが体感できることが肝心です。この積み重ねが、オープンに何でも話せる関係性に寄与します。

　2つ目は、**マネージャー自身が「わからない」や「対応できない」と思ったことは見栄を張らずに素直に伝え、失敗も隠さずメンバーに共有すること**です。マネージャーとしての威厳や信頼に傷がつくと思うかもしれませんが、実際はメンバーにとって「マネージャーも完璧な存在ではない」という認識につながり、自分の能力不足や失敗についても過剰に「隠す」という気持ちが薄れてきます。**弱みや失敗をオープンに開示できる文化こそ、オープンなコミュニケーション文化**なのです。

　この2点をマネージャーが意識的に実行することで、メンバーがコミュニケーションを取りやすい環境がつくられます。逆に考えると、この2つのノウハウが実行されていない中でメンバーに意見を求めても本音を語ってくれることは少ないと認識しておきましょう。

　メンバーのキャラクターによって、オープンにコミュニケーションを取ってくれるケースもあるかもしれませんが、相手のキャラクターに依存し過ぎるコミュニケーションでは、マネジメントに限界がきます。**相手（メンバー）を変えようとするのではなく、自分（マネージャー）が変わることで相手との関係性をつくっていくことを目指しましょう。**

隔週30分で事前準備はなし、ただし議事録はつくる

　具体的な1on1のやり方を紹介します。このやり方は、これまでのクライアントの方たちとの議論と実践を通してつくられたスタイルです。

　まず、頻度と時間について**基本は2週間に1回、30分**です。「基本」としたのは、一定の実力があり自ら考えて仕事ができるメンバーであるという前提で考えているからです。本書で紹介した等級制度でいうところの3等級以上です。この方たちは、必要に応じてマネージャーに相談したり、アラートを挙げたりするこ

とができます。そのため、コミュニケーションの仕組みである1on1については、隔週30分で足りると考えています。

　もちろん、この1on1以外にコミュニケーションがないという意味ではなく、週次のチーム定例会議や毎日のクイックな朝会や夕会など、**情報共有や振り返りのためにコミュニケーションは活発に行われている**想定です。この上に、1対1で行われる1on1があるという位置付けです。

　なお、2等級以下のメンバーや自社での経験が浅い新入社員については、隔週ではなく1週間ごとに実施することもあります。相手の状況に応じて頻度は決めていきますが、**実施間隔は2週間もしくは1週間のどちらか**です。

　また、時間は間延びさせず集中して取り組めるように30分としています。1on1に慣れていないとどうしても相手（メンバー）のペースに過度に合わせてしまい、時間切れになるケースもよく聞きます。もちろん1on1は、メンバーのための時間であることから、メンバーのペースを最大限尊重しますが、その時間を最大限効率化することがマネージャーの役割です。

　30分で終わらない場合、時間を延長して続けるのではなく、**別の時間・日程を設定して対応する**ようにします。こうすることで、あえて「別の日時に設定するほどでもない」という結論になったり、逆に「別の日時に設定してでも話しておきたいこと」と認識がそろいます。時間について非常に細かいルールですが、1on1は組織的に動かす仕組みなので、小さなルールも想像以上に効果・効率にレバレッジがかかると留意しておきましょう。

　事前準備は必須としません。過去に1on1用のシートをつくり事前準備をお願いしていたケースがありましたが、うまく機能しませんでした。マネージャーは複数名のメンバーをマネジメントしており、2〜3名ならまだしも、ボリュームゾーンである4〜6名の1on1シートを事前に見るだけでも負担は重いものです。

　そして、事前準備を必須とした場合、事前準備されていないことに対して、マネージャーが「指摘しようかどうか」と迷ってしまうことへの配慮も必要です。1on1を固めに仕組み化してしまうと、「やらされ感」が強まり組織全体から反発が生じてしまいます。そのため、**事前準備については各自の自由**としています。

　1on1の時間（30分で延長しない）は比較的カッチリしたルールである一方、事前準備は緩めのルールです。こういった強弱が実践的な制度になり得るかどうかに影響しており、まさに制度設計のポイントであると考えています。

　最後に、1on1における議事録作成の重要性について述べておきます。私は、

1on1で話した内容をリアルタイムで議事録として残すことを推奨しています。そして、ドキュメンテーションするのはメンバーでなく、マネージャーです。議事録を残す主な理由は、後になって見返すためではありません。会話の内容を文字に起こして見える化することで、**論点が明確になったり、課題を客観視できるようになり、気付きを促すことができる**ためです。そして、1on1がメンバーのために設定された時間であることを示す意味でも、マネージャーが手を動かすことが大事だと考えています。

　オンラインで進める場合、マネージャーがドキュメンテーションツールを画面共有して、議事録をリアルタイムで取りながらコミュニケーションします。オフラインの場合、マネージャーがモニターにPCを接続し、自身の画面を双方で見ながらコミュニケーションを取ります。

　議事録を作成することで、マネージャーはメンバーの意見に100%集中することになります。この姿勢を示すことで、メンバーの1on1への向き合い方も変わってきます。慣れるまでに時間はかかりますが、メンバーの思考や発言に最適化されたスタイルであり、何よりも文字による客観的な把握と振り返りが効果的な気付きを促してくれます。ぜひ、実践してみてください。

図表7-7　1on1のやり方

⋮⋮⋮ 1on1に慣れるまではスクリプトを活用する

　1on1で話す内容について、**スクリプトを準備しておくことを推奨しています**。特に、マネージャーとして初めて1on1を実施する立場になり、まだ慣れておらず、不安を感じるときに使ってもらうことを想定しています。スクリプトの活用は強制ではなく、各マネージャーに任せています。1on1に慣れてきて、自分なりのペースで進められるようになれば、そこでスクリプトの役目は終了です。

　2つのスクリプトを紹介します。1つは**目標の進捗を振り返るためのスクリプト**（図表7-8参照）、もう1つは**メンバーが自分自身とマネージャーの働きぶりについてフィードバックするためのスクリプト**（図表7-9参照）です。

　目標の進捗を振り返る際、メンバーは自分自身の評価シートを見ながら進めます。実際に記載されている目標を眺めながら会話してもらうことで、論点をフォーカスすることができます。

　目標の追加を検討したり、既にある目標と入れ替えたりするなど、目標の精査にも取り組みましょう。

　このとき、1on1は人事評価に関する面談ではないものの、メンバーの発言を踏まえて人事評価に近いやり取りがなされます。「それは確かに素晴らしいね。現時点でsatisfactoryに値する成果」「このままだとその目標はalmostに近いかも。巻き返すためにどうしたらいいだろうか？」「その実績だとまだ自分（マネージャー）が期待する水準までは達していないかも。認識ズレは目標の書き方が原因だと思うから、評価シート上で変えてみようか？」など、人事評価とリンクしたコミュニケーションが1on1の中で行われます。

図表7-8　1on1のスクリプト1：目標の進捗の振り返り

カテゴリー	スクリプト
振り返り	目標に掲げていることで、うまく進んだことや達成できたことは？
成功要因	うまく進んだ要因、達成できた要因は？
課題整理	進捗が良くないのは？　その理由は？
対策検討	どうすれば状況を改善できそう？
行動計画	• 次の1on1までに何をやろう？ • 自分（マネージャー）やチームにサポートできることは？
クローズ	何かいっておきたいこと、聞いておきたいことは？ ※もしくは相手の興味・関心に合わせて雑談する

相互フィードバックのねらいは、メンバーの**自己認識とマネージャーの認識の**
ズレを把握すること、そして**オープンなコミュニケーションを促す関係性を構築**
することです。前者は「**自分へのフィードバック**」、後者は「**マネージャーへの**
フィードバック」を通じて行います。

　「自分へのフィードバック」で、日頃からお互いの認識がズレる点とその原因を
振り返る習慣ができると、モノの見方や考え方、捉え方に対する双方の癖を理解
できるようになり、結果として人事制度における等級判定や人事評価などの認識
ズレも防げるようになります。

　人・組織なのでモノの見方や捉え方は異なります。したがって、その認識にズ
レが生じることは当然であり、大事なことはいかにそのズレを放置せずに向き合
い、解消するかです。このキッカケを、各自のコミュニケーションに任せても品
質にバラツキが出て、最終的に人事制度への納得感に負の作用を及ぼします。
1on1の仕組みを使い解決することが有効なのです。

　「マネージャーへのフィードバック」は、普段メンバーから伝えにくいマネー
ジャーへの気持ちを仕組みの中で伝えやすくした1on1スクリプトです。マネー
ジャーにはポジションに基づく権限があるため、メンバーは本音で伝えにくいこ
とがたくさんあります。

　その状況に対して、次節で解説するKPTのフレームワークでフィードバックが
仕組み化されると、良し悪しを伝えるポジティブ・ネガティブなフィードバック
ではなく、改善に向けたフラットなフィードバックを本音として引き出すことがで
きます。

　大事なことは、**マネージャーは必ずメンバーのフィードバックを尊重し、受け**
入れることです。相手であるメンバーから「そう見られていた」と受け入れ、メ
ンバーからのフィードバックに感謝し、できれば1on1の中でマネージャー自らの
気付きをメンバーに返してあげることで、メンバーもきちんと伝わったと感じてく
れます。最終的に、受け入れたフィードバックを行動や改善に移すかどうかは、
フィードバックの中身次第ではあるため、マネージャー自身で判断して構いません。

図表7-9　1on1のスクリプト2：相互フィードバック

カテゴリー	スクリプト
趣旨説明	良い点や改善点についてオープンにフィードバックし合い今後の仕事を良くしていきましょう
自分への フィードバック	・自分の最近の仕事ぶりに点数をつけると、100点満点中何点？ ・その点数の加点要素と減点要素は？ ・どうすれば100点になる？ ・それをやっていく上で障害になりそうなことは？ ・マネージャーやチームにサポートできることは？
マネージャーへの フィードバック	最近の自分（マネージャー）の立ち居振る舞いに対してKPTでフィードバックすると？ ▶Keep：良かったことは？ ▶Problem：改善できそうなことは？ ▶Try：今後実践してほしいことは？ ※マネージャーは必ずメンバーの意見を尊重して受け入れる。可能であればマネージャー自身の気付きと改善策を伝える
クローズ	何かいっておきたいこと、聞いておきたいことは？ ※もしくは相手の興味・関心に合わせて雑談する

7-4 スタートアップで人事制度を振り返り、改善するということ

スタートアップの人事制度は、運用してみてわかることが多くあります。そして、事業や組織の成長に合わせて制度や運用を変化させていかなければなりません。マネージャーやメンバーの特性・実力によっても運用の巧拙は変わってきます。

導入時のつくり込みに注意すると同時に、運用開始後は振り返りと改善を仕組み化して実行することが大切です。その具体的な方法について解説します。

制度運用直後にKPTで振り返り、即改善する

人事制度は、実際に運用してみて「思っていたイメージと違った」「こうした方がいいかも」ということがたくさん出てきます。また、組織の拡張に合わせて制度・運用を改善していくことも必要です。そこで、振り返りのフレームワークであるKPT（Keep・Problem・Try）を使って人事制度の振り返りを仕組み化することをおすすめします。

人事制度は、スケジュールに合わせて組織を動かす仕組みで、半年に1回のペースで等級判定、人事評価、報酬決定を運用します。中間評価を含めた人事評価は、3カ月に1回の年4回あり、それぞれのタイミングで、メイン評価者向けにKPTに基づくアンケートをフリーコメント形式で依頼し、人事にて取りまとめていきます。

Problem（課題・改善したいこと）とTry（解決策・次にやりたいこと）を検討・実行することで、現実的な改善につなげていきます。また、Keep（良かったこと・継続したいこと）を集めて、その中からベストプラクティスを整備したり、暗黙知を言語化して組織内にノウハウを横展開したりすることも重要です。

スタートアップの人事制度運用は、「まずやってみる」ところから課題を見つけて改善を繰り返すため、Problemの振り返りに終始してしまい、Keepの言語化が軽んじられてしまうことがあります。しかし、うまくできているところを認識す

るのは、自信につながるだけでなく、手間のかかる制度運用に対して前向きなモチベーションにもつながるので、意識的にKeepにも注目していきましょう。

　KPTの振り返りで人事が特に意識したいことはスピードです。例えば1〜6月期で考えた場合、4月に中間評価が実施され、振り返りはおそらく5月になります。そこで抽出された課題を整理・議論し、解決策を反映させるのは、**最短で7月の期末評価**です。

　「後出しジャンケン」になるような不利益な変更は、もちろん時間をかけて検討しますが、**全体の利益になる変更はスピード重視で即反映**です。遅くとも、7〜12月期の新しい評価期間では振り返りの結果を踏まえて改善サイクルを回していきます。5月に実施された振り返りを7〜12月に反映できないと、結局制度が改善されるのは1年先の翌年1〜6月期になってしまいます。この1年の間にも、組織拡張を起因とする別の課題が出てくるため、改善が間に合いません。

　改善サイクルのスピードは、メイン評価者や被評価者の人事制度に対する信頼に直結します。課題があったとしても、すぐに何かしらの手立てが講じられていれば、現場は納得してくれると同時に改善活動に協力してくれるでしょう。しかし、振り返りの結果が改善に反映されないと、現場は「自分たちの声がないがしろにされている」「課題が放置されている」と感じてしまい、「自分たちが声を上げても意味がない」と人事制度に対する当事者意識が低下してしまいます。もしくは、人事に任せておけないという意識から自分たちの思想で勝手に制度を改善・運用してしまうこともあります。この状態を避けるためにも、振り返りと改善はセットで高速回転させていきましょう。

　振り返りの現場をイメージできるよう、実際のKPTコメントを記します。

Keep（良かったこと・継続したいこと）

1. 評価会議に参加して、他のメイン評価者の評価の仕方や目線を聞けたことが実践的な学びだったのでKeepしたい
2. 中間評価は報酬に反映される最終的な評価ではないので、巻き返しを前提にした本音ベースのフィードバックができたと思う
3. 1on1の中で成果評価の進捗や振り返りを頻度高くできていたので、自分が担当している被評価者で「評価のサプライズ」はなく、おそらく納得感のある評価だったと思う
4. 初めてメイン評価者として被評価者を評価する中で、「そもそも自分ができてい

るのか?」という観点に立ち返ることができて、自分自身の振り返りにも役立った

5. 人事評価が開始されると同時に、「評価制度のショートレクチャ（参加任意／30分）」を人事チームがやってくれたおかげで、メンバーからの評価に対する問い合わせが前回から大幅に減った

Problem（課題・改善したいこと）

1. 自己評価もメイン評価も人事評価のスケジュールが守られていないケースがあった

2. 行動評価をいざつけようとしたところ、全然見られていなかった（評価がつけられなかった）被評価者がいたこと。サブ評価者や他のメイン評価者へのヒアリングで何とかフィードバックまでできたが、次回以降は注意しないといけない

3. 期中に差し込み案件が複数ある中で成果評価シートの目標設定の部分を更新できていなかった。評価の時期にまとめてやると抜け漏れがあったり、そもそも時間がかかるので中間評価や1on1を通じて平準化しておくことが大切かも

4. 意図的に自己評価を低くつけていると感じる方がおり、自分でもそれがダメなのかどうかわからず、特にその点についてフィードバックできなかった

5. 全社評価会議の人数が多く、コメントする機会がない方も目立った。評価会議で他のメイン評価者の観点を知ったり、他チームの高評価者の動きを知れることは評価スキルの向上に役立つが、一方で「ただ参加するだけ」にならないような改善策も考えたいところ

Try（解決策・次にやりたいこと）　※Tryは上記のProblemに対応している

1. 人事評価に関する一時的なSlackチャンネルの他に、スケジュール告知を早めたり、役員レイヤーがメイン評価者になっている場合に早めに評価を終わらせたりして率先垂範している姿勢を示す

2. 1on1の中で行動評価であるバリュー体現についてもコミュニケーションできるように1on1ガイドラインを更新する

3. 目標の変更に関して1on1ガイドラインに追記して1on1研修で周知する。目標変更はメイン評価者の権限で判断し、相談したいことがあればメイン評価者自ら上長にエスカレーションする

4. 自己評価の目的を人事評価ハンドブックに追加して人事評価のアナウンスと同

時に一言メッセージングする

5. 期末評価にて部門別のプレ評価会議を導入する。全社評価会議は、個人別の評価の振り返りは実施せず、全体評価傾向の確認や評価制度の振り返りをメインアジェンダとしてみる

　さまざまなクライアントから出てきたKPTの一部を、表現を少し加工して記載しました。人事評価の場合、中間評価と期末評価を1セットとして、上期・下期の年2回実施するため、合計して年4回のKPTが回ることになります。課題を整理するだけでもなかなか労力がかかりますが、期限が短い中で解決策を提案して実行するのは容易な仕事ではありません。運用フェーズは、決められたことを粛々とこなす繰り返しの仕事ではない、とイメージできるかと思います。

▍▟ 評価や報酬に対する「納得感」を単刀直入に聞く

　KPTを通じて、メイン評価者向けに振り返りを実施する一方、全メンバーに対してもアンケートによる振り返りを行います。KPTの振り返りは、主に人事制度と運用プロセスの改善に主眼を置いていますが、全メンバーに対する振り返りは等級判定や人事評価、報酬決定の結果に対する振り返りです。つまり、**メイン評価者が下した人事に納得しているかどうかを定量的に把握します。**

　本アンケートを単体で実施する場合もあれば、組織のコンディションを定期的・定量的に把握する「組織サーベイ」を利用して実施する場合もあります。参考までに、図表7-10にアンケートの質問文と集計グラフの例を記載しました。

　質問への回答尺度は「Yes」「Yesとは言い切れない」「No」の3段階です。

　それぞれの回答割合を定量的に把握します。例えば、質問1については、「Yes」が90%、「Yesとは言い切れない」は10%、「No」が0%、といったイメージです。「Yes」の割合を中心にモニターし、「No」の存在にも気を配ります。

　アンケートは回答に責任をもっていただきたいこと、必要に応じてフォローインタビューを実施して理解を深めたいことを理由に、本来は「記名式」で実施したいと考えています。しかし、質問文を見てもらえれば察しがつく通り、記名式では本音で回答しにくい内容になっているため、「人」の気持ちを現実的に捉えて「匿名」としています。上長には、絶対に回答者とその回答結果は伝わらないルールです。

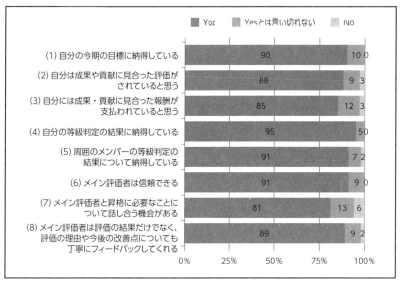

凡例: ■ Yes　■ Yesとは言い切れない　■ No

	Yes	Yesとは言い切れない	No
(1) 自分の今期の目標に納得している	90	10	0
(2) 自分は成果や貢献に見合った評価がされていると思う	88	9	3
(3) 自分には成果・貢献に見合った報酬が支払われていると思う	85	12	3
(4) 自分の等級判定の結果に納得している	95	5	0
(5) 周囲のメンバーの等級判定の結果について納得している	91	7	2
(6) メイン評価者は信頼できる	91	9	0
(7) メイン評価者と昇格に必要なことについて話し合う機会がある	81	13	6
(8) メイン評価者は評価の結果だけでなく、評価の理由や今後の改善点についても丁寧にフィードバックしてくれる	89	9	2

図表7-10　アンケート結果の例

　ただし、運営事務局である人事には、回答者と回答結果がわかるよう「記名式」にしています。理由は、アンケート結果から問題があると判断した場合、人事が個別に対応できないと、やりっ放しの状態になってしまうからです。例えば、ある方について「No」の回答が多かったり、複数回「No」が続いたりする場合です。この状態に何も手を打てないと、人事はもちろん、マネージャーにもモヤモヤが残ります。こうしたケースには、人事が個別にアプローチして、問題とその背景をヒアリングし、本人の意向を確認しながら、ネクストアクションを考えます。

　アンケートの対象者が増えると、自然と「No」の数も増えてきます。その場合、人事による個別アプローチにも限界がくるため、次のようなメッセージとともにアンケート内に「人事と個別面談したい」というチェックボックスを設けて、効率化する方法もあります。

> 人事に相談や伝えたいことがある方は、個別面談しますのでお知らせください。この回答の結果は上長には共有されません。なお、お聞きした内容の取扱いについては、面談を通じてご相談させていただきます。

この項目のみ、「面談を希望する」もしくは「面談を希望しない」のチェックボックスとします。問題が根深く人事だけで対応することができない場合、個別面談の中で本人に情報共有の範囲を相談しながら現実的な解決策を考えます。本人がどうしても上長には共有しないでほしいというスタンスであれば、その意思を尊重します。

　アンケート結果は全社単位の他に、組織（本部・部・課など）や職種、勤続年数、性別、等級、役職を軸にクロス集計します。特定の組織や職種のスコアが低い場合、該当する組織のマネージャーに人事が声がけし、原因分析や対策検討をサポートしたり、組織や職種に関係なく、勤続年数や等級の軸から組織課題が読み取れる場合は、マネージャーから幅広く声（原因仮説）を集め、人事主体で課題解決をリードしたりします。また、勤続年数や等級の軸から課題が読み取れる場合、メイン評価者への情報共有だけでなく制度に手を入れる選択肢も出るため、**人事が主体となって課題解決をリードします。**

　アンケート結果の公開範囲は、各社で考え方に違いがあると思いますが、全メンバーには全社単位の結果、マネージャーには自身が担当する組織単位の結果を公開することが多いです。もちろん、公開にあたって前提となるのは、回答結果と個人の紐付けができない状態を担保することです。母集団が1〜2名の場合、回答が特定されてしまう可能性が高まるため、**公開ラインの最低母集団人数は決めておく必要があります。**私の場合は、3名以上の母集団を公開としています。

　オープンなカルチャーを強化したい場合、組織や職種などクロス集計の結果を全メンバーに公開するケースがあります。数字が一人歩きして問題になってしまったケースは今のところありません。ただし、さまざまな会社でクロス集計まで全社に公開することを提案すると、「情報の受け手もどう解釈していいかも迷いそう」といったことが懸念され、クロス集計の結果は公開せず、全社結果までに公開を留めることが多い印象です。

　確かに、スタートアップは情報をオープンにする傾向がある一方で、情報過多となってしまい必要な情報にアクセスしにくい、または必要でない情報にアクセスしてしまうという問題も発生します。このことを考えると、必要とされる情報に絞り込んで公開するのも合理的なのかもしれません。

報酬水準サーベイを使って報酬水準に説明責任を果たす

人事制度を運用する過程で、さまざまな意見が現場から挙がってきます。その意見に対して、自社だけの情報で対応することがとりわけ難しい領域があります。報酬水準・報酬レンジに関する領域です。

採用活動を進める現場のマネージャーから採用競争力の強化やボトルネックの解消をねらいとして「報酬レンジの上限を上げたい」という意見が人事に届きます。また、メンバーの報酬水準が報酬レンジの上限に到達してしまい、昇給の可能性がなくなってしまう個別ケースが出始めると、同様に「上限アップ」に関する意見が出てきます。どちらも現場にとっては切実な問題です。

この問題に対して、人事は客観的なデータを駆使してコミュニケーションを図り説明責任を果たすことが求められます。そこで活用したいのが、**外部機関が提供している報酬水準サーベイ**です。外部機関が定義した等級や職種に応じて、報酬水準のベンチマークを把握することができます。

具体的なサービスとして、例えば組織・人事や年金・福利厚生などに関するコンサルティングサービスを提供するマーサージャパンの「TRS（Total Remuneration Survey：総報酬サーベイ）」や、同じく人事や報酬、年金などのコンサルティングサービスを提供するエーオンソリューションズジャパンの「グローバル報酬調査」などが挙げられます。費用はかかりますが、競合他社を含んだ市場報酬水準に関するデータを年1回の頻度で取得し、自社の報酬水準の分析に役立てます。

しかし、このデータは報酬水準の「正解」を提案してくれるものではありません。**客観的に示される市場報酬水準である「数字」を自社の方針や制度、置かれている立場に合わせて解釈すること**が求められます。そして、その解釈を経営と現場にわかりやすく翻訳しながら伝え、競争力のある報酬水準を設計しなければなりません。

創業期はさておき、「スタートアップだから」という理由で報酬水準が低くても人材を獲得できる時代は終わりました。もちろん、ビジョン・ミッション・バリューへの共感、事業領域や成長環境、スタートアップらしいストックオプション（株式報酬の1つ）などを理由に、現金報酬を下げてジョインしてくれる方がいるかもしれませんが、一定の規模まで成長した組織では誠実に報酬水準に向き合う必要が出てきます。だからといって「ない袖は振れない」のも事実であり、どこまで報酬で競合と対抗するべきかの議論は避けて通れません。**自社における**

スタートアップの人事制度の運用ノウハウ

報酬（現金報酬と株式報酬）に関する方針を言語化しながら、客観的なデータを使って説明責任を果たせるようにしていきましょう。

索　引

た行

おわりに

　本書をお読みいただき、ありがとうございます。「はじめに」で述べた通り、本書では、「自分のポジションを明確に取ること」と「実践的であること」の2つを心がけて執筆しました。この2つのスタンスを実現できたのは、本書で述べていることがすべてスタートアップであるクライアントと運良くその現場に協力できた私がともに自らの頭で考え、お互いの意見を尊重・信頼し、試行錯誤を繰り返してきた結果だからです。何事にも代えがたい急成長企業における経験だからこそ、自信をもって「実践的」であると発言することができています。

　また、スタートアップとの協業を通じて、私は「オープン」であることの大切さを深く学びました。とかく人事はクローズになりがちで、それが「普通」であると捉えてしまうことがあります。

　社内の観点で情報がクローズになる背景には、仲間である人や組織を信頼しきれていないことがあると感じています。その結果、顧客や社会へ価値貢献しないような無駄なルールやガイドラインができ上がってしまうのです。このような状況では、スタートアップが描いている壮大なビジョン・ミッションを実現することはできません。

　そのため、スタートアップは基本的に人・組織を尊重・信頼し、オープンなスタンスで情報を流通させることで情報格差をなくします。無駄や非合理を取り除き、組織のメンバー全員が一丸となってビジョン・ミッションを実現すべくバリューを発揮できる環境をつくるのです。こうした価値観を、ともに働く中で深く学べたことも本書に大きな影響を与えています。クライアントの方たちには、感謝しかありません。

　社外への情報発信についても、個人に関わる守秘性の高い領域であることはもちろんですが、唯一解がなく、価値観次第で見解がまったく変わってしまうため、自信をもって意見を述べることに難しさがあるとも考えています。

　こうした仮説の中、私はこれまでの経験を実践知として循環させたいという強い思いがあります。なぜなら、社会をより良くしようと日々奮闘しているスタートアップを純粋に応援したいからです。もっともっと暮らしも仕事も楽しくなれば、それに越したことはないという気持ちでスタートアップを応援しています。

　価値提供に対して魅力的なポテンシャルをもつスタートアップでも、人・組織の観点で足をすくわれてしまうことはめずらしくありません。さまざまなタイプの

起業家がスタートアップにはいると思いますが、私なりの大雑把な見解としてスタートアップにおける起業家の「強み」は、丁寧にマネジメントすることでも言葉巧みにコミュニケーションすることでもなく、強烈なリーダーシップを発揮し純粋にイノベーションを生み出すことだと考えています。

　こうした意味において、「強み」の隙間を少しでも埋める存在として、本書の内容が現場で実践されることを切に願っております。リスクをとって事業を興し、仲間を集めながら社会に新しい価値を提供しているスタートアップに改めて感謝を申し上げます。

2023年5月　金田　宏之

▓ プロフィール

金田 宏之（かねだ・ひろゆき）

組織・人事コンサルタント。株式会社インプリメンティクス代表取締役

組織・人事コンサルティングファームのクレイア・コンサルティングにて大規模組織の人事制度設計や会社合併に伴う人事制度の統合、監査法人や大学法人など、さまざまな組織の人事制度の設計を手掛ける。

制度設計の他に、プレミアムブランドを支える人材の採用・教育研修・評価・報酬決定などの人事マネジメント全般の仕組みづくりにも従事。

2014年、スタートアップの組織・人事コンサルティングに特化した株式会社インプリメンティクスを創業。スタートアップのミッション実現に向けて、ゼロイチフェーズの人事制度設計から、組織拡張期に及ぶ人事制度の運用・改善までハンズオンで支援する。

成長著しいスタートアップでの長期的なコンサルティング経験を通じて、制度運用現場で起こるさまざまな課題を見据えた実践的かつ汎用性の高い人事制度と運用手法の設計・開発に日々取り組んでいる。

装丁／山之口 正和（OKIKATA）
DTP・本文デザイン／株式会社シンクス

スタートアップのための人事制度の作り方
キャリア開発を促し、自社のバリューを浸透させる

2023年5月24日　初版第1刷発行

著　　　者	金田 宏之	
発　行　人	佐々木 幹夫	
発　行　所	株式会社 翔泳社（https://www.shoeisha.co.jp）	
印刷・製本	株式会社 加藤文明社印刷所	

ISBN978-4-7981-8001-4　　　　　　　　　　　　　　　Printed in Japan